SATPREM

DAS MENTAL DER ZELLEN

Satprem

Das Mental der Zellen

DAIMON
VERLAG

Titel der französischen Orginalausgabe: *Le Mental des Cellules,*

3. Auflage

ISBN: 978-3-85630-758-5

Umschlagbild: Glasmalerei von Louis-René Petit
(www.louis-rene-petit.org)

Jenseits der Gräber,
vorwärts!

– Goethe

Inhalt

Ein erstaunlicher Wanderer

Vorwort von Georg Stefan Troller

Wer ist Satprem?

Vielleicht sollte man zuallererst, für den deutschen Leser, der hier überraschend mit seinem neuesten und reifsten Werk, mit der Essenz seiner gegenwärtigen Erkenntnisse konfrontiert wird, ohne vielleicht die früheren zu kennen, den Verdacht zerstreuen, es handle sich hier um einen Philosophen, Mystiker oder Guru. Satprem ist ein Abenteurer – oder, um mit dem Titel seines allerersten, von ihm nie verleugneten Romans zu reden, ein Goldsucher. Wenn auch einer von denen, die aus exotischen Ländern nicht nur unerhörte Erlebnisse mitbringen, sondern auch einen Schlüssel zu den Fragen, die uns in der Jugend quälen... und die genau dieselben sind, mit denen wir uns als Erwachsene herumschlagen: die nach dem Sinn des Lebens, und besonders, was ja wohl auf das gleiche hinausläuft, unseres eigenen Lebens.

Bitte erwarten Sie in dieser kurzen Einleitung nicht, daß ich Satprems Antwort auf diese Fragen erläutere... um so mehr, als er gar keine hat. Sein entscheidender Satz lautet: Die Frage ist schon die Antwort. Die Antwort ist schon in der Frage enthalten: in der Intensität, in der Dringlichkeit, in der Unablässigkeit, mit der wir persönlich die Frage stellen. Die Antwort ist, wie die Frage, etwas Erlebtes. Ein Weg, ein Abenteuer. „Das Feuer, das in uns brennt." Alles übrige ist für ihn intellektueller Zeitvertreib, „etwas, das sich nur im Kopf abspielt".

Die häufigste Metapher, die bei Satprem vorkommt, ist die vom Goldfischglas. Er vergleicht uns mit Fischen im Aquarium, die das wahre Leben sehen, die von ihm wissen aus gesteigerten Momenten, aus Ahnungen, aus Träumen, die aber nur schwer zu ihm durchzubrechen vermögen. *„La vraie vie est ailleurs"*, das wahre Leben ist woanders, wie es schon bei Rimbaud heißt. Er selbst nennt diese Augenblicke, in denen wir ganz bei uns selbst sind und die wir auf unser gesamtes Leben ausdehnen müssen: *„Ça"*, „Das". Die Sehnsucht, zu dem „Das" durchzustoßen, die Beglückung, es zeitweise zu finden, die Verzweiflung, es immer wieder entschwinden zu fühlen, durchziehen das vielfältige Werk dieses Mannes, das uns vielleicht gerade deshalb besonders anrührt, weil er ein Mensch des Westens ist, weil er sich kämpfend erobern mußte, was dem Menschen des Fernen Ostens als Geburtsrecht verliehen scheint.

Der ungeheure Weg, den Satprem zurückzulegen hatte, um zum dauernden Besitz seines „Das" zu kommen, hat bei ihm ein sympathisches, ja geradezu rührendes Verständnis für jene von uns hinterlassen, die noch unterwegs sind. Er setzt im Gespräch überhaupt nichts voraus, außer daß wir „Das" brauchen, nicht ohne es leben können. Alles übrige Wissen, sei es politischer, wirtschaftlicher, psychologischer, künstlerischer Art, scheint ihm zweitrangig. Er weigert sich, in die Dualismen einzusteigen, die wir doch für die grundlegenden unserer Zeit halten: Freiheit und Tyrannei, Religion und Materialismus, Sexualität und Sittenstrenge, und so weiter. Er geht davon aus, daß unsere Existenz in West und Ost heute gleich unerträglich und absurd geworden ist, wenn auch aus verschiedenen Ursachen und dank verschiedener Ideale.

In Nord und Süd gibt es so wenig unberührte Natur mehr wie eigenständige Kultur. Überall sind „die Grenzen bewacht, die Fahrkarten geknipst". Wir haben versucht, aus der Welt eine gutgeölte Maschinerie zu machen, aber „alles knirscht". Keiner fühlt sich mehr wohl in seiner Haut, unter welchem System immer. Jeder hat das dumpfe Gefühl, daß wir unweigerlich auf eine Katastrophe zusteuern, die niemand herbeiwünscht, von der aber auch niemand eine Idee hat, wie sie zu vermeiden sei. Denn mit Ideen ist es nicht mehr getan. Erschreckt stellen wir fest, daß auch unsere politischen und geistigen Heroen nicht gescheiter sind als wir. Unsere Träume sind pragmatisch geworden. „Rechts" und „links" läuft am Ende auf eine Sache der Besteuerung hinaus, der Sozialgesetzgebung. Woran soll man heute noch glauben? Es wird offenbar, daß auch die Religionen so versagt haben wie die Ideologien. Die Unsicherheit des modernen Christentums kann anscheinend so wenig zu einer Rettung der Menschheit beitragen wie der Eifer der Ajatollahs. Nun stürzt sich eine ganze Jugend auf den erlösungsträchtigen Osten, der ihr, längst korrumpiert, mit geld- und machthungrigen

Heilsträgern aufwartet – letzte Verkünder einer Lehre, die wir nicht rechtzeitig zu nutzen fähig waren.

Was bleibt also, was bleibt? Das „letzte Abenteuer, das innere. Denn das ist das Positive am Ende unseres zwanzigsten Jahrhunderts", sagt Satprem, „daß wir heute auf die wahre Fragestellung kommen. Noch vor 25 Jahren waren die Menschen voller Illusionen, politischer, wirtschaftlicher, metaphysischer, daß alles noch gutgehen könnte. Jetzt gibt es diese Illusionen nicht mehr. Jetzt gibt's nur mehr die eine Frage, und die eine Art, sie zu stellen: mit unserem Atem, mit unserem Herzen, mit unserem Körper – diese Frage zu werden, diese Frage *sein*... Und dann hat man die Antwort, die einem zusteht." Denn dies ist Satprems Urerfahrung, die ihm offensichtlich schon als Kind zuteil geworden ist. Und sein ganzes „Werk" (er haßt diesen Ausdruck) ist nichts als der immer weiter vorangetriebene Versuch, den für ihn einzig möglichen Schluß aus dieser inneren Erfahrung zu ziehen. Daß nämlich der Mensch, dem sein Leben unerträglich geworden ist (und nur er), fähig wird, sich zu verwandeln, zu einer anderen Daseinsform durchzudringen. Und da sich heute ein wachsender Teil der Menschheit in diesem Zustand befindet, glaubt er, daß wir tatsächlich an der Schwelle einer neuen Evolutionsstufe stehen, ganz wie zu der Zeit, als der erste Menschenaffe begann, auf zwei Beinen zu wandeln. Ja, er ist überzeugt, daß es bereits einem Menschen gelungen ist, die Pforte aufzubrechen und zu dieser höheren, „supramentalen" Bewußtseinsstufe zu gelangen. Dieser Mensch ist die Frau, welche man in Indien „die Mutter" nennt und in deren Nähe Satprem neunzehn Jahre seines Lebens verbracht hat, bis sie im Jahre 1973 ihre damalige Daseinsform verließ. Sie hat ihm auch den indischen Namen gegeben, unter dem man ihn heute kennt, und der nichts anderes bedeutet als „Einer, der richtig liebt".

Satprem sieht diesen Namen nicht als Mantra, als eine Art magischer Formel, die nur ihm gehört. Erst kürzlich habe ich, bei einer Abendgesellschaft seiner Pariser Freunde, einen kleinen grünen Papagei mit rotem Schnabel kennengelernt, der eben mit seiner Besitzerin aus Indien ankam, und der seinerseits auch, mit Satprems Segen, diesen Namen trägt. Satprem ist ein Mann mit Humor und Witz, ja mit einer wortgewaltigen Aggressivität. Er fühlt nicht die geringste Berufung in sich, ein Heiliger zu sein. Auch trägt er weder Bart noch Lendentuch, noch schwebt um ihn ein Duft von Räucherstäbchen. Er ist ein eher kleiner, schmächtiger, wenn auch muskulöser Franzose, „dickköpfig wie alle Bretonen", wie er von sich sagt, mit dem klarsten blauen Meeresblick, den man sich denken kann, und einem starken Mund, der sich nicht beschreiben läßt, der wohl das Geheimnis des Ostens ist: ein Lächeln über alle Abgründe hinweg. Dieses Lächeln hat auch seine Lebensgefährtin, die Inderin Sujata.

Satprems Haus steht in 2000 Meter Höhe dicht neben einer Teeplantage, an der Kante einer Hügelspitze des südindischen Nilgiris-Gebirges. Abends, nach der Hitze des Tages, auf einem da liegenden Baumstamm sitzend, hat man einen Blick über diese „Blauen Berge", der die gleiche Empfindung vermittelt, als schwebe man in einem Segelflugzeug über der Welt. Es gibt keinen Ort, wo man besser reden kann. Nicht weit von dort steht ein zweites Haus, ebenfalls aus der Kolonialzeit, für seine Mitarbeiter und Freunde, und ist mit seinem durch eine Sprechanlage verbunden. Seine Wohnräume hat Satprem mit einer japanisch anmutenden Kargheit eingerichtet. Auf dem weichen Spannteppich ein niedriger Tisch, unter den er, beim Schreiben auf dem Boden sitzend, die Beine hindurchstreckt wie ein Kind. Sonst gibt es nur noch ein paar weiße Korbstühle für Besucher. Einen Globus. Auf Regalen die gesammelten Werke von Sri Aurobindo, und an den Wänden ein einziges Bild: das der Gefährtin Aurobindos, der „Mutter". Allerdings hält sich Satprem so häufig wie er kann im Freien auf. Er ist ein Marschierer, ein Landfahrer, der in seinem Leben unzählige Tausend Kilometer zu Fuß durchlaufen hat. Er ist, wie Arthur Rimbaud, ein erstaunlicher Wanderer, ein *passant considérable*.

Vergleiche sind immer läppisch, doch drängt sich der mit Rimbaud geradezu auf. Der kleine Bernard – den von ihm nicht geliebten Zunamen wollen wir auslassen – ist der Sohn eines elsässischen Vaters und einer bretonischen Mutter, die heute noch lebt. Er erweist sich als „unerträgliches Kind", weil er seine verlogene bürgerliche Umwelt nicht erträgt. „Ich erstickte. Alles knirschte in mir, alles war mir zuwider." Wohl fühlt er sich nur in dem kleinen Holzboot, mit dem er so weit wie möglich aufs Meer hinaussegelt, wie das Kind Rimbaud im Geiste mit seinem „trunkenen Schiff". „In solchen Augenblicken gab es kein Ich mehr, keine Worte mehr. Ich konnte wieder atmen. Es war die Fülle." Es sind dieselben Ausdrücke, die er heute noch verwendet: ersticken... knirschen... wieder atmen können. Nur daß es jetzt die ganze Menschheit ist, die wieder zum Atmen kommen soll. „Denn das macht ja den einzigen Unterschied zwischen den Menschen aus. Nicht die Intelligenz, nicht diese oder jene Eigenschaft, sondern wie sehr sie ihre Not empfinden, wie stark sie nach Luft verlangen, wie verzweifelt sie das Gefühl brauchen, *lebendig* zu sein."

Während der deutschen Besetzung Frankreichs geht der junge Bernard in den Untergrund. Er fotografiert die Bunker des Atlantikwalls für die Widerstandsbewegung. Ein Kamerad verrät ihn, er wird von der Gestapo verhaftet. „In der Grünen Minna, Folter und Tod vor Augen, sah ich durch das Gitter die Hausfrauen mit ihren Einkaufskörben, wie sie sich ihr Brot vom Bäcker holten. Und auf einmal schien mir das dermaßen ungeheuerlich, so grotesk... nichts bedeutete mehr etwas. Es war eine der entscheidenden Minuten meines Lebens. Es war wie die Zerstörung von allem, was ich bisher für Realität gehalten hatte." Er kommt ins KZ von Buchenwald, später nach Mauthausen. „Eine so völlige Vernichtung. Ich spreche nicht von den Grausamkeiten. Es war der Mensch, der zerstört wurde, mein ganzes Wesen... Alles, was man zwanzig Jahre lang in mich hineingestopft hatte, ist da zerbrochen. Und daraus kam eine Art menschlicher Substanz, die immerfort fragte: Was? Was? Was? Was bleibt von einem Menschen, wenn nichts mehr da ist? Wo bist DU? Und auf einmal war es, als ob ich darüberstünde, fast lächelnd. Eine unsagbare Freude! Eine Kraft! Nichts mehr konnte mir etwas anhaben. Als Kind wollte ich immer, daß dieser Typ, der in mir ist, seine Wahrheit heraus*spuckt*! Und nun war sie plötzlich da... Es gibt überhaupt nur eine Erfahrung, eine! Dorthin gebracht zu werden, wo du wirklich bist. Und alle Plagen des Lebens sind nur dazu da, dir dabei zu helfen. Du brauchst keinen Guru dazu, du hast ihn in dir selber. Alles ist Guru."

Nach Kriegsende wird er von einem Vetter, der in der Kolonialverwaltung arbeitet, nach der südindischen Stadt Pondicherry eingeladen, damals noch eine französische Enklave. Dort hat er eine Begegnung mit Sri Aurobindo, dem ersten indischen

„Weisen", der östliches und westliches Empfindungsgut in sich zu vereinigen suchte. Und sofort weiß er: „Das, was ich als Kind gespürt hatte, und später in den Lagern – hier war es, lebendig, in einem Blick. Es war, als ob ich mit einem Mal meinen Ort gefunden hätte: wo ich herkam, wo ich atmen konnte. Ich war da. Das Ganze hat vielleicht vier Sekunden gedauert. Es war wie ein tiefes Ja. Es war ‚*Das*'. Nicht ein Fremder, der dich ansieht: ich selber, der mich ansieht! Und das, das wollte ich jetzt leben."

Aber noch hat er einige Umwege hinter sich zu bringen. „Sri Aurobindo hatte ja all diese Jünger um sich, diesen Ashram. Wieder eine Kirche... Mauern... kam für mich nicht in Frage. Ich bin abgehauen." In Paris, in der Auslage eines Reisebüros, sieht er eine Weltkarte mit eingezeichneten Seerouten. Er studiert sie, wie Rimbaud seinen Schulatlas studiert haben muß. Eine dieser roten Linien führt nach Cayenne, in Französisch-Guayana. „Ich habe mir gesagt: Gut, Cayenne. Da gehst du hin." Und er fährt hin, per Zwischendeck, in seinen Pariser Halbschuhen, und mit Sri Aurobindos *Göttlichem Leben* unterm Arm. „Ich fand einen Gefährten, ich ging mit ihm als Goldsucher in den Urwald, in meinen Halbschuhen. Ich war hingerissen. Hier war wirklich die Hölle. Keine Ahnung, worauf ich aus war. Aber wenn ich zum Teufel ging, dann wollte ich das auch auskosten." Er findet nur wenig Gold, dafür etwas anderes: „Ich wollte doch alles loswerden, mich selber, diese ganze Welt, die ich nicht mehr verstand. Ganz von vorne anfangen, mit der Vorgeschichte, als es noch keine Menschen gab – vor allem keine Menschen. Nach und nach hab ich meine Lektion gelernt. Ich war ja auf Freiheit versessen. Nur hab ich sie außerhalb gesucht. Ich wußte noch nicht, daß die Freiheit in deinem Bewußtsein liegt – die einzige. Denn die kann dir keiner nehmen. Jetzt dürfen sie mich nach Paris schicken, nach New York... oder Mauthausen. Und ich werde denselben Blick haben wie heute, genau den gleichen. Nicht der Schatten eines Unterschieds."

Wieder ist es ein einziger Augenblick, der ihn umkrempelt: „Dieser Dschungel war stark, eine Macht! Eine solche Macht, daß ich das Fieber bekam. Am nächsten Morgen bin ich aufgewacht, und plötzlich mußte ich lachen: Wovor habe ich eigentlich Angst? Daß mich eine Schlange beißt, daß ich sterbe? Wenn ich eine Schlange anfasse, so wird es eben so sein. Und es ist mir egal! Mit diesem Moment war die Angst verschwunden. Ich war einverstanden, mit allem. Ich schaute nicht mehr, wohin ich den Fuß setzte. Ich warf mich dem Wald in die Arme. Und danach konnte mir nichts mehr passieren. Ich war ja eins mit dem Wald! Seinem Delirium, seiner brutalen Schönheit, seinem Schweigen. Ich war selber der Wald!"

Zehn, elf Monate verbringt er dort. Und dann: „Ich weiß nicht mehr bei welcher Gelegenheit, aber auf einmal war mir klar: Daß ich ein Gefangener dieses Urwalds geworden bin – ein Bürger des Urwalds – geschnappt! Ich hab sofort ein Boot genommen und bin nach Cayenne zurück. Und auf nach Brasilien!" Regelmäßig wird sich von nun an diese Erfahrung wiederholen. Im Amazonasbecken trägt man ihm eine Kakaoplantage an. Im Norden des Landes will ihn ein alter Amerikaner adoptieren und als Nachfolger in seinem Mica-Betrieb einsetzen. Sogar eine Jacht bietet man ihm als Draufgabe. „Und natürlich hatte ich diese hübsche Brasilianerin." Mit plötzlichem Entschluß entkommt er auch dieser Falle. In Afrika schließt er sich einem Reisenden an, der den Eingeborenen französische Wörterbücher verkauft. Sie trampen von Dorf zu Dorf, quer durch den Sudan, Guinea, die Elfenbeinküste, Dahomey, Nigeria. Endlich kommt er zu seinem Ziel, der Sahara, wo er sich wieder zu „verlieren" hofft wie seinerzeit auf dem offenen Meer, im Urwald. Leider beginnt gerade die Regenzeit....

„Immerhin, es gab da noch etwas: *Das Göttliche Leben* von Sri Aurobindo, das ich die ganze Zeit mit mir geschleppt hatte. Sollte ich nicht doch wieder hin? Ich war sehr verzweifelt, als ich hörte, daß er gestorben sei, wie man sagt. Es gab diesen Blick nicht mehr. Aber es lebte immerhin die ‚Mutter', seine Gefährtin. Ich sagte mir: Vielleicht findet sich doch noch ein Geheimnis dort? Denn man kann ja nicht ewig die Abenteuer aufeinanderhäufen – am Ende wird man ein Beamter des Abenteuers. Haben die dort ein Geheimnis, das man nicht immer erneuern muß, das *dauert*?"

Mit dreißig Jahren kehrt er nach Pondicherry zurück. „Ich weiß noch, ich bin da an den Strand gegangen, hab mich hinter einem Fischerboot versteckt und meine Zigarette geraucht. Und ich sagte mir: Mein Lieber, weißt du, daß du jetzt deine letzte Zigarette rauchst? Du wirst in einen Ashram eintreten. Wohl war mir nicht dabei. Wenn die Mutter nicht gewesen wäre... Und auch mit ihr hab ich mich geschlagen, sechs Jahre lang. Immer weg vom Ashram, immer zurück. Und wieder weg."

Eines Tages bleibt er ganz fort. Er hat einen Sannyasin getroffen, einen Wandermönch, eine Art Bettelmönch. Zu Fuß zieht er mit ihm durch Ceylon, dann kommen sie wieder nach Indien zurück. Bei einem Fluß machen sie halt. Der Sannyasin läßt ihn seine Kleider ablegen. Dann wird ein Feuer entzündet. „Man wirft alles hinein, alles. Familie, Vergangenheit, seinen Verstand. Gut, Böse, Schmerz, Freude. Ich will nichts mehr davon. Ich will das Ding, das *ist*, immer gleich."

Satprem – denn jetzt heißt er so – erhält ein orangenes Gewand und einen Kupferkessel. Dann schickt man ihn auf Wanderschaft, mit der Eisenbahn zumeist. „Wochen verbrachte ich auf den Zügen Indiens, in dieser mörderischen Hitze, diesem Dreck überall, Ungeziefer. Übernachtung auf Bahnsteigen. Es war ein Alptraum, in dem ich nicht mehr wußte, ob es Tag oder Nacht war, ob ich schlief oder wanderte. Bis es nichts mehr in mir zu zerbrechen gab. Ich war... jenseits. Ich bin dann auch zum Himalaja gegangen. Habe Yogis gekannt, bin neben ihnen gesessen. Habe meditiert, mit geschlossenen Augen. Diese ungetrübte Heiterkeit – keine Probleme mehr. Und dann? Das war immer meine Frage – und dann? Wenn man die Augen wieder öffnet, und die Welt ist noch immer die gleiche."

Satprem ist kein Freund der Gurus, besonders wenn sie von ihren Jüngern vergötzt werden. Sie verführen zur Lässigkeit – der Guru wird es schon machen. Wo doch die Arbeit immer nur von einem selbst getan werden kann. „Jeder Augenblick, jede Begegnung, jeder Zufall kann Guru sein – wenn man nur zu sehen weiß. Jedes Ding zeigt uns den Weg. Man muß eben den Mut haben, sich darauf einzulassen." Und so hat Satprem am Ende begriffen, daß auch seine Angst vor dem Ashram nur ein Hindernis war, das er überwinden mußte, um zu der zu gelangen, die ihm als einzige noch etwas zu geben hatte – seine letzte Herausforderung. Er kehrte zur Mutter zurück, „ihrem Lächeln, ihrer Ironie, dem Schwert in der Tiefe ihrer Augen".

Das erstaunliche Selbstexperiment der Mutter, dessen Zeuge Satprem neunzehn Jahre lang war, bildet den Inhalt des vorliegenden Buches. Sie hat ihm, und manchmal den Jüngern des

Ashrams, ihre Erfahrungen Woche für Woche, Jahr für Jahr in Worten zu definieren versucht, die er auf Tonband aufzeichnete. Die schriftliche Übertragung der Gesamtheit dieser Aussagen ist sein Lebenswerk. Die Mutter war ja, anders als Sri Aurobindo, keine Dichterin, keine Schreiberin. Sie hatte keine „poetische Ader". Das, was Sri Aurobindo in seinen Visionen geahnt hat, das versucht sie tastend, sagt Satprem, in ihrem eigenen Körper zu verwirklichen: Denn die Verwandlung des Menschen in den „Menschen nach dem Menschen" findet ja in den Zellen des Körpers statt. Die Angaben der Mutter sind also trocken, sachlich, manchmal ironisch, immer so präzise, wie es ihr nur möglich ist. Sie sind wie klinische Beobachtungen, wie Notizen aus einem Labor. Um so mehr bewundert man Satprems Selbstdisziplin, sich über viele Jahre mit diesem strengen Geschäft abzugeben... dem er auch, in Parenthesen sei es gesagt, regelmäßig mit einem seiner Romane, Essays, oder Fabeln entflieht. Immer wieder aber kehrt er zu seiner akribischen Arbeit zurück, überzeugt, daß es auf jedes einzelne Wort ankommt. Und immer wieder findet er neue Reichtümer in diesen Sätzen, die seiner verzweifelten Hoffnung – er selbst nennt sie Gewißheit – Nahrung geben, daß sich hier der Schlüssel findet, welcher das Tor aufstößt zu einer neu anhebenden Geschichte der Menschheit. Über diese Schlußfolgerung erlaube ich mir kein Urteil. Es war ja auch nur meine Absicht, den Autor vorzustellen, ihn begreiflich zu machen als jemand, der sich keineswegs abstrusen Spekulationen hingibt, sondern immer vom Erlebten und daher für alle Erlebbaren ausgeht.

Ich selbst habe Satprem im Frühjahr 1980 kennengelernt, allzu wenige Tage mit ihm verbracht und einen kurzen Fernsehfilm über ihn gedreht. Von den vielen Hunderten von Menschen, Frauen und Männern, die ich in meinem beruflichen Leben getroffen habe, ist er bestimmt der eindrucksvollste. Einer der wenigen ohne persönlichen Ehrgeiz, ohne Verstellung, ohne jede Eitelkeit. Es ist mir, als hätte ich ihn immer gesucht: ein ausgelernter Abenteurer, ein Rimbaud, der überlebt hat und der jetzt etwas *weiß*. Er ist der einzige, dem ich alles sagen kann, und von dem ich unverschämt erwarte, daß er alles versteht. Nein, es ist mehr als Verstehen. Es ist sogar mehr als Mitfühlen. Es ist, von seiner Seite, das absolute Zutrauen, daß auch du schaffen kannst, was er geschafft hat, und warum nicht noch weiter gehen? Wenn du Satprem triffst, sagt er dir solche Dinge wie: „Es ist nicht schlimm, Fehler zu machen, sogar entsetzliche Fehler. Es ist nur schlimm, da nicht rauszuwollen – nicht an das zu glauben, was man ist. Die einzige Sünde ist, sich von irgend etwas einmauern zu lassen." Oder er sagt: „Mit Leiden kann man überhaupt nichts gutmachen, mit Schuldgefühlen, Buße, Reue und dergleichen. Die einzige Wiedergutmachung der Dinge, die man an andern begangen hat, ist, für sich selbst die *Freude* zu finden. Und die kindliche Einfalt. Das macht alles wett. Man begeht die allergrößten Dummheiten, nur um zu dieser Freiheit zu gelangen." Oder er sagt: „Glück haben gibt es nicht. Man hat, was man verdient. Man hat immer das Schicksal, das man akzeptiert. Und alle Widerstände sind zu etwas da. Alle deine Irrtümer sind nützlich, weil sie dir erlauben, den Schlüssel zu dir selber zu entdecken." Er haßt es, wenn man von seinen „Ideen" spricht: „Ich habe keine Ideen. Ich bin nur einer, der eine Erfahrung atmet, der eine Erfahrung ist." Bei politischen oder anderweitigen Diskussionen winkt er ab. Er hat keinen Geschmack für Kompromisse, Durchwursteleien. Was ihn wirklich anspricht, sind innere persönliche Ereignisse – er möchte immer wissen, ob dein Herz noch schlägt, ob da noch Möglichkeiten vorhanden sind: „Brillant ist bald einer." Deswegen liebt er Kinder, weil sie noch ungehemmt lieben können. Auch seine Gefährtin, Sujata, so wie alle seine Freunde, haben dieses Offene, Zugängliche, Wandelbare der Kinder.

In seinen Briefen, die er immer mit der Hand schreibt, nennt mich Satprem seinen Bruder. Ich hoffe, er hat viele Brüder. Und ich wünsche jedem, daß er einmal solch einen Bruder findet wie ihn.

Georg Stefan Troller
Paris, im Mai 1981

Ein Reisepaß… wohin?

Genau fünfzehn Tage nach meinem zwanzigsten Geburtstag trat eine abrupte Änderung in meinem Leben ein, als in einer Stadt in Frankreich an einer Straßenecke Reifen quietschten, Türen knallten und zwei mit Revolvern bewaffnete Männer aus einem Citroën der Kripo sprangen, mich zwischen sich nahmen und wegschleppten – in dreißig Sekunden war es vorbei. Nie wieder werde ich der normalen Menschheit angehören. Die Gestapo, die Verhöre unter den Flutlichtern; Nacht und Tag verflossen ineinander; die Schritte der SS im Gang beim Morgengrauen – heute die Hinrichtung? Morgen? Die eisigen Einzäunungen von Buchenwald; die Gleise in den makellos gekachelten Bädern – ist es für ein Bad? Oder die Dusche unter Gas? Dann… dann… Der Tod eines Menschen ist nicht schlimm. Aber der Tod der Menschheit? Der Tod eines Menschenkindes mit all seinen Träumen, seinen Hoffnungen, seinem Vertrauen in die Schönheit, in die Liebe, in die Unermeßlichkeit eines Lebens, das wie ein zu erobernder Schatz wäre, wie ein zu erforschender Kontinent, ein zu entdeckendes Geheimnis. Dann… dann NICHTS. Der Tod ist etwas, aber das Nichts?

An diesem fünfzehnten November des dreißigtausendsten Jahrhunderts seit dem Erscheinen des Homo sapiens *stand ich nackt, verwüstet, wie am Anfang der Zeiten oder an ihrem Ende. Ist der Mensch tot? – Es lebe der Mensch! Was bedeutet ein pochendes Herz… ohne Wissenschaft, ohne Evangelien, ohne Bücher – ohne Land, ohne Gesetz? Alles ist tot, oder noch nicht geboren. Dieses Herz pocht, wie vor der Sintflut oder danach. Wie am Anfang der Welt blickt dieses Kind einer irdischen Spezies auf einen großen leeren Strand, von dem sich eine Möwe in die Luft schwingt.*

Was bedeutet dieses Herz? – Ohne Wissenschaft, ohne Wissen, weil alles Wissen zusammenbrach oder noch nicht geboren wurde.

Ein Herz pocht mit der Hoffnung, dem Vertrauen, dem

Werden. Es betrachtet die Welt wie ein großes spielerisches Abenteuer – was bleibt zu entdecken, wenn all die alten Werdegänge tot sind, wenn die gesamte menschliche Wissenschaft tot ist, wenn die Götter tot sind, oder noch nicht geboren wurden?

Es ist erschreckend. Es ist wunderbar.

Es gibt keine Hoffnung mehr – nur die große unbekannte Hoffnung.

Ich frage mich, ob dieses Menschenkind mit seinen zwanzig Jahren und fünfzehn Tagen, dieses nackte und leere Herz nicht der Vorbote für viele, viele andere Kinderherzen ist, die bald auf dem nackten Strand der Welt die Nichtigkeit ihrer Wissenschaft, ihrer Bomben, ihrer Maschinen, die erschreckende – und wunderbare – Nichtigkeit all dieser Götter des Westens oder des Ostens betrachten werden. Dann... dann...

Wir sind nicht am Ende einer Zivilisation.

Wir sind in der Zeit, wo der Mensch geboren wird.

Wir haben lange genug mit elektrischen Eisenbahnen, Penizillin und elektronischen Chromosomen gespielt. Und wenn jetzt die Zeit eines anderen Spiels wäre, einer anderen Entdeckung im reinen Pochen des Herzens eines unbekannten Menschen unter seinem abgetragenen Mantel?

Mit zweiundzwanzig, nachdem ich diese Hölle durchgestanden hatte, nahm ich das Leben, dieses falsche Luder, im Zorn auf den Schoß und sagte ihm: „Jetzt, unter uns zweien, wirst du mir dein Geheimnis verraten, ohne Ausreden – dein *Geheimnis, nicht das der Bücher, der Maschinen, der Wissenschaft, nicht das des Westens oder des Ostens, keines Landes, sondern das des Landes der wahren Erde. Dein Geheimnis, das in meinem nackten Herzen pocht."*

Ich versetzte Himmel und Erde. Ich versuchte alles. Oh, ich wollte, daß das Fleisch dieses verwüsteten Menschen und diese nichtige, verfluchte und wunderbare Erde ihr Geheimnis in den Himmel schreien. Ich durchlief die Kontinente; ich hörte das Phantom der Gonge in Theben und Luksor schlagen; ich verlor mich auf den roten Pisten von Afghanistan und grub gräco-buddhistische Büsten aus, aber das Lächeln war noch nicht auf meine Lippen gekommen; ich erklomm die Hänge des Himalajas, suchte in Adlernestern nach den Schätzen der Rajput-Prinzen; ich rauchte Opium, wie man sich ertränkt; ich meißelte alle Pforten dieses Körpers, aber das Geheimnis war noch immer nicht zugegen; ich tauchte in den Urwald in Guayana, lauschte in der Nacht den Schreien der Brüllaffen wie einem bestialischen Chor vom Weltanfang; ich durchquerte Brasilien, Afrika, immer auf der Suche nach der Gold- oder Glimmermine oder irgendeiner Mine, doch die eigentliche Mine in der Tiefe meiner Haut lieferte noch immer nicht ihr Geheimnis; ich kehrte zurück, um Indien zu konfrontieren, erkämpfte das Geheimnis der Yogis, meditierte mit ihnen, verlor mich mit ihnen auf den ätherischen Gipfeln, aber die Erde, diese Erde verriet noch immer nicht ihr Wunder; ich bettelte auf den Straßen, nutzte den Körper bis auf die Knochen ab, betete in den Tempeln, pochte an alle Tore, aber das einzige Tor, das endlich dieses Herz erfüllen würde, öffnete sich nicht.

Dann war ich wieder nackt. Gab es denn keine andere Hoffnung, als Elektronik, Bomben, falsche Weisheiten anzusammeln – oder wahre Weisheiten, die euch in den Himmel versetzen, aber die Erde auf ihren zwei Beinen verrotten lassen?

Inzwischen war ich dreißig.

Es war noch immer das dreißigtausendste Jahrhundert seit dem Erscheinen des Menschen. Was? All dies, diese Millionen Jahre, nur um mit Krawatte, Aktenkoffer in der Hand und Stempel im Paß umherzuspazieren? Ein Paß WOHIN? Ein Stempel für WAS? Wo war denn der Mensch als großes Abenteuer, als großes, zu entdeckendes Geheimnis, als unbekannter Schatz?

Ich wurde in Paris geboren. Ich hätte auch in Tokio oder New York geboren werden können – aber in die Welt geboren werden? Endlich zu etwas geboren werden, das nicht mehr mein Großvater, mein Urgroßvater und das Abitur wäre und Bücherstapel in toten Bibliotheken – die ewige kleine Geschichte, die sich endlos wiederholt auf Französisch, Englisch, Chinesisch –, als Mensch, der immer wieder stirbt, ohne gefunden zu haben, was sein Herz schlagen läßt oder warum der Aufflug einer Möwe auf einem kleinen Strand ihn plötzlich mit einem Atem erfüllt, als könne er fliegen?

Mein Paß sagt, ich kann nicht fliegen, außer in einer Boeing 747.

Mein Herz sagt mir etwas anderes.

Das gesamte Herz der Erde beginnt etwas anderes zu sagen.

Eines Tages, als ich dreißig war, begegnete ich der Frau, die etwas anderes sagte. Sie war achtzig, sie war jung und lachte wie ein kleines Mädchen. Sie wurde „Mutter" genannt. Das war in Pondicherry, an der Küste des Golf von Bengalen.

Mutter ist das wunderbarste Abenteuer, das mir je begegnete. Sie ist das letzte Tor, das sich öffnet, wenn alle anderen sich vor dem Nichts verschlossen haben. Fünfzehn Jahre lang führte sie mich auf unbekannte Wege, die in die Zukunft des Menschen oder vielleicht zu seinem wirklichen Anfang führen. Mein Herz schlug, als wäre es zum ersten Mal auf der Welt. Mutter ist das Geheimnis der Erde. Nein, sie ist keine Heilige, keine Mystikerin, kein Yogin; sie gehört weder dem Osten noch dem Westen an; sie ist auch keine Wundertäterin, kein Guru, keine Religionsstifterin. Mutter ist die Entdeckerin des Geheimnisses des Menschen, wenn er seine Maschinen und Religionen, seine Spiritualitäten und Materialismen, seine östlichen und westlichen Ideologien verloren hat – wenn er einfach er selbst ist: ein pochendes Herz, das die Erde der Wahrheit ruft, einfach ein Körper, der die Wahrheit des Körpers ruft, wie der Schrei der Möwe den Raum und den weiten Wind ruft.

Ihr Geheimnis, ihre Entdeckung möchte ich hier zu beschreiben versuchen.

Denn Mutter ist ein Märchen in den Zellen des Körpers.

Was ist die Zelle des Menschen?

Ein anderes – biologisches – Konzentrationslager?

Oder ein Reisepaß… wohin?

S.
8. Juli 1980

Einleitung

Wir stehen vor einem außerordentlichen Rätsel, das durchaus ein Märchen sein könnte.

Das Märchen unserer Spezies.

Wir fangen im Galapagos-Archipel an, dort, wo Darwin ungefähr 1835 zum ersten Mal seine Evolutionstheorie formulierte: die Iguanas bleiben nicht für immer Iguanas... und der Mensch nicht für immer Mensch. Seither wurde uns nichts Schwerwiegenderes mehr gesagt – nichts Fesselnderes, oder besser: Befreienderes, denn es geht tatsächlich darum, der Gefangenschaft zu entkommen. Wenn wir ihr entkommen wollen, wo sollen wir anfangen, abgesehen von der Explosion des Planeten oder himmlischen, yogischen und anderen Erlösungen, bei denen wir deutlich erkennen, daß sie den Planeten unverändert lassen?

„Die Erlösung ist physisch", sagte jene, deren Abenteuer im Bewußtsein der Zellen ich berichten will. Die Evolution ist materialistisch, wie es sich gehört, oder jedenfalls materiell. Bleibt zu wissen, was diese Materie ist? Ist sie geschlossen oder offen? Darwin öffnete sie, zusammen mit seinem Zeitgenossen Jules Verne. Max Planck, Heisenberg, Einstein öffneten sie mit ihren Freunden den Impressionisten, Fauvisten oder Pointillisten – die Materie zerstob auf allen Seiten. In dieser Richtung sind Sri Aurobindo und Mutter einzuordnen. Auch manche Astrophysiker. Warum sollte sich die Materie dann bei den Biologen verschließen?

Sri Aurobindo war zehn, als Darwin starb (1882); er hatte Indien bereits verlassen, um in London seine Lektion des westlichen Materialismus zu erhalten; Mutter, seine zukünftige Gefährtin, war vier Jahre alt in Paris, und Einstein in Ulm war drei.

Seit Darwin wurde uns auch sehr Ernsthaftes gesagt, aber wenn das „Ernste" einem Gefängnis zu gleichen beginnt, werden wir mißtrauisch, denn der ungeheure Ablauf der

Evolution seit der explosionsartigen Vermehrung der Wirbeltiere vor vierhundert Millionen Jahren zersprengte der Reihe nach die verschiedenen Biologien samt einigen Philosophien der Krabbe, des Hasen und des Orang-Utans unterwegs. Wie das genau zerspringt, würde uns interessieren. 1953 entdeckte eine Gruppe anglo-amerikanischer Biophysiker den Mechanismus der Vervielfältigung des DNS-Moleküls. Dies ist wenigstens etwas Ernsthaftes. Die Reihenfolge der Aminosäuren bestimmt für immer, ob wir eine Maus oder ein Mensch werden, und ein bestimmtes magisches und vollkommen wissenschaftliches Molekül namens Desoxyribonukleinsäure oder DNS steuert diese Verkettung unerschütterlich von Vater zu Sohn, es sei denn, eine Röntgenstrahlung oder die Strahlung aus dem All (oder einer kleinen Bombe) bringt ein Element der Kette aus der Reihe... was eher eine monströse Entstellung statt einer neuen Art ergeben würde – und auch dann noch erstreckt sich all das über Tausende oder Millionen Jahre unmerklicher Mutationen, die zufällig eine Veränderung auslösen und uns letztlich in eine andere Spezies führen können... wenn die Bombe uns so lange Zeit läßt und die fünf Milliarden *Homo sapiens* nicht inzwischen weitere Milliarden Sapiens-Ratten in die Welt setzen und die Erde verschlingen. Das muß auch im Auge behalten werden, denn schließlich dauerte es Jahrtausende bis zur ersten Milliarde Menschen – das war 1830 –, während es nur hundert Jahre für die zweite Milliarde dauerte, dann dreißig für die dritte und nur noch vierzehn für die vierte Milliarde.[1]

Das Problem wird dringend. Uns bleiben keine Jahrtausende der Evolution, um es zu lösen; vielleicht nicht einmal zehn Jahre. An welchem Ende kommt man dann hinaus, trotz der anglo-amerikanischen Gruppe und der Wiederholung der Zelle?

Gibt es eine Lösung in der Zelle und in der Materie, wenn diese Lösung nicht im Himmel und in den yogischen Befreiungen zu finden ist? Daß der Mensch nicht auf immer Mensch

1 *New York Times* vom 16. März 1980

bleiben wird, nicht einmal ein „verbesserter" Mensch, steht außer Zweifel, genauso wenig, wie das Reptil in den austrocknenden Sümpfen des Erdmittelalters ein Reptil blieb – wenn wir den „Schlüssel" nicht finden, wird die Evolution es für uns tun, trotz der Biologen. Vor siebzig Millionen Jahren verschwanden die Saurier plötzlich von der Erde, die unter ihnen erstickte, um die Mäuse und Äffchen frei umhertollen und spielen zu lassen.

> [57.12.4:] **Können wir hoffen, daß dieser Körper, unser gegenwärtiges Mittel der irdischen Manifestation, sich allmählich in etwas verwandeln kann, das ein höheres Leben ausdrückt, oder werden wir diese Form gänzlich aufgeben und eine andere annehmen müssen, die noch nicht auf der Erde existiert?** fragte Mutter, jene, die in den Körperzellen nach dem „Schlüssel" für die Spezies suchte. **Wird es ein stetiger Übergang sein oder das plötzliche Auftreten von etwas Neuem?... Wird es der Spezies Mensch wie bestimmten anderen Arten ergehen, die von der Erde verschwanden?**[1]

Das war 1957.

Darwin wartete mehr als zwanzig Jahre, bevor er auszusprechen wagte, was er auf den Galapagosinseln gespürt hatte: *Der Ursprung der Arten* erschien 1859. Selbst dann sagte er noch: „Das ist ein wenig wie ein Mordgeständnis." Angesichts der Geschichte von Mutter bin ich ein wenig wie Darwin vor seinen Iguanas: „Sehen wir doch, ist das möglich?" Was wird der Biologe dazu sagen und der Mediziner und... Dennoch besteht kein Zweifel. Neunzehn Jahre lang hörte ich Mutters Erfahrungen, die Sri Aurobindos fortsetzten, ohne genau zu verstehen, was sie bedeuteten – dann verließ sie uns eines Tages 1973 im Alter von fünfundneunzig Jahren und hinterließ mich überwältigt mit einem Berg von Unterlagen, die zugleich voller Sinn und unverständlich waren. Sieben

1 Erklärung der Quellenangaben in der Bibliographie am Ende des Buches.

Jahre lang kämpfte ich mit diesen Unterlagen, stieß mit der Faust gegen die Mauer und rief Mutter von der anderen Seite dieses „idiotischen Todes“, wie sie sagte, damit sie ihr Geheimnis freigebe – obwohl es in den sechstausend Seiten ihrer *Agenda* völlig offen vor uns liegt, aber welchen Sinn ergibt die Erfahrung der Maus für den Dinosaurier? Dennoch ist es voller Sinn, *hier*, aber ein kleiner Auslöser fehlt, um alle Teile des Puzzles an ihren Platz zu stellen. Ich schrieb sogar drei Bände[1], um den Faden zu erfassen, den Pfad in die unverständliche Zukunft des Menschen nachzuzeichnen. Oh, wie ich kämpfte! Manchmal versuchte ich sogar wie Conan Doyles Sherlock Holmes mit der Lupe des intellektuellen Verständnisses zu erfassen, was nicht mehr mental ist. Mutter ist ein packender, verzweifelter Kriminalroman in der Geschichte der nächsten Art – wie entsteht eine nächste Art, woher kommt sie, bei welchem Zipfel fängt man an, mit welchem Mittel? Eines Tages war es dann offensichtlich – aber nichts ist unsichtbarer als die Offensichtlichkeit, denn sie liegt so sehr vor unserer Nase, daß wir sie nicht sehen. Erkennen die Mäuse etwas im Menschen? Oder sogar ein Affe? – Er muß glauben, daß wir nicht mehr so gut in den Bäumen klettern können, und dann? Immer wieder sah ich Mutters Geschichte an, und dann? Dann riß ich die Augen auf, ja, es ist ein wenig wie Darwins „Mordgeständnis“, ich verstehe gut, was er damit sagen wollte. Das bedeutet eine solche Herausforderung für unsere Spezies und ihre Gesetze. Trotzdem ist es logisch, natürlich – aber versuche doch jemand, der Spitzmaus in Borneo zu erklären, daß *Homo sapiens* natürlich und logisch ist!

Ich sehe nur einen Weg, den Leser in diesen Biologie-Krimi der nächsten Spezies zu führen, und zwar kurz und bündig, ohne Verzierungen oder Kommentare Mutters entscheidende Erfahrungen anzuführen, sie lediglich wie einen Laborbericht mit ihrem Datum zu versehen und zwischen diesen

---

1 Vgl. die Trilogie *Mutter: Der Göttliche Materialismus, Die Neue Spezies* und *Die Mutation des Todes,* 1992

Erfahrungspunkten kurz die Linien anzudeuten, die dorthin führten und von da zum nächsten Erfahrungspunkt gehen, bis das Puzzle vollständig ist und die Folgerung unausweichlich wird.

Wir begeben uns in kein Mysterium, in keine Philosophie – nicht einmal eine hinduistische –, in keine Wissenschaft, denn was bedeutet die Wissenschaft des Reptils für den Archeopteryx? Wir verfolgen die Erfahrungsfakten, auch wenn sie uns sonderbar erscheinen, und wie Darwin in den Galapagosinseln beginnen wir mit einer einfachen Tatsache, die kein Evolutionist verneinen wird, Mutters erstes Faktum:

> [58.11.28:] **Durch jede individuelle Form entwickelt sich die physische Substanz weiter. Eines Tages wird diese Substanz dann eine Brücke zwischen dem uns bekannten physischen Leben und dem kommenden supramentalen Leben bilden können.**

Der Körper ist die Brücke.

Der Körper, das bedeutet Zellen.

Verhalten sich diese Zellen entsprechend dem anglo-amerikanischen Muster... oder anders?

Unmerkliche Veränderungen, die sich über Jahrtausende erstrecken... oder eine jähe Wandlung? „Das Wunder der Erde", sagte sie – das Märchen der Spezies?

Aber ein vollkommen biologisches und irdisches Märchen.

> [58.5.14:] **Es scheint, man kann nur dann wirklich verstehen, wenn man mit dem Körper versteht.**

> [54.4.21:] **Für den Körper bedeutet Wissen, tun zu können.**

Aber Mutter ist die ungeheuerlichste Revolution, die der Mensch je vollbrachte, seit eines Tages in einer Lichtung in der Jungsteinzeit ein erster Hominid die Sterne und seine Schmerzen zu zählen begann.

Mutter oder Mirra Alfassa wurde 1878 in Paris geboren als Tochter einer ägyptischen Mutter und eines türkischen Vaters. Sie war ein Jahr älter als Einstein und gleichaltrig mit Anatole France, dessen sanfte Ironie sie teilte. Es war das Jahrhundert des „Positivismus", ihr Vater und ihre Mutter waren „hartgesottene Materialisten", er Bankier und erstklassiger Mathematiker, sie Anhängerin von Karl Marx bis ans Ende ihrer achtundachtzig Jahre. Als kleines Mädchen hatte sie sonderbare Erfahrungen in der geschichtlichen Vergangenheit und vielleicht auch in der Zukunft; sie begegnete Sri Aurobindo „im Traum", zehn Jahre bevor sie nach Pondicherry kam, und hielt ihn für einen „Hindu-Gott im Visionsgewand". Als Mathematikerin, Künstlerin-Malerin und Pianistin begegnete sie Gustave Moreau, Rodin, Monet und heiratete einen Maler. Später, nachdem diese Ehe auseinanderging, begegnete sie einem Philosophen, der sie nach Japan und China führte, zu einer Zeit, als Mao Tze-tung „Die große Einheit der Volksmassen" schrieb, und schließlich nach Pondicherry zu Sri Aurobindo, den sie nicht mehr verließ. Dreißig Jahre blieb sie bei ihm, der am Anfang des Jahrhunderts die „neue Evolution" ankündigte: „Der Mensch ist ein Übergangswesen", bis zu seinem Tod 1950. Da fand sie sich an der Spitze eines riesigen Ashrams, das sämtliche Gegensätze der Welt in sich zu vereinen schien; sie tat den Sprung in den „Yoga der Zellen" und entdeckte schließlich „den großen Durchgang" zu einer anderen Spezies. Mißverstanden, allein, umgeben von Widerständen und schlechtem Willen, verließ sie 1973 ihren Körper im Alter von 95 Jahren. „Ich glaube, man kann nicht materialistischer sein, als ich es war, mit allem Positivismus und Sinn fürs Praktische," sagte sie mir inmitten ihrer gefährlichen Erfahrungen im Bewußtsein der Zellen. „Und jetzt verstehe ich, warum es so sein mußte! Das gab meinem Körper eine wunderbare Gleichgewichtsgrundlage. Die Erklärungen, die ich verlangte, waren stets materiell, und das erschien mir offensichtlich: wir brauchen keine Mysterien, nichts von all dem – materielle Erklärungen. Folglich bin ich sicher, keinen Hang zu mystischen Träumen in mir zu haben! Mein Körper hatte nichts Mystisches, Gott sei Dank!"

I. Das neue Element

In der Geschichte der Spezies hat eine Wende stattgefunden, aber wahrscheinlich gingen ihr viele kleine sporadische, unmerkbare Durchbrüche voraus, die mit diesem oder jenem Namen versehen wurden, denn wer konnte verstehen, daß es der Durchbruch zur nächsten Art war? Erst wenn man Mensch geworden ist, kann man sagen: „Aha, so sieht also ein Mensch aus!" Und selbst dann sagt man es erst nach vielen weiteren Erfahrungen, die einen schließen lassen, daß wir tatsächlich keine halluzinierenden Affen sind und insbesondere keine verkommenen und dekadenten Primaten, denn das erste Anzeichen der neuen Art ist all das, was sie von der alten verliert: die Fähigkeiten des Menschen sind die Schwächen des Affen.

Dieser Durchbruch zu einem sonderbaren „anderen", von dem man noch nicht weiß, daß es der Zustand der nächsten Spezies ist, muß sich in mikroskopischen Schritten auf verschiedenen physiologischen Ebenen und über Jahrhunderte und Jahrtausende hinweg vollzogen haben, stets in der Unwissenheit, daß es „der nächste Zustand" war. Bevor der Koboldmaki in Borneo seine stereoskopische Sicht erlangte, Vorläufer der unseren, muß es in der Folge der Arten eine bestimmte Anzahl von seltsamen oder absurden „Visionen" gegeben haben, die dennoch die „Logik" und die „Mathematik" und Offensichtlichkeit dieses Fisches oder jener Fledermaus waren. Und was ist unsere retinale Sicht überhaupt erst? – Ein schmales Spektrum zwischen Ultraviolett und Infrarot, das binokular betrachtet wird. Weiter muß sich der evolutionäre Durchbruch, weil er bis zum entscheidenden Auftreten der neuen Spezies immer wieder in den alten Zustand zurückfällt, in der Sprache und entsprechend den Gewohnheiten des unwillkürlichen Experimentators ausdrücken, das heißt mit beträchtlichen Umkleidungen, die fast völlig entstellen, was sonst die reine Erfahrung des nächsten Zustands sein könnte. So fehlte es während der Jahrhunderte und Jahrtausende nie an „Mystikern", „Verrückten" und „Halluzinierenden" in allen Sprachen dieser Erde, und wir neigten dazu, jene gutzuheißen oder zu verherrlichen, die unseren Vorstellungen von Gut, Schön, Apokalypse oder Paradies am nächsten kamen – aber welchen Wert hat das Gute der Fledermaus für das Goldhähnchen? Die Fledermaus fühlt sich etwas „überwältigt", das ist alles. Aber trotzdem war es „etwas", sei es auch nur das Paradies einer mystischen Fledermaus.

Für den *Homo sapiens* fand dieser Durchbruch also auf verschiedenen Ebenen seines Wesens statt, und weil er in einer mentalen Schale eingeschlossen ist – so wie der Seeigel in seinem Kalkpanzer, der Stein in seiner Elektronenhülle oder der Affe in seiner Vitalkraft –, müssen die Durchbruchsversuche meistens auf der mentalen Ebene stattgefunden haben: man verliert das Bewußtsein auf dem Operationstisch, in mystischer Trance oder ganz einfach im Schlaf und tritt in eine andere Welt. Ein gewisses Abtreten des alten Systems scheint erforderlich zu sein, um den Zugang zum „Anderswo" zu ermöglichen, was ja auch logisch ist: man wird nicht mit Menschenstiefeln ins „Paradies" der nächsten Spezies oder mit einer Reptilhaut in die ersten Gleitflüge des Archeopteryx schreiten. Wir sagten bereits, daß gerade die Schwächen der alten Spezies die Tür für die neue öffnen – aber eine Tür muß sich öffnen. Über die Jahrtausende öffneten wir folglich viele Türen in unseren Köpfen, oder seltener in unseren Herzen; wir begaben uns auch tiefer auf der physiologischen Skala und öffneten die Türen des Unterleibs, um verschiedenen Höllen und grausamen oder fanatischen Wesenheiten Einlaß zu gewähren: verschiedene Sorten entgleister Abarten, die noch heute die Erde reichlich bevölkern. Von den anderen, die in nirvanischen oder ekstatischen Höhenflügen den Raum ganz verließen und uns manchmal seltsame verklärte Ausrufe hinterließen, reden wir erst gar nicht. Auch die Dichtung ist eine

„Übersetzung" dieses unbestimmbaren anderen Zustands, den unsere Spezies so gerne erfassen würde – bei welchem Zipfel läßt sich der Anfang einer nächsten Spezies erfassen?

Weder auf mentaler noch auf psycho-kardialer, Bauch- oder Pelvisebene kann der Durchbruch zum anderen Zustand vollzogen werden – der Übergang in „das", wie Mutter mangels anderem Vokabular sagte. Vor allem nicht auf der Mentalebene – denn es läßt sich nicht dogmatisch und kategorisch behaupten, daß die Ausbrüche auf den anderen Ebenen nirgendwohin führten –, auf mentaler oder kardialer Ebene ist „das" nicht rein zu erreichen, ohne Übersetzung, in seiner Originalsprache. Die nächste Spezies findet im Körper statt. Das ist offensichtlich. Solange es nicht im Körper, auf der physiologischen Ebene der Zellen geschieht, bleibt es noch eine fremdsprachige Übersetzung durch die Schichten des Schlafes, der Ekstase oder Meditation, die uns alle möglichen kleine gebrochene Strahlen und mehr oder weniger fabelhafte oder romanhafte Geschichten liefert, die trotzdem Ausdruck von „etwas" sind, ähnlich dem, was ein Goldfisch durch die Glaswand seines Aquariums vom Menschen erhaschen kann. Ich weiß nicht, ob wir durch das Goldfischglas engelhaft oder teuflisch aussehen, aber wir sind jedenfalls „etwas, das geschieht".

Wenn wir sagen, der Durchbruch vollzieht sich auf „zellularer Ebene", überfällt uns sofort die Biologie mit ihrer unantastbaren Verkettung der Aminosäuren von Vater zu Sohn: unerschütterlich, abgesehen von irgendwelchen pathologischen Abweichungen. „Wie wollen Sie die Anordnung der Nukleotiden verändern, um eine neue Spezies hervorzubringen?... Die was hätte: Flossen, Flügel, ein drittes Auge?" Irgendwann in der Evolution fiel es der Manganknolle sehr schwer, sich ein frech umherschlendernes Geißeltierchen vorzustellen. Eine neue Spezies ist sehr unverschämt für die alte. Trotzdem muß es ein Kettenglied, eine Verbindung geben – irgendeinen Zipfel, bei dem das anfängt. Unsere Schwierigkeit liegt nicht nur in mangelndem Vorstellungsvermögen der Zukunft, sondern vor allem in der Unfähigkeit, an etwas anderes zu denken als eine Verbesserung und Erweiterung des Gegenwärtigen: unser nächster Mensch bleibt noch ein Mensch plus diesem und plus jenem und minus diesem oder jenem. Ist das Strahlentierchen eine Erweiterung der Manganknolle? Ist der Mensch eine Erweiterung des Baumfarnes? Vielleicht wird es etwas völlig anderes sein. Was ist dann das Bindeglied mit dem „völlig anderen"? Keine Minute lang wissen wir, was die Brücke sein wird, weil wir nicht wissen, *wo* die andere Seite liegt. Dennoch geschieht es im Körper.

Anders ausgedrückt, bedeutet die nächste Spezies vielleicht ein anderes *Reich*, so verschieden von uns wie das genannte Baumfarn von der Waldspitzmaus. Nicht ein Mensch +..., sondern ein anderes Wesen, eine andere Lebensform in der Materie, nach dem Mineral-, Pflanzen- und Tierreich, dem wir angehören. Trotzdem muß eine Verbindung bestehen, so wie der Virus ein Zwischenglied zwischen lebloser Materie und Leben darstellt – was wird die Brücke zum „Über-Leben" sein, um einen von Mutters versuchsweisen Ausdrücken zu gebrauchen? Was wird dieses Leben sein? Zu erklären, eine Veränderung der Keimzellen ergäbe eine andere Spezies, bedeutet, weiterhin in den Verzweigungen der alten Spezies im Kreis zu laufen – sie ist unfähig, ihr Tiermuster zu verlassen und sich eines vorzustellen, das weder tierisch noch mineralisch noch pflanzlich ist, aber trotzdem vollkommen materiell: die Spitzmäuse mögen den Manganknollen engelhaft und übernatürlich erscheinen, sie bleiben aber nichtsdestotrotz materiell und evolutionär. Eines Tages geschah es. Eines Tages wird etwas anderes als ein Menschen-Tier geschehen – vielleicht geschieht es bereits. Vielleicht ist es mitten dabei zu geschehen.

Wenn nicht die Veränderung der Keimzellen, welche Veränderung bringt dann das Andere hervor? Irgendwo muß eine Veränderung stattfinden, irgendwo muß es ein neues Element geben. Was bedeutet die Veränderung des Farns im Vergleich zum Mineral oder die des Tieres im Vergleich zur Pflanze?

Wir lassen uns von den äußeren Formen blenden – aber was verändert sich wirklich von einem Reich zum nächsten, wenn nicht die Bewegung? Es gab den Übergang von der Reglosigkeit des Steins zum beschleunigten Wachstum der Pflanze, dann zur explosionsartigen Dynamik des Tieres: eine Veränderung der Bewegung. Hier werden die Physiker die Augen aufreißen und uns von elektromagnetischen Wellen oder vom Wirbel der Elektronen um den Atomkern erzählen. Einstein lehrte uns die Relativität: die Parameter eines physischen Ereignisses hängen unmittelbar von der Geschwindigkeit des Bezugssystems ab. Um es einfach auszudrücken: die Geschwindigkeit ist eine Frage der Entfernung, eine Entfernung ist eine Frage von sechs Beinen einer Ameise, zwei Flügeln einer Möwe, zwei Menschenbeinen oder sogar einem Düsentriebwerk – stets ist es aber ein Tier, das sich mehr oder weniger schnell, mit mehr oder weniger ausgeklügelten Mechanismen fortbewegt, um zu erreichen, was „fern" oder „außerhalb" von ihm liegt. Der nächste „Mechanismus" oder das nächste „Organ" der kommenden Spezies könnte aber durchaus derart beschaffen sein, daß die Bewegung sich um noch eine Stufe beschleunigt, wenn man so sagen kann, so daß es kein „außerhalb" oder „fern" mehr gibt und daß die „Entfernung" des Geißeltierchens oder Düsentriebwerks ebenso hinfällig wird wie die Reglosigkeit des Steins für das lebende Wesen. Welcher Mechanismus oder welches „Organ" kann uns eine so schnelle Bewegung verleihen, daß sie augenblicklich die Grenzen der Galaxis erreicht, als gäbe es keine Entfernung, als geschehe alles innerhalb von uns, aber dennoch in einem Körper aus zellularer, irdischer Materie? Gibt es im Körper einen Mechanismus, der uns gestatten würde, innerhalb bestimmter Zellwände zu bleiben, die aus uns einen Menschen statt einer Spitzmaus machen, und gleichzeitig in New York, Borneo oder weiß der Teufel wo zu sein? Wäre uns diese „übernatürliche" Bewegung physiologisch gewährt – geographisch gewährt, könnte man sagen –, dann wäre offensichtlich eine neue Spezies und ein neues Reich gefunden. Das „Natürliche“ des Menschen mag wohl das Übernatürliche des Fisches sein, aber ohne Zweifel ändert sich das Natürliche von einer Art zur nächsten, und „das Übernatürliche ist ein noch nicht erreichtes Natürliches“, wie Sri Aurobindo sagte.[1]

Bleibt zu wissen, wo im Körper diese sonderbare neue Funktionsweise läge, die unsere erlesenen Keimzellen nicht auflösen würde, sondern der Gesamtheit unserer Körperzellen eine neue Seinsart verliehe, vielleicht eine völlig neue Geographie, die aus anderen, nicht-binokularen Äuglein wahrgenommen wird. Was wird dann aus dem Düsentriebwerk und der gesamten verteufelten Mechanik vom Telefon bis zur Raumfähre? Offensichtlich ist das ein anderer Raum und eine andere Zeit – ein anderes „Bezugssystem“, ein anderer Determinismus –, vielleicht ist es ebenso verblüffend wie der Übergang von der ruhigen Starrheit des Minerals zum Krabbeln der Wirbeltiere. Und was wird dann aus dem Tod? Und was wird aus der Materie in diesem neuen „System“ – was ist die Materie, ihre Elektronen, ihre Zellen, ihre Galaxien, wenn sie mit einem anderen, nicht-binokularen Organ betrachtet wird, ohne Mikroskop oder Teleskop, die stets nur eine Vergrößerung derselben überholten Retinalsicht waren?

Biologie und Physik bestimmen die Gesetze eines gegebenen Milieus oder eines gegebenen menschlichen Goldfischglases, das sich bemüht, sich selbst oder durch die Wände des Glases zu sehen; wenn es aber in ein anderes Milieu geht, wie die Amphibien eines Tages in die weite Luft des Lebens kamen, dann fallen die alten Gesetze weg, und ein unvorhersehbares anderes „Leben“ oder „Über-Leben“ erscheint.

Bleibt das „Kettenglied“ zu entdecken. Wenn es weder in den nirvanischen oder ekstatischen Pirouetten noch in den mentalen Windungen noch in den Träumen und im Schlaf dieser schmerzhaften Spezies zu finden ist – die vielleicht für ein wahres Paradies auf der Erde in einem wahren Körper ohne Tod und ohne einengende Glaswände bestimmt war –,

---

1 *Thoughts and Aphorisms*, XVII.88

wo liegt es dann? Von einer Art zur nächsten, von einem Reich zum nächsten gelangten wir immer von einem engeren Gefängnis zu einem anderen nicht sehr geräumigen – könnte das nächste Reich das des weiträumigen Menschen ganz ohne Gefängnis sein?

Anstatt in mystische oder poetische Höhen zu entschwinden, steigen wir mit Mutter in das Abenteuer des Bewußtseins der Zellen hinab, auf der Suche nach dem nächsten Milieu und dem Mechanismus in den Zellen, dem *neuen Element,* das die Tore unseres Gefängnisses aufstößt und uns in eine neue Erde versetzen wird, so wie eines Tages eine erste Amphibie auf dem sonnigen Strand einer neuen Welt landete.

[57.7.10:] **Eine neue Welt wurde GEBOREN. Das ist keine Verwandlung der alten, sondern die Geburt einer NEUEN Welt. Wir sind jetzt mitten in der Übergangszeit, wo die beiden sich noch überlappen, wo die alte noch fortdauert, allmächtig und das normale Bewußtsein völlig beherrschend, wo die neue sich aber einschleicht, noch sehr zaghaft, unbemerkt – so unbemerkt, daß sich äußerlich nicht viel verändert (bis jetzt jedenfalls) und daß sie im Bewußtsein der meisten sogar völlig unerkennbar ist. Dennoch arbeitet sie und wächst.**

[56.3.10:] **Jedesmal wenn ein neues Element zu den möglichen Verbindungen hinzutritt, bewirkt das sozusagen ein „Aufreißen der Grenzen"... Die moderne wissenschaftliche Erkenntnis ist offensichtlich einer der neuen Wirklichkeit entsprechenden Wahrnehmung sehr viel näher als zum Beispiel die Erkenntnisse des Steinzeitalters. Aber auch sie wird durch das Eindringen von etwas, das nicht Teil des erforschten Universums war, mit einem Mal vollkommen überholt, übertroffen und wahrscheinlich umgewälzt werden. Diese Veränderung, diese abrupte Transformation des universellen Elements wird gewiß ein Chaos in den Wahrnehmungen hervorrufen, aus dem ein neues Bewußtsein hervortreten wird.**

Dieses „neue Element“ ist das Mental der Zellen, das jetzt unsere menschliche Welt umwälzt, wie eines Tages unser denkendes Mental die Erde der Affen verwandelte.

II. Der andere Zustand

Eine erste Erfahrung ist immer sehr seltsam. Sie ist sogar etwas verrückt. Trotzdem muß es eines Tages einen Augenblick gegeben haben, wo zum ersten Mal auf diesem Planeten ein letztes altes Reptil zu einem ersten jungen Vogel wurde. Was für ein Gefühl ist das, wenn man plötzlich abhebt und es niemals, niemals zuvor einen Vogel in einem einigermaßen logischen und vernünftigen Himmel gab? Das ist überhaupt nicht natürlich, und mehr als ein alter Dinosaurier muß mit den Rückenstacheln gezuckt haben: „Das ist nicht möglich, das muß eine Halluzination sein.“ Von einer Halluzination zur nächsten wurden wir kleine Menschen mit Anzug und Aktentasche – was jetzt, was kommt als nächstes?

Eines Tages im Januar 1962 betrat Mutter das Zimmer etwas blaß und stets bereit, sich über sich selbst lustig zu machen, als wäre die Ironie die einzige erträgliche Art, die neue Spezies in Angriff zu nehmen, ohne völlig vom Sockel der alten zu fallen. Mutter war vierundachtzig. Dann sagte sie mir mit ruhiger und belustigter Stimme:

> [62.1.9:] **Seltsam, dies sind sonderbare Angriffe, die überhaupt nicht von der Gesundheit abzuhängen scheinen. Es ist wie eine Dezentralisierung. Um einen Körper zu bilden, werden alle Zellen wie von einer zentripetalen Kraft zusammengehalten; aber jetzt ist es genau das Gegenteil! Als würde eine Zentrifugalkraft sie zerstreuen. Wenn es dann etwas zu viel wird, verlasse ich meinen Körper, mit dem äußerlichen, augenscheinlichen Ergebnis, daß ich in Ohnmacht falle – ich tue es nicht wirklich, denn ich bleibe voll bewußt. Das alles bewirkt eine seltsame Desorganisation.**

Eine neue Spezies bedeutet natürlich zuallererst die Desorganisation der alten.

... Letztes Mal war zufällig gerade jemand anwesend, so fiel ich nicht und tat mir nicht weh, aber diesmal war ich alleine im Badezimmer und... offensichtlich verfolgte ich ein Bewußtseinsphänomen, wo ich mich auf die ganze Welt ausbreitete – PHYSISCH ausbreitete, das ist das Seltsame! Es ist eine Empfindung der ZELLEN. Ich folgte einer Ausbreitungsbewegung, die immer intensiver und schneller wurde, und dann lag ich plötzlich auf dem Boden.

Die Erfahrung entwickelt sich entsprechend einer bestimmten Kurve. Ich werde mich darauf beschränken, die Kurve wiederzugeben, bevor ich erkläre, wie Mutter *dorthin* kam, über welche Vorgänge und Wandlungen. Die Tatsache ist, daß Mutter einen bestimmten menschlichen Zustand verließ, um in einen anderen Zustand oder in ein anderes Milieu überzugehen, wie die Amphibie. Die Beschreibung des neuen Milieus führt uns zu einem besseren Verständnis des alten und der Trennwand zwischen den beiden Zuständen. Diese Trennwand ist unser Hauptproblem; offensichtlich liegt sie auf zellularer Ebene, denn dort liegt der Ausgangspunkt oder vielmehr die unzähligen Ausgangspunkte.

[62.5.15:] **Nimm folgendes Beispiel: ich gehe auf und ab, um den Körper wieder daran zu gewöhnen (jemand begleitet mich). Dabei habe ich einen ziemlich sonderbaren Zustand bemerkt... ich könnte es so ausdrücken: das, was mir die Illusion des Körpers gibt! Ich vertraue ihn der Person an, mit der ich gehe (das heißt, er steht nicht unter meiner Verantwortung: die andere Person kümmert sich darum, daß er nicht fällt und sich nicht stößt!), und das Bewußtsein ist wie grenzenlos, wie Wellen, aber keine einzelnen Wellen, sondern eine Wellen-BEWEGUNG; eine Bewegung materieller, körperlicher Wellen, könnte man sagen, weit wie die Erde, aber... weder rund noch flach... etwas sehr Unendliches in seiner Empfindung, das aber einer Wellenbewegung folgt. Diese Wellenbewegung ist die Bewegung des Lebens.**

Hier landen wir mitten in der Physik der Materie! Tatsächlich stimmen alle physikalischen Theorien, die die Struktur unseres Universums und die Zusammensetzung der Materie zu beschreiben versuchen, in einem Punkt überein: die Wellenbewegung ist *das* Grundelement und die dynamische Basis der physischen Wirklichkeit. Sei es in elektromagnetischen Feldern, Schwerkraft oder atomarer Wechselwirkung, im Herzen des Atoms wie an den Grenzen des Universums, alles bewegt sich in einer Wellenbewegung: „Die Wellenbewegung ist die Bewegung des Lebens", sagte Mutter mit einschlägiger Direktheit. Und sie fährt fort.

> **... Das Bewußtsein (ich nehme an, das Bewußtsein des Körpers) schwebt darin wie in einem ewigen Frieden, es ist aber keine Weite – das wäre das falsche Wort – sondern eine Bewegung ohne Grenzen mit einem sehr harmonischen und sehr ruhigen Rhythmus, sehr weit, sehr ruhig. Diese Bewegung macht das Leben aus. Ich gehe in meinem Zimmer, und es ist das, was geht. Es ist sehr still, wie eine Wellenbewegung ohne Anfang oder Ende, mit einer Verdichtung in dieser Richtung** *(Geste von oben nach unten)* **und einer in der Richtung** *(horizontale Geste)*, **eine Bewegung der Ausbreitung** *(Geste wie das Wogen eines Ozeans)*. **Es ist also wie eine Bewegung der Sammlung, der Konzentration, gefolgt von einer Ausweitung und Verbreitung.**

Dies erinnert sofort an das elektromagnetische Feld mit seinen beiden senkrecht zueinanderstehenden Komponenten, dem elektrischen und dem magnetischen Feld, die sich entlang einer unendlichen sinusförmigen Welle bewegen. Die Bewegung der Sammlung, dann der Ausbreitung – genau die Beschreibung der Fortpflanzung einer Wellenfolge im Raum. Hier stoßen wir sofort auf ein ungeheures Rätsel: wie kann ein Körper physisch, zellular, diese Welle *sein*, die die Welten bildet und in ihrer unendlichen Bewegung fortträgt und die Existenz der Atome und Galaxien beherrscht? Wie kann man eine unendliche und allgegenwärtige elektromagnetische Welle *sein,* und gleichzeitig innerhalb der engen Grenzen eines menschlichen Körpers bleiben?... der immerhin anfangs mangels Gewohnheit ein wenig in Ohnmacht fällt. Es ist also ein Körper auf dem Maßstab des Universums.

Die Erfahrung setzte sich noch elf Jahre fort, mit allmählich zunehmender Genauigkeit und einer langsamen „Anpassung", aber auch einer Terminologie, die uns lange im Dunklen tappen ließ, denn mal benutzte Mutter das eine Wort, mal ein anderes, was verschiedene Phänomene und vor allem verschiedene Welten nahelegte, während es doch die ganze Zeit dieselbe Kurve in einer selben materiellen Welt war – aber versuche einmal jemand, einer Kaulquappe, die nur die Wände ihres Goldfischglases mißt, die Materie aus Sicht des Vogels zu beschreiben! Das würde ihr überhaupt nicht wie echte und solide Materie erscheinen, es wäre sogar etwas übernatürlich; und welche „Worte" könnte Mutter benutzen, um zu beschreiben, was noch keine Worte kennt – „elektromagnetische Welle", sagt man *hinterher.* In der Zwischenzeit ist es „etwas, das geschieht".

Ihr erster Schrei, als sie aus der vollständigen Erfahrung kam, die drei Monate später im April 1962 stattfand, gibt uns zu denken:

> [62.4.13:] **Der Tod ist eine Illusion, Krankheit ist eine Illusion, Unwissen ist eine Illusion! Dinge ohne Wirklichkeit, ohne Existenz... Nur die Liebe und die Liebe und die Liebe – unermeßlich, ungeheuer, herrlich, alles mit sich tragend. Es ist VOLLBRACHT.**

Der Übergang zur nächsten Spezies ist vollbracht. Wenn ein erster Vogel unter den Reptilien geflogen ist, werden unausweichlich andere fliegen. Die bedeutende Tatsache ist, daß Tod und Krankheit in diesem anderen Zustand *materiell* verschwinden, denn es ist eine Erfahrung des Körpers und der Zellen, keine mystische Erfahrung auf den Gipfeln des Nirvanas. Dies ist keine „Illusion der Welt", wie die Mystiker sie predigten, sondern die Illusion unserer eigenen physischen Wahrnehmung der Welt und der daraus folgenden Lüge: Krankheit und Tod. Ändert sich die zellulare Wahrnehmung, so ändern sich Krankheit und Tod: sie verschwinden in etwas anderem, das Mutter allmählich entdeckte.

Die Erfahrung geht weiter:

> [62.1.12:] **Ständig werde ich mit diesem Problem konfrontiert – es ist ein durchaus konkretes, materielles Problem, wenn man es mit den Zellen zu tun hat: sie müssen Zellen bleiben, ohne sich in einer nicht-physischen Wirklichkeit aufzulösen, sollen aber gleichzeitig diese Geschmeidigkeit und keine Starrheit haben, damit sie sich unendlich ausweiten können. Für den Körper ist das sehr schwierig – sehr schwierig, daß er sozusagen nicht sein Sammlungszentrum verliert und sich in der umgebenden Materie auflöst.**
>
> [61.2.25:] **Dieser Körper ist überhaupt nicht mehr wie man es gewohnt ist: er ist kaum noch mehr als eine Konzentration, eine Ballung von etwas; er ist kein Körper in einer Haut mehr – überhaupt nicht mehr. Er ist wie eine Sammlung, eine Konzentration von Schwingungen. Sogar das, was man gewöhnlich als „Krankheit“ bezeichnet, sogar die Funktionsstörungen haben für diesen Körper nicht mehr dieselbe Bedeutung wie zum Beispiel für die Ärzte und die normalen Menschen – es ist nicht so, er empfindet das nicht so. Er empfindet das als eine Art Anpassungsschwierigkeit an neue Schwingungsnotwendigkeiten.**
>
> [62.5.18:] **Die einzige Empfindung, die in der alten Art verblieb, ist der physische Schmerz. Ich halte das für die symbolischen Punkte der Überreste alten Bewußtseins. Der Schmerz. Nur den Schmerz empfinde ich so wie vorher. Nahrung, Geschmack, Geruchssinn, Sicht, Gehör – all das hat sich völlig geändert. Es folgt einem anderen Rhythmus. Die gesamte Funktionsweise der Organe… haben sich die Organe verändert? Oder ist es die Funktionsweise? Ich**

weiß es nicht. Es folgt jedenfalls einem anderen Gesetz. Das einzige, was materiell, konkret in dieser Welt bleibt – in dieser Welt der Illusion –, ist der Schmerz. Das scheint mir der eigentliche Kern der Lüge zu sein. Es ist mir sogar verboten, mein Wissen, meine Macht und Kraft einzusetzen, um den Schmerz auf diese Weise aufzulösen, wie ich es früher tat – ich konnte das sehr gut. Das wurde mir jetzt gänzlich verboten. Aber ich erkenne, daß etwas anderes beabsichtigt wird, etwas entsteht. Das ist noch... man kann es nicht Wunder nennen, weil es kein Wunder ist, aber es ist das Staunen, das Unbekannte. Wann wird es kommen? Wie wird es kommen? Ich weiß es nicht.

Tatsächlich ging es nicht mehr darum, durch höhere, yogische oder andere „Kräfte“ den Schmerz aufzulösen oder den Tod aufzuhalten, sondern Schmerz und Tod durch die natürliche Kraft der Zellen selbst zu *verwandeln*. Darin besteht das ganze „Yoga der Zellen“. Die nächste Spezies wird nicht durch neue magische Organe oder phantastische Kräfte entstehen, sondern ihre zellularen Abläufe und Wahrnehmungen bewirken eine radikale und *natürliche* Veränderung des sterblichen Körpers, mit dem wir vorübergehend ausgestattet sind.

[61.5.31:] **Ich unterscheide jetzt ständig zwischen dem Leben in geraden Linien und scharfen Winkeln und dem Leben in Schwingungen. Im einen Leben ist alles schneidend, hart, kantig, und man stößt sich überall, und dann gibt es das Leben in Schwingungen, sanft, reizvoll, aber nicht allzu fest. Seltsam, es ist ein völlig anderes Leben. Sogar guter Wille ist aggressiv, sogar Zuneigungen, Zärtlichkeit, Anhänglichkeit – all das ist überaus aggressiv, wie Rutenschläge. Aber „das“... ist wie eine Kadenz, eine Wellenbewegung von solcher Fülle und Macht! Ungeheuer. Es stört nichts, verdrängt nichts, stößt nichts. Und in seiner so weichen Wellenbewegung trägt es das Universum.**

Wäre dies Einsteins „einheitliches Feld“?

[68.2.3:] Auf der praktischen Seite, sobald aus irgendeinem Grund irgendwo eine Störung auftritt (ein Schmerz oder eine Funktionsstörung): mit „dem“ verschwindet die Störung fast augenblicklich, und wenn ich geduldig in diesem Zustand verbleibe, verschwindet auch DIE ERINNERUNG an die Störung. Auf diese Weise können Störungen, die zur Gewohnheit wurden, nach und nach verschwinden.

[68.10.16:] Es ist seltsam, das Bewußtsein ist zunehmend intensiv und verbreitet geworden, und der Körper ist wie etwas, das in diesem Bewußtsein schwebt, aber nicht aktiv ist. Ich kann das nicht erklären. Es ist wie ein Ozean von Licht, der seine Arbeit fortsetzt, und innerhalb dieses Ozeans treibt etwas... Er ist von einem tiefen Ultramarinblau – kennst du diese Farbe?...

[68.2.3:] Aber der Körper wird sich dem erst hingeben können, wenn er bereit ist. Darin besteht die Vorbereitung. Die Bewegung richtet sich darauf, völlig damit zu verschmelzen, was als Ergebnis eine vollständige Auflösung des Egos hat, das heißt ein unbekannter Zustand, man könnte sagen „noch nicht physisch verwirklicht“, denn all jene, die das Nirvana suchten, gaben dabei ihren Körper auf, während unsere Arbeit darin besteht, daß der Körper, die physische Substanz sich schmelzen lassen kann. Das wollen wir versuchen. Wie kann die äußere Form ohne Ego beibehalten werden? Das ist ein Problem. So vollzieht sich die Arbeit in kleinen Schritten. Deshalb dauert es so lange: jedes einzelne Teil wird aufgenommen und verwandelt. Das Erstaunliche (für das normale Bewußtsein ist es ein Wunder) besteht darin, die Form zu behalten, aber gleichzeitig das Ego völlig aufzugeben. Für das Vital und das Mental ist das leicht zu verstehen, aber HIER, im Körper: wie verhindern, daß er sich durch diese Bewegung der Verschmelzung auflöst?... Genau das ist die Erfahrung. Das ist der so interessante Verlauf, der jetzt stattfindet. In manchen Augenblicken entsteht der Eindruck, daß sich alles auflöst, auseinanderfällt – ich bemerkte deutlich, daß das physische Bewußtsein anfangs nicht genügend erleuchtet war und den Eindruck hatte: „Oh, das muß die Ankündigung des Todes sein!" Danach kam allmählich das Wissen, daß es keineswegs das war, sondern nur die innere Vorbereitung. Jetzt erkenne ich im Gegenteil sehr deutlich, daß die Verwirklichung dieser so besonderen Plastizität, dieser außerordentlichen Flexibilität, offensichtlich die Notwendigkeit des Todes abschaffen würde. Jedesmal wenn die Befolgung oder die Herrschaft der gewöhnlichen Gesetze im einen oder anderen Punkt durch die neue Obrigkeit [des anderen Zustandes] ersetzt wird, ergibt das einen Übergangszustand mit allen Anzeichen einer grundlegenden Störung und einer großen Gefahr. Solange der Körper in seiner Unwissenheit ist, wird er von Panik ergriffen und glaubt an eine schwere Krankheit. Ursprünglich ist es das aber nicht: es ist der Rückzug der gewohnten Naturgesetze und das Einsetzen eines anderen. Da gibt es einen Augenblick, wo es weder das eine noch das andere ist, und dieser Punkt ist kritisch.

[69.4.16:] Gleichzeitig ist der Körper seltsam gebrechlich, das ist das sonderbare. Man hat den Eindruck, er habe alle gewohnten Gesetze hinter sich gelassen und... ist in der Schwebe. Etwas, das sich zu festigen sucht. Gleichzeitig ist er äußerst empfindlich gegen alles, was von außen kommt. Beides zugleich: äußerst empfindlich gegen das, was von den anderen kommt, und gleichzeitig eine außerordentliche Macht, in sie einzudringen und in ihnen zu wirken. Es ist als wären alle Grenzen... aufgehoben.

[62.5.27:] Dieser Zustand ist sehr unpersönlich, die ganze gewohnte Art, auf die äußeren, umgebenden Dinge zu reagieren, ist völlig verschwunden. Aber sie wird durch nichts ersetzt. Es ist... eine Wellenbewegung. Das ist alles. Wann wird es sich in etwas anderes verwandeln? Ich weiß es nicht. Und man kann es überhaupt nicht versuchen! Man kann keine Anstrengung unternehmen, man kann nicht suchen, denn sonst tritt augenblicklich die intellektuelle

Tätigkeit ins Spiel, die nichts mit „dem“ zu tun hat. So komme ich zu dem Schluß, daß es etwas ist, das man werden, sein, leben muß – aber wie? Auf welche Art? Ich habe keine Ahnung.

Wie kann der Fisch versuchen, anderes als ein Fisch zu sein? – Mit seinen Fischansichten würde er nur Fischanstrengungen bewirken.

> [62.6.6:] **Für die normale Sicht könnte man es äußerlich, oberflächlich als eine drastische Verschlechterung bezeichnen; aber der Körper spürt das überhaupt nicht! Er fühlt, daß diese Bewegung oder jene Anstrengung, diese Geste oder jene Handlung der Welt der Unwissenheit angehört, daß es nicht auf die wahre Weise getan wird, nicht die wahre Bewegung ist. Er hat das Gefühl, daß der sanfte, kantenlose, fließende Zustand, den ich beschrieb, sich in einer bestimmten Weise entwickeln muß und körperliche Wirkungen zeigen wird, die die wahre Handlung ermöglichen. Diese Weise muß gefunden werden. Nicht mit dem Kopf „finden“: diese Weise ist irgendwo im ENTSTEHEN. Das geht so weit, daß ich bei der Rückkehr von dem anderen Zustand den Eindruck habe, daß mein Körper von Raspeln und Holzstücken umgeben ist, während er bequem auf Federkissen gebettet ist!**

In diesem zerborstenen Raum verwandelt sich auch die Zeit. Eines morgens sagte Mutter mir lachend:

> [62.7.14:] **Eines Tages werden wir sagen: „Erinnerst du dich, in dem und dem Jahr glaubten wir, etwas zu vollbringen!...“ Stell dir vor, plötzlich war ich so in die Zukunft versetzt: „Erinnerst du dich, dort (seltsam, es liegt immer zur Linken, warum wohl?), dort glaubten wir etwas zu leisten, glaubten etwas zu wissen!...“ Lustig. Ja, im gewöhnlichen Bewußtsein gibt es eine Art Achse, und alles dreht sich um die Achse. Eine irgendwo verankerte Achse, um die sich alles dreht – das ist das gewöhnliche individuelle**

Bewußtsein. Wenn sich das verlagert, sind sie verloren. Es ist wie eine große Achse (mehr oder weniger groß, sie kann auch sehr klein sein), die mitten in der Zeit steht, und alles dreht sich darum. Es reicht mehr oder weniger weit, ist mehr oder weniger hoch, mehr oder weniger stark, aber alles dreht sich um die Achse. Doch für mich gibt es jetzt keine Achse mehr. Ich betrachtete das gerade. Keine Achse mehr, weg, verschwunden! Es kann hierhin gehen, dorthin *(Geste in die verschiedenen Himmelsrichtungen),* **es kann vorwärts gehen, rückwärts, überall hin – es gibt keine Achse mehr, es dreht sich nicht mehr um die Achse. Interessant. Keine Achse mehr!**

Aber plötzlich konkretisierte sich die „Wellenbewegung" und offenbarte ihre wirkliche Beschaffenheit als Basis und Substanz der gesamten physischen Wirklichkeit:

[63.8.10:] **Etwas Neues muß in das Bewußtsein der Zellgruppen getreten sein... etwas, eine neue Erfahrung muß dort begonnen haben. Das Ergebnis: letzte Nacht hatte ich eine Reihe phantastischer Erfahrungen – in den Zellen –, die ich noch nicht einmal beschreiben kann und die den Anfang einer neuen Verwirklichung bedeuten müssen... Als die Erfahrung anfing, betrachtete ein Teil das (du weißt, etwas in einem betrachtet die Dinge immer mit einiger Ironie und Belustigung) und sagte: „Also wenn das jemand anderem zustieße, würde er sich für schwer krank oder halb verrückt halten!" So blieb ich ruhig und sagte: „Gut, man muß es geschehen lassen; ich werde zusehen – ich werde schon sehen..." Unbeschreiblich! Unbeschreiblich (die Erfahrung müßte sich mehrmals wiederholen, damit ich sie verstehen kann), phantastisch! Es begann um halb neun und dauerte bis halb drei am nächsten Morgen, das heißt ich verlor keine einzige Sekunde lang das Bewußtsein, die ganze Zeit beobachtete ich die phantastischsten Dinge. Ich weiß nicht, wohin das führen wird... Es ist unbeschreiblich. Man wird ein Wald, ein Fluß, ein Berg, ein Haus – und das sind die Empfindungen** DES

KÖRPERS, die ganz und gar konkreten Wahrnehmungen des Körpers. Und noch vieles anderes mehr. Unbeschreiblich.

(Frage:) Eine Art Allgegenwart der Zellen?

Ja. Eine Einheit – das Gefühl der Einheit... Es ist offensichtlich: wenn das etwas Natürliches, Spontanes und Beständiges wird, dann kann der Tod nicht mehr existieren, sogar im Körper... Da ist etwas, das ich spüre, ohne es schon ausdrücken oder mental verstehen zu können. Sogar im Verhalten der Zellen muß ein Unterschied bestehen, wenn man seinen Körper verläßt. Etwas anderes muß stattfinden.

Wenn das Bewußtsein der Zellen nicht mehr im Netz eines Körpers gefangen und eingesperrt ist, was geschieht dann, wenn dieser Punkt der Materie zerstreut wird, der sich in vollkommener Kontinuität mit der Gesamtheit des irdischen Körpers befindet?

[63.7.6:] **Seltsam... die Sicht ist völlig anders als die physische Sicht: man sieht gleichzeitig Tausende Kilometer in der Ferne und ganz nahe.**

[72.8.26:] *(Frage:) Aber was siehst du?*

Ich würde fast sagen: nichts! Nichts – ich „sehe" nichts. Es gibt nicht mehr „etwas, das sieht", sondern ich BIN zahllose Dinge. Ich LEBE zahllose Dinge. Da ist es... *(lachend)* **es ist so vieles, vieles, daß es nichts mehr ist!**

[62.7.14:] **Spürst du nicht etwas wie eine reine Super-Elektrizität?... Wenn man es berührt, erkennt man, daß es überall ist, man merkt es nur nicht.**

Vielleicht das „Plasma", dessen seltsame Eigenschaften die Physiker noch nicht recht verstehen?

Derart ist in Stichworten zusammengefaßt der „andere Zustand". Jetzt gilt es, seine physiologischen und funktionalen Konsequenzen zu begreifen – die „andere Art" – und den Mechanismus des Übergangs: Was bildet das Hindernis und wie kann es überwunden werden. Sofort wird offensichtlich, daß hier nicht mehr von Philosophie oder Religion die Rede sein kann – sie sind aufgeplatzt. Jahrhundertelang erzählte man uns von „Spiritualisten" und „Materialisten", aber um welche Materie geht es, um welchen Geist?

Was bedeutet der „Geist" des Fisches für die Amphibie? – Für ihn geht es um eine andere Art zu atmen. Die Lungenatmung wird zur Religion und zur Philosophie.

Daß Philosophie und Religion aufgeplatzt sind, ist eher beruhigend: so stiften sie keine Verwirrung mehr.

Aber die Wissenschaft auch!

Was bedeutet die Physik oder sogar die Astrophysik der Fische für eine Spezies in einem völlig anderen Milieu?

Alle unsere „Gesetze" eines kleinen Goldfischglases waren nur im Maßstab unserer Machtlosigkeit; sie bestanden aus einem bestimmten Blick, sei er auch elektronisch, *durch* die Glaswände. Was ist, wenn das Goldfischglas aufbricht? Wenn es kein „durch" mehr gibt?

Darwin sprach mit Recht von „Mordgeständnis".

Dennoch nannte Mutter diesen anderen Zustand auch „den göttlichen Zustand" oder „die Liebe" oder manchmal noch „der allmächtige Zustand", und „das" und... Und „das Supramental".

III. Das nächste Reich

Was nützt es aber, könnte man sich fragen, ein Wald oder ein Fluß zu werden, wenn wir in unserem alltäglichen Leben weiterhin stolpernd und tastend nach der richtigen Handlung, dem genauen Gedanken, der richtigen Erkenntnis, der wahren Eingebung suchen? Unser menschliches Leben ist von Fehlern bedrängt. Unsere hervorstechende Eigenschaft unter allen anderen Arten ist nicht so sehr, Moleküle auseinanderzunehmen, Radaranlagen zu erfinden und den Weltraum zu erkunden, sondern uns zu irren. Das Tier täuscht sich nicht, es weiß augenblicklich. Unser gesamtes wissenschaftliches Arsenal ist tatsächlich ein gigantisches Kartenhaus, um zu versuchen, den Mangel eines unscheinbaren direkten, einfachen Wissens wettzumachen und uns mit tausend Armen und Antennen zu versehen, um die direkte Handlung zu ersetzen. Wir sind gänzlich machtlos inmitten einer Maschine, die wir an unserer statt allmächtig machen wollten. Hat die Maschine eine Panne, werden wir Unter-Tiere.

> [63.11.20:] **Etwas, das nicht einmal so harmonisch ist wie die Bäume oder wie eine Blume, das nicht einmal so ruhig ist wie der Stein, das nicht einmal so stark ist wie das Tier – ein wahrer Rückfall. Das ist wirklich die Minderwertigkeit des Menschen.**

> [61.9.16:] **Sri Aurobindo sagte wiederholt: „Sei einfach... sei einfach", und als er diese Worte aussprach, öffnete sich gleichsam ein lichtvoller Weg, so einfach: „Oh, aber man braucht nur einen Fuß vor den anderen zu setzen!" Seltsam, als stammten alle Komplikationen von dort** *(Mutter berührt ihre Schläfen)*, **dort war es sehr kompliziert und schwierig einzustellen, aber als er dann sagte: „Sei einfach", kam eine Art Licht von den Augen, als stieße man plötzlich auf einen Garten von Licht. Wenn ich ihn höre oder sehe, ist es wie plätscherndes goldenes Licht, wie ein**

duftender Garten – absolut alles steht offen. „Sei einfach.“ Ich weiß, was er damit sagen will: nicht dieses Denken eindringen lassen, das Regeln aufstellen, organisieren, befehlen, urteilen will – damit will er nichts zu tun haben. Was er einfach nennt, ist eine freudige Spontaneität: in der Handlung, im Ausdruck, in der Bewegung, im Leben. In der Evolution diesen Zustand wiederfinden, den er göttlich nannte und der ein spontaner und glücklicher Zustand war.

Die neue Funktionsweise

Wir haben etwas sehr Einfaches mit den Tieren gemeinsam: die Zellen. Auch wenn unsere Aminosäuren Menschenproteine bilden statt Mausproteine, ist die Funktionsweise dieselbe. Was abweicht, ist dieser mentale Auswuchs, der möglicherweise letztlich nur ein vorübergehender Auswuchs ist, um uns bewußt und *individuell* die Macht wiederfinden zu lassen, die unbewußt und kollektiv im Herzen der Tierzelle liegt. Wir hielten das Mittel für den Zweck, etwa wie eine Krabbe, die ihre Zangen für das höchste Instrument der Erkenntnis hielte. Wenn aber eine Evolution stattfindet und es ein Geheimnis der Evolution gibt, wenn die Millionen Arten, die seit dem ersten Virus auf dem Gesicht dieser Erde ausgesät wurden, einen Sinn haben – und wir müssen wohl eingestehen, daß es eine Weiterentwicklung gibt, was die Kenntnis der Umgebung oder der aufeinanderfolgenden Umgebungen, die Macht über die Umgebung und vielleicht die Freude der Umgebung angeht, die unserer Art besonders fehlt –, dann müssen wir annehmen, daß dieser Sinn und diese Macht und dieses Wissen und vor allem diese Freude, sofern sie nicht vom Himmel gefallen sind, genau im Herzen der Ursubstanz der Materie verborgen sein müssen: im Atom und in den Zellen. Nur das „Involvierte“ kann evolvieren, sagt Sri Aurobindo: der Keim oder das Atom enthält bereits seine

Frucht. Unser ganzer evolutionärer Weg über verschiedene Zangen, Antennen, Fühler oder Gehirnlappen hat nur den einen Zweck, das wiederzufinden, was *hier* ist und nur vorübergehend von unserem Hauptinstrument der Erkundung unserer äußeren Umgebung verdeckt wurde. Die Macht des Atoms erforschen wir indirekt mit unseren Zangen und Zyklotronen, aber die Macht der Zelle und das Wissen der Zelle kennen wir nicht, weil sie sich nicht mit äußeren Mitteln handhaben läßt: sie muß gelebt werden. Unseren Körper erleben wir von allen Dingen am wenigsten: der Kopf beansprucht den ganzen Platz, mit einigen mehr oder weniger glücklichen Leidenschaften.

Wenn es aber eine Evolution gibt, dann muß sie doch in der Materie, in *unserer* Materie stattfinden!

> [60.5.6:] **Manchmal hat man den Eindruck, daß es ein außerordentliches Geheimnis zu entdecken gibt und daß man beinahe den Finger darauflegen kann, „das" erfassen kann, wissen wird... Manchmal sieht man das Geheimnis für eine Sekunde, eine Öffnung bildet sich, und dann verschließt es sich wieder. Dann enthüllen sich die Dinge erneut sekundenlang, und man weiß wieder ein bißchen mehr. Gestern war das Geheimnis hier, völlig klar, weit offen. Ich sah dieses Geheimnis, ich sah, daß in der irdischen Materie, auf der Erde, der Höchste vollkommen wird...**

Welcher „Höchste"? Am „höchsten" ist das vollkommene Leben, das vollkommene Wissen, die vollkommene Kraft, die vollkommene Freude – die vollkommene Evolution.

> **... Ich sah dieses Geheimnis – das um so deutlicher erkennbar wird, je mehr sich das Supramental [der andere Zustand] präzisiert –, und ich sah es im äußeren alltäglichen Leben, im physischen Leben, genau das, was die Spiritualisten zurückweisen: eine Präzision, eine Genauigkeit bis ins Atom.**

Dieses ungenaue, stolpernde, indirekte Leben – das schmerzvoll ist, weil es nie weiß und nie die Macht dessen hat, was es sieht –, könnte seine mächtige Genauigkeit, sein fähiges Wissen, seine wirksame Sicht innerhalb eines einheitlichen irdischen Körpers entdecken, der den millionsten Teil seines jeden Atoms und jeder genauen Sekunde kennt, in New York wie in Hongkong wie in jedem Winkel seines Zimmers und in den Tausenden lebenden, fliegenden, laufenden und krabbelnden oder in Elektronenhüllen wirbelnden Wesen, weil dieser Körper seine eigenen Atome und Zellen *ist*, egal wo im irdischen Universum und zu jeder Sekunde.

Derart ist die „neue Materie" beschaffen, die in Mutters Körper entstand – und durch einen Körper vielleicht im Körper der gesamten Erde.

Hier seien nur einige Anhaltspunkte angeführt:

> [67.3.2:] **Der Körper ist wie transparent geworden, beinahe inexistent. Ich kann es schwer beschreiben... er bildet kein Hindernis für die Schwingungen: alle Schwingungen gehen hindurch. Der Körper selber spürt kaum noch seine Grenzen. Das ist sehr neu. Ich sehe, daß es sehr allmählich eingetreten ist, aber es ist neu und deshalb schwer zu beschreiben. Der Körper selber fühlt sich nicht mehr begrenzt: er fühlt sich ausgebreitet in allem, was er tut, was ihn umgibt, in allen Dingen, den Menschen, den Bewegungen, den Empfindungen, in allem... so ist er ausgebreitet. Das ist sehr lustig geworden, und es ist wirklich neu. Man muß etwas achtsam sein, um sich nicht zu stoßen, um die Dinge festzuhalten: die Gesten sind etwas verschwommen geworden. Das ist sehr interessant. Dies muß eine Übergangszeit sein, bis sich das wahre Bewußtsein einstellt, dann wird eine völlig neue Funktionsweise die vorherige ersetzen – von einer unvorstellbaren Genauigkeit und einer sehr anderen Rangordnung. Zum Beispiel ist für viele Dinge die Sicht deutlicher mit geschlossenen Augen als mit offenen. Aber jetzt sehe ich, daß es schwer ist durchzuhalten. Es ist schwer. Es gibt Augenblicke der**

Bedrängnis... In einem normalen Bewußtsein drückt sich das durch physische Schmerzen aus, die schwer zu ertragen sind. Aber das Ergebnis ist, daß sogar das Bewußtsein des Körpers sich geändert hat: in ihm ist nichts mehr, er ist zu etwas geworden, das für alles durchlässig ist.

[71.6.5:] Wenn der Körper „das" [den anderen Zustand] verläßt, hat er das Gefühl, sich in der nächsten Minute aufzulösen, weil ihn nur noch das zusammenhält. Lange hat man den Eindruck, wenn das Ego verschwände, würde auch das Wesen und die Form verschwinden, aber das ist nicht wahr! Die Schwierigkeit besteht darin, daß die gewöhnlichen Gesetze des Lebens nicht mehr zutreffen. Da ist die ganze alte Gewohnheit, und man muß das Neue lernen. Es ist als müßten die Zellen – die Organisation, die aus uns die sogenannte menschliche Form macht, die all das zusammenhält –, als müsse all das lernen, daß es ohne das Gefühl der getrennten Individualität bestehen kann. Seit Millionen Jahren ist es gewohnt, nur durch das Ego getrennt fortzubestehen, aber ohne Ego geht es unter einem anderen Gesetz weiter, das der Körper noch nicht kennt, aber... Für ihn ist es unverständlich. Das ist kein Wille, ich weiß nicht, es ist... etwas: eine Seinsart.

[67.1.21:] Jetzt, wo die Zellen bewußt geworden sind, fragen sie sich oft, wozu das alles dient: „Wie sollte es wirklich sein, was ist unsere Aufgabe, unsere Nützlichkeit, unsere Grundlage? Was ist die göttliche Seinsart? Welchen Unterschied wird es geben?..." Dabei kommt eine sehr subtile Wahrnehmung einer Seinsart, die leuchtend, harmonisch sein wird. Diese Seinsart ist noch sehr schwer zu bestimmen, aber in dieser Suche bleibt eine beständige Wahrnehmung (die sich durch eine Vision ausdrückt) eines vielfarbigen Lichts – in allen Farben, nicht im Sinne von Schichten, sondern wie eine Verbindung von Punkten in allen Farben: ein Tüpfeln. Das sehe ich jetzt ständig, im Zusammenhang mit allem, und das scheint zu sein, was

man als „Wahrnehmung der wahren Materie" bezeichnen könnte...

Da ist die alte, gewohnte Materie, wie sie durch die Wände unseres Goldfischglases gesehen wird, und dann die andere... ohne Wand, ohne besondere Fisch- oder Menschenaugen: so, wie sie sich selber sieht, könnte man sagen. Aber „sehen" bedeutet noch ein äußeres Organ: so, wie sie selber lebt oder wie sie *ist* – die wahre Materie. Diese Wahrnehmung wäre für die Physiker äußerst interessant.

... Alle nur möglichen Farben sind verbunden, ohne sich zu vermischen – in leuchtenden Punkten verbunden. Alles besteht aus diesen Punkten. Das scheint die wahre Seinsart zu sein – ganz sicher bin ich mir noch nicht, aber jedenfalls ist es eine sehr viel bewußtere Seinsart. Ich sehe das die ganze Zeit: mit offenen Augen, mit geschlossenen Augen, immer. Das gibt einen seltsamen Eindruck zugleich von Subtilität, fast von Durchdringlichkeit und einer Flexibilität der Form, einer beträchtlichen Verringerung der Starrheit der Formen. Als der Körper das zum ersten Mal im einen oder anderen Teil verspürte, hatte er selber das Gefühl... Er fühlte sich etwas verloren, mit dem Eindruck, daß ihm etwas entgeht. Aber wenn man sich sehr ruhig verhält, wird das einfach durch eine Art Plastizität und einen fließenden Zustand ersetzt, der eine neue Seinsart der Zellen zu sein scheint. Wahrscheinlich ist es das, was materiell das physische Ego ersetzen soll. Aber der erste Kontakt ist verständlicherweise sehr... überraschend. Der Augenblick des Übergangs von der einen Art zur anderen ist etwas schwierig. Das vollzieht sich sehr allmählich, aber trotzdem kommt ein Punkt, einige Sekunden, die man zumindest als „unerwartet" bezeichnen muß. Alle Gewohnheiten werden so aufgelöst, für alle Körperfunktionen geschieht es so: Kreislauf, Verdauung, Atmung, alle. Im Augenblick des Übergangs wird nicht das eine plötzlich durch das andere ersetzt, sondern es ist ein fließender Zustand zwischen beiden, der schwierig

ist. Ich erkenne, daß der Körper und das ganze körperliche Bewußtsein sich jahrelang als Rettung in die alte Art zurückstürzte, um zu entkommen; jetzt ist erreicht worden, daß er es nicht mehr tut, daß er im Gegenteil akzeptiert: „Gut, wenn es die Auflösung bedeutet, dann ist es die Auflösung." Man hat das Gefühl, daß die ganze gewohnte Stabilität verschwindet... Das große Abenteuer.

Man darf nicht zaghaft sein.

[66.1.22:] Verschiedene kleine Störungen treten auf, aber für das Bewußtsein sind sie deutlich als Transformationsstörungen erkenntlich. Etwas weiß sehr genau, daß die Störung kommt, um den Übergang von der gewöhnlichen automatischen Funktionsweise zur bewußten Funktionsweise unter der direkten Führung und dem direkten Einfluß des Höchsten [„das", der andere Zustand] zu bewerkstelligen. Und wenn der eine Punkt ein bestimmtes Transformationsstadium erreicht hat, schreitet man zum nächsten vor, und dann zu noch einem... So ist nichts wirklich vollbracht, bis alles bereit ist. Es ist alles eine Frage der Veränderung der Gewohnheiten. Die gesamte jahrtausendealte automatische Gewohnheit muß in eine bewußte und direkt geführte Handlung verwandelt werden.

[67.4.22:] Das Schwierige ist stets der Übergang. Sobald die Erinnerung an die alte Methode, an die universelle Methode aller Menschenwesen zurückkehrt, wird es auf einmal – das ist sehr sonderbar –, als könnte der Körper nichts mehr tun, als würde er tatsächlich ohnmächtig. Dann reagiert er sofort, und die andere Bewegung nimmt wieder die Oberhand.

[61.6.2:] Ein seltsames Gefühl überkam mich plötzlich: ich wußte nicht mehr, wie man eine Treppe hinaufgeht! Ich wußte nicht mehr, wie man es anstellt! Dasselbe überkam mich auch einmal beim Mittagessen: ich wußte nicht mehr, wie man ißt! Für die Außenwelt heißt das

natürlich „in die Kindheit zurückfallen". Doch man muß alles loslassen, alles: alle Macht, alles Verständnis, alle Intelligenz, alles Wissen, absolut alles – völlig inexistent werden. Das ist wichtig.

Solange man die Macht und das Wissen der alten Spezies bewahrt, kann man offensichtlich nicht zur neuen werden – das ist die augenblickliche Mauer, die alte Wand des Goldfischglases.

[69.12.21:] **Dieser arme Körper kann nichts sagen, weil er nichts weiß. Ihm wurde in eindeutiger Weise gezeigt, daß alles, was er während neunzig Jahren zu lernen glaubte, völlig wertlos ist und daß alles noch zu erlernen ist. Deshalb bleibt er so: guten Willens, aber gänzlich unwissend.**

[70.4.18:] **In manchen Augenblicken kann sich der Körper nicht einmal aufrecht halten, und zwar aus Gründen, die nicht... Er unterliegt nicht mehr denselben Gesetzen, die uns aufrecht halten, deshalb...**

[67.9.30:] **Die Übertragung findet statt. Heute morgen war es so, für alle Handlungen, alle Gesten, alle Bewegungen, die Haltung des Körpers, die Haltung der Zellen, für das gänzlich materielle Bewußtsein, für alles: die alte Methode war verschwunden. Es gab nur noch „das", etwas... wie soll ich sagen?... Etwas Ebenmäßiges. Es gab keine Stöße und kein Knirschen mehr, keine Schwierigkeiten. Alles folgte einem gleichen Rhythmus, etwas sehr Ebenmäßiges, das einen so sanften Eindruck gibt, aber von** UNGEHEURER **Macht, bis in die geringsten Dinge. Die Übertragung war stetig, ohne Vermengung, fast vier Stunden lang. Alle Dinge, die Körperpflege, die Nahrung, alles wird jetzt nicht mehr auf dieselbe Weise getan, ich weiß nicht, wie ich es erklären soll... Keine Erinnerung mehr, keine Gewohnheiten mehr. Die Dinge werden nicht verrichtet, weil man lernte, sie so zu tun, sondern spontan, durch das Bewußtsein. Das bedeutet: die Erinnerung, das Gedächtnis, die Handlung wird ersetzt durch... die neue Methode**

des Bewußtseins, das die Dinge GENAU im Augenblick weiß, wo sie getan werden müssen: „Dies ist zu tun.“ Es heißt nicht: „Ah, ich muß dorthin gehen“, nein: in jeder Minute ist man dort, wo man zu sein hat, und wenn man dort ankommt, wo man zu sein hat: „Ah, es ist hier!“

Der Vogel auf dem Weg von den arktischen Schneefeldern zur Lagune in Ceylon „sucht“ nicht, wohin er zu fliegen hat: in jeder Sekunde befindet er sich dort, wo er zu sein hat, weil... weil die Weltkarte in ihm abläuft oder er sich in der direkten Geographie bewegt. Wir sagen „Instinkt“, aber das ist unsere mentale Beschränktheit: der Instinkt der Welt ist, die Welt zu *sein*, gänzlich, ohne Trennwände.

Mutter setzt fort:

... Und man kann leicht verstehen, warum die Heiligen, die Weisen, all jene, die dauernd in dieser göttlichen Atmosphäre bleiben wollten, alles Materielle abschafften: sie waren nicht transformiert, und deshalb fielen sie immer in die alte Seinsweise zurück. Aber dieses materielle Leben zu transformieren, ist unvergleichlich überlegen, denn es verleiht eine außergewöhnliche Beständigkeit, Bewußtheit und REALITÄT: die Dinge werden zur wahren Sicht, zum wahren Bewußtsein, und sie werden so konkret, so reell [ja, die wahre Materie]. Nichts anderes kann diese Fülle geben. Entweichen, entfliehen, träumen, meditieren, in die höheren Bewußtseinswelten dringen, all das ist schön und gut, aber so ärmlich im Vergleich!

[68.5.4:] **Die gesamte Grundlage, die eine körperliche Person ausmacht, ist verschwunden, weg! Mein Gedächtnis ist zum Beispiel vollkommen ausgelöscht worden... Inzwischen bin ich das gewohnt, deshalb bleiben alle Zellen unbewegt, schweigend und ausschließlich dem Bewußtsein zugekehrt, wartend. Alles, was man tut, alles, was man weiß, basiert ja auf einer Art halbbewußter Erinnerung – das ist jetzt weg. Nichts mehr da. Und es wurde ersetzt durch eine leuchtende Gegenwart und... die**

Dinge sind da, man weiß nicht wie. Sie sind ohne Anstrengung da. Und es ist nur GENAU das da, was im gegebenen Augenblick notwendig ist. Da ist nicht mehr dieses ganze Gepäck, das man ständig mit sich schleppt: nur GENAU die Sache, die man benötigt.

[61.6.18:] In dem Augenblick, wo die Lösung kommen muß, kommt sie: sie kommt in Tatsachen, Taten, Bewegungen.

[69.2.5:] Da ist nicht mehr dieses ganze angesammelte Gerümpel des sogenannten Wissens. Es ist spontan, natürlich, überhaupt nicht ausgeklügelt, sondern äußerst einfach und fast kindlich in seiner Einfachheit.

[70.8.5:] Alle Unmöglichkeiten, all die „das-kann-nicht-sein", „das-kann-man-nicht-tun...", all das wurde weggefegt.

[69.3.26:] Das Bewußtsein [des nächsten Zustands] arbeitet ständig, nicht als Fortsetzung des Vorangegangenen, sondern als Ergebnis dessen, was es IN JEDEM AUGENBLICK wahrnimmt. In den Bewegungen des gewohnten Mentals handelt es sich immer um die Konsequenzen dessen, was man zuvor getan hat – nicht hier: das Bewußtsein erkennt STÄNDIG, was zu tun ist; in jeder Sekunde folgt das Bewußtsein seiner eigenen Bewegung. Das ermöglicht alles! Genau das ermöglicht Wunder, Umwälzungen... alles.

Wären der Tod, die Krankheiten, die physischen „Unmöglichkeiten", die „Gesetze", all diese Dinge etwa die Kristallisierung einer bestimmten falschen Erinnerung der falschen Materie – der des Goldfischglases? Eine Gewohnheit, die im Kreis läuft.

[69.11.22:] Das Hindernis ist eine „konzentrische" Schwingung – eine Art konzentrischer Schwingung, das heißt, anstatt in einer unendlichen Ewigkeit zu sein, betrachtet man die Dinge in Bezug auf sich selbst. Dort liegt das Hindernis, in dieser idiotischen Egozentrizität.

[62.1.12 und 4.6:] Es ist ein äußerst empfindlicher Mechanismus – wahrscheinlich, weil er noch nicht geläufig geworden ist: eine winzige Bewegung, eine winzige mentale Vibration kann alles stören... Das bedeutet, sobald die alte Verhaltensweise mit dem Körper hervortritt (man „will" dies oder jenes...), hört alles auf. Einfach eine gewöhnliche Bewegung der gewöhnlichen Funktionsweise: sobald man aus Gewohnheit dort hineinrutscht, hört alles auf. Etwas Winziges – das sind keine auffälligen Dinge, es ist ganz und gar unscheinbar. Dann muß man warten, bis dieser Mechanismus einwilligt, wieder aufzuhören. Wenn man „das" dann wieder einfangen kann, einige Sekunden darin bleiben kann, ist es wunderbar. Dann wird es wieder unterbrochen, und alles muß von vorne angefangen werden.

[62.11.27:] Es beginnt einem anderen Gesetz zu gehorchen. Man weiß zum Beispiel genau in jeder Minute, was zu tun oder zu sagen ist, was geschehen wird – macht man die geringste Anstrengung oder Konzentration, um es zu wissen, so kommt es nicht. Ist man einfach in dieser inneren Unbewegtheit, dann kommt es für alle Einzelheiten des Lebens, genau im richtigen Augenblick: was gesagt werden muß, kommt; die nötigen Antworten sind da; die benötigte Person tritt ein. Es geschieht automatisch. In der mentalen Welt denkt man die Dinge, bevor man sie ausführt; hier ist das nicht so.

[70.4.18:] Man will zum Beispiel, daß ich etwas nicht sage. Anstatt über den Gedanken zu gehen: „Ich darf es nicht sagen" – kann ich einfach nicht mehr sprechen! Die verschiedensten derartigen Dinge geschehen. Es ist eine direkte Funktionsweise.

[66.7.6:] Es führt immer darauf zurück: zu sein, ist das einzige, das Macht hat.

Die fühlende Sicht

Man kann sich ein spontanes, „automatisches", harmonisches Leben wie das der Tiere vorstellen – das bedeutete bereits eine so ungeheure Veränderung für unsere Spezies mit all ihren Uhren, Ärzten, Telefonen, daß es unsere Vorstellungskraft ziemlich dehnt. Man kann sich auch vorstellen, daß man in jeder Sekunde die genaue auszuführende Geste weiß, das genaue Wort weiß, und alles weiß, was es über die Welt zu wissen gibt, wie der Vogel, der seine Lagune in siebentausend Kilometer Entfernung „weiß". Doch welche Handlungsmittel werden wir haben, außer uns vom weiten Rhythmus wiegen zu lassen?... Unser Merkmal unter allen anderen Arten ist, die Welt ändern zu können. Das Tier kann es nicht – wahrscheinlich weil es vollkommen harmonisch und glücklich in seiner Routine ist. Manchmal bedeutet unser Unglück auch unsere Macht. Und unser unglücklicher evolutionärer Umweg durch das mentale Goldfischglas – in dem wir uns von allem abschnitten und von allem trennten, in dem wir alles erfinden mußten, um das näher zu holen, was wir von uns entfernten, alles mechanisieren mußten, um das fehlende einfache Organ zu ersetzen – dient wahrscheinlich nicht nur dazu, uns individuell bewußt werden zu lassen, sondern uns gerade durch unser Unglück zu zwingen, die „Gesetze" zu überwinden (wir haben sie noch nicht überwunden, sondern lediglich umgangen, weil wir nicht ihren geheimen Mechanismus kennen, den „direkten Schlüssel", wie Mutter sagte), und uns letztlich zum wahren Mechanismus zu führen, dem Hebel zur Veränderung des biologischen Kreises – was das Tier nicht kann – und des Todes. Die ursprüngliche Kraft, die die Galaxien und die Zellen bildete, muß doch wohl die Macht haben, diese selben Zellen zu verändern und einen etwas vollständigeren und weniger zersetzenden Organismus aus ihnen zu machen.

Das neue „Handlungsorgan" ist sehr einfach, wie zu erwarten war. Keine neuen Kneifzangen oder Gehirnwindungen, sondern *zu sein*. Ein „Sein", das nichts mit Metaphysik zu tun hat, dafür aber alles mit der Physiologie und dem Bewußtsein der Zellen. Auch hier seien nur einige Kennzeichen der Entstehung dieses Organs angegeben:

> [66.3.26:] **Ich nehme zum Beispiel ein Blatt Papier in die Hand: ich sehe es so deutlich wie früher; dann kommt die alte Gewohnheit (der Gedanke oder die Erinnerung), daß ich eine Lupe brauche, um zu sehen: ich sehe nichts mehr! Wenn ich VERGESSE, daß es um sehen oder nicht sehen geht, kann ich meine Arbeit problemlos verrichten – ohne zu bemerken, ob ich sehe oder nicht sehe!... Bei allem ist es so.**

Wieder ergreift uns die Tatsache dieser Erinnerung oder dieses Gedächtnisses, das einen blind oder krank oder sterbend macht – dann verschwindet diese Erinnerung, und so gibt es das nicht mehr! Man sieht sehr deutlich, hat keinen Krebs mehr und stirbt ganz und gar nicht. Die nächste Spezies wird diejenige sein, die ihre Erinnerung an den Tod verliert.

Mutter sagte weiter:

> **... Anscheinend ist es inkohärent. Es muß von einem anderen Gesetz abhängen, das ich bis jetzt noch nicht kenne und von dem das Physische abhängt.**

> [66.3.9 und 11.30:] **Die Wahrnehmung der inneren Wirklichkeit der Leute wurde unendlich genauer als früher. Sehe ich zum Beispiel ein Foto, ist es nicht mehr eine Frage, „durch" etwas zu sehen: ich sehe fast ausschließlich, was diese Person IST. Das „durch" verschwindet so weit, daß es manchmal überhaupt nicht mehr existiert: Das Foto wird vor meinen Augen lebendig, in drei Dimensionen, und der Kopf der Person tritt hervor! Das ist wirklich sonderbar, als wollte man mich lehren, auf eine andere Weise zu sehen.**

Das bedeutet, man braucht gar keine Augen und Netzhäute,

um zu sehen, kein „durch“ was auch immer es sei. Als hätte die Evolution verschiedene Organe hervorgebracht, um durch ein bestimmtes Milieu zu sehen; dann zerspringt das Goldfischglas, und man steht mitten im Milieu des Ganzen mit dem einzigen Organ.

> [65.6.2:] **Diese Sichtweise ist sonderbar. Da ist immer eine Art Schleier zwischen mir und den Dingen [auf diesen „Schleier“ werden wir noch zu sprechen kommen: wahrscheinlich ist er die zellulare Hürde, die uns vom anderen Zustand trennt]. Dann wird plötzlich ohne jeglichen erkennbaren Grund etwas deutlich, präzise, klar – eine Minute später ist es wieder weg. Manchmal leuchtet ein Wort in einem Brief, manchmal ist es ein Gegenstand. Das ist eine andere Sichtweise: als beleuchtete das Licht die Gegenstände von innen anstatt von außen – es ist kein reflektiertes Licht wie eine Kerze zum Beispiel, anstatt projiziert zu werden, tragen die Dinge ihr eigenes Licht in sich, das nicht abgestrahlt wird. Das wird immer häufiger, bleibt aber völlig unlogisch. Das heißt, ich begreife dessen Logik nicht. Aber die Genauigkeit dieser Sicht ist außerordentlich! Und sie wird begleitet vom vollen Verständnis der betrachteten Sache. Heute morgen im Badezimmer sah ich dieses Phänomen, als das Licht nicht eingeschaltet war: eine Flasche im Schrank wurde so hell, so… mit einem inneren Leben! „Ah“, sagte ich mir, „sieh an!“ – Eine Minute später war es vorbei. Offensichtlich ist das die Vorbereitung auf eine Sicht durch das innere Licht statt einer projizierten Beleuchtung. Das ist sehr… oh, so warm, lebendig, intensiv, und von solcher Genauigkeit! Alles wird zugleich gesehen; nicht nur die Farben und die Form, sondern die Schwingungsart einer Flüssigkeit – wunderbar!**

Was ist dieses „innere Licht“ in der Materie, in einer Flüssigkeit? – Die wahre Materie?… so wie sie ist, ohne entstellende Organe, ohne „durch“.

[70.1.3:] Das Wissen wird in einer seltsamen Weise durch etwas ersetzt, das nichts mit dem Denken zu tun hat und immer weniger mit der Sicht, etwas Höheres, wie eine neue Wahrnehmung: man weiß. Das ist dem Denken weit überlegen und liegt höher als die Sicht. Es ist eine Art Wahrnehmung: es gibt keine Unterscheidung zwischen den Organen mehr. Ja, eine umfassende Wahrnehmung: zugleich Sicht, Gehörsinn, Wissen. Es ist eine neue Wahrnehmungsart. Damit weiß man. Es ersetzt das Wissen. [72.1.8:] Eine so viel wahrere Wahrnehmung, aber so neu, daß ich es nicht beschreiben kann.

[62.10.6:] Wenn ich die Menschen ansehe, sehe ich sie nicht, wie sie sich sehen: ich sehe sie mit der Schwingung all der Kräfte, die in ihnen sind und durch sie gehen. Aus diesem Grund ist meine physische Sicht dabei, nicht zu verschwinden, aber ihre Beschaffenheit zu ändern, denn die physischen Details der normalen physischen Sicht sind für mich lügenhaft! Das hindert mich aber nicht daran, physisch zu sehen. Versuche ich zum Beispiel, eine Nadel einzufädeln, wenn ich hinsehe, ist es fast unmöglich; ist es aber wirklich nötig, daß ich sie einfädele, so fädelt sie sich von selber ein! Das ist nicht mein Tun: ich halte die Nadel, und ich halte den Faden, mehr nicht. Ich glaube, wenn dieser Zustand sich vervollkommnet, wird man alles mit dem ANDEREN MITTEL tun können, das nicht von den äußeren Sinnen abhängt. Das wird selbstverständlich der Anfang einer supramentalen Ausdrucksweise sein, denn es ist wie ein inneres Wissen, das die Dinge MACHT.

Vielleicht dasselbe innere Wissen, das die ganze Welt und alle Arten „macht“: ein inneres Wissen im Herzen jeder Zelle und jedes Atoms? Das Heliumatom kennt seine beiden Elektronen haargenau.

Ich fragte Mutter:

(Frage:) Würde eine „Seherin“ die Dinge so sehen?

Ganz und gar nicht! Das ist nicht wie all die Visionen,

die ich hatte. Es ist keine „Vision“! Ich kann nicht einmal sagen, es wäre ein Bild: es ist ein Wissen. Ich kann es nicht einmal als „Wissen“ bezeichnen: es ist ALLES ZUGLEICH und enthält seine eigene Wahrheit.

[63.8.31:] Das Gefühl der „Konkretheit“ verschwindet immer mehr, wie etwas, das sehr weit in einer unwirklichen Vergangenheit zurückliegt. Diese harte und leblose „Konkretheit“ [das heißt unsere menschliche Wahrnehmung der Materie] wird ersetzt durch etwas sehr Einfaches, sehr Umfassendes (weil alle Sinne zugleich arbeiten) und mit allem sehr INTIMEM. Früher war jedes Ding getrennt, geteilt, ohne Verbindung mit den anderen Dingen, und es war sehr oberflächlich, wie eine Nadelspitze. Jetzt ist es überhaupt nicht mehr so. Es gibt mir vor allem dieses Gefühl der Intimität, das heißt es gibt keine Entfernung, keinen Unterschied, nicht „etwas, das sieht“ und „etwas, das gesehen wird“, dennoch enthält es auch das, was der Sicht, dem Gehör-, Tast-, Geschmacks- und Geruchssinn entspricht – alle Sinne... Nur die alten Gewohnheiten verhindern, daß es vollkommen funktioniert. Könnte man sich gehen lassen, ohne „deutlich sehen“ oder „richtig hören“ zu wollen, so hätte man die andere Wahrnehmung, die sehr viel WAHRER ist... Es macht stets den Eindruck von etwas ohne Stöße, ohne Kanten, ohne Komplikationen, als könnte man sich nicht mehr stoßen, nicht mehr... Das ist überaus interessant.

[72.1.12:] Wenn das kommt, ist es nicht in Gedanken, nein: es ist, als BADETE ich darin und... Ich weiß nicht... nicht etwas, das ich „sehe“ – etwas, das mir fremd wäre, und das ich sähe –, sondern... auf einmal BIN ich das. Dann gibt es kein „ich“ und „du“ mehr, kein... Ich finde keine Worte, diese Erfahrungen zu beschreiben. In gewisser Weise habe ich das Gedächtnis verloren, aber ich spüre, daß es absichtlich ist, daß meine Sicht der Dinge viel weniger spontan und aufrichtig wäre, wenn ich mich erinnerte. So ist es jedesmal wie eine neue Offenbarung, und nie auf die gleiche Weise. Das ist es: man WIRD die Sache – man wird sie. Man „sieht" sie nicht, sie wird nicht betrachtet oder verstanden oder gewußt, sondern... man ist sie.

[66.5.14:] Was uns hier erreicht [was unsere Retina in der Materie sieht, die wir als „falsche" Materie bezeichnen könnten], was wir beschreiben, ist so brutal, grob, unverfeinert, wie eine schlecht behauene Statue – grob, rauh, übertrieben –, und die Entstellung stammt vom Gefühl der Trennung des Egos. Dort hingegen, ich weiß nicht, wie ich das erklären soll, dort ist alles EINS, eine einzige Sache, die alle möglichen Formen annimmt, aber nicht mit einem Zentrum für das Fühlen und einem anderen für die Sicht und einem weiteren für das Verständnis; nein: alles ist EINE Substanz von unbeschreiblicher Geschmeidigkeit, die sich allen Bewegungen und Geschehnissen ohne Trennungen anpaßt. Hinterher läßt euch das mehrere Stunden in einem Zustand, wo man wieder in dieser Welt ist [der unseren], ohne wirklich hier zu sein. Denn... ich fühle die Dinge nicht so, wie alle anderen sie fühlen. Es ist etwas sehr Sonderbares.

Genau so wäre die Vision des physischen Kontinuums!

[68.6.8:] Jetzt sehe ich... Das wäre wie eine Einheit, eine Einheit aus unzähligen – Billionen – unzähligen leuchtenden Punkten. Ein EINZIGES Bewußtsein, das aus unzähligen leuchtenden Punkten besteht, die sich alle ihrer selbst bewußt sind. Es ist aber nicht die Summe von all dem! Es ist keine Summe sondern eine Einheit. Aber eine unzählige Einheit. Allein durch das Aussprechen der Worte wird es idiotisch!

[64.8.26:] Alles wird ein LEBENDIGES Bewußtsein, jedes Ding strahlt sein eigenes Bewußtsein aus und existiert dadurch. Man weiß zum Beispiel genau in der Sekunde, daß die Uhr schlagen wird, daß jemand eintreten oder sich bewegen wird... Dies sind keine mentalen Dinge, die der Mechanik angehören, aber dennoch sind es alles

Bewußtseinsphänomene: die Dinge LEBEN und LASSEN EUCH WISSEN, wo sie sind. Eine ganze Welt mikroskopischer Phänomene, die eine andere Lebensweise darstellen, scheint das Resultat des Bewußtseins zu sein – ohne das, was wir als „Wissen" bezeichnen. Manchmal höre ich zum Beispiel Leute über dieses oder jenes reden, und sie sagen: „So und so wird es sein..." Da kommt augenblicklich etwas wie eine fühlende Sicht (wie das erklären?)... Es gleicht dem Tastsinn und der Sicht, ist aber weder das eine noch das andere, sondern beides zusammen: es ist die Sache, SO WIE SIE IST, es ist DAS. In diesem Bewußtsein ist das mentale Element abwesend. Und es ist so hell, von solcher Genauigkeit bis ins kleinste Detail! Wie ein unmittelbarer Kontakt mit der Sache, so wie sie ist. Das ist eine andere Lebensweise.

[63.11.4:] Alles wird so, als wäre es zum ersten Mal gesehen, unter völlig anderen Aspekten – absolut alles: die Charakterzüge der Menschen, die Umstände, sogar die Bewegung der Erde und der Sterne. Alles wurde völlig neu und... unerwartet, in dem Sinn, daß die mentale menschliche Sicht gänzlich verschwunden ist! So sind die Dinge viel besser!

(Frage:) Aber ist das die Sicht einer „anderen Welt"?

Diese neue Sicht der Dinge... bedeutet nicht, die Materie zu verlassen, um die Welt anders zu sehen (das geschah schon seit langer Zeit, alle Weisen und Seher taten das, es ist nichts Neues und nichts Wunderbares), nein: die MATERIE betrachtet sich selber in einer neuen Weise, das ist das Interessante! – Sie betrachtet die ganze Angelegenheit unter einem völlig anderen Licht.

Der große Körper

Den sichtbaren und sogar den tastenden Aspekt dieses neuen Organs und das direkte Wissen, das es ermöglicht, können wir uns noch vorstellen, aber trotzdem kommen wir nicht umhin zu denken, es handele sich um eine etwas exzentrische Dame, die in ihrem Sessel sitzt und mit einer seltsamen und noch dazu fühlenden Tele-Vision das „Ferne" sieht oder berührt. Damit verkennen wir aber die Realität des Phänomens. Es gibt keine „Ferne", und diese Dame ist vollkommen exzentrisch! Die elektromagnetischen Wellen sitzen genauso wenig in einem Sessel (oder genauso sehr), wie die Atome unserer Moleküle von ihren kleinen Nachbaratomen getrennt sind, außer durch eine provisorische binokulare optische Täuschung – die große trennende Täuschung, in der wir alle leben. Es ließe sich höchstens sagen, daß ein beliebiges oder praktisches Zentrum eine unzählige Erfahrung (oder ein unzähliges Dasein) in einen bestimmten Sessel in Pondicherry *bringt*. Das Zentrum löst sich nicht auf, weil es ja weiter seinen Aufgaben nachgeht, lacht und uns in seinem vollkommen physiologischen Körper seine Geschichten erzählt, doch dieses Zentrum kann auch vorübergehend überall anders sein, je nach den Erfordernissen der Handlung – wirklich dort sein: nicht in Gedanken oder in Visionen oder sonst irgendeinem „Tele", sondern physiologisch und atomar (sowie auf einige andere Weisen dazu). So erklärt sich die Handlungsweise des supramentalen Wesens oder unserer nächsten Art. Das supramentale Wesen ist zuallererst ein handelndes Wesen, in höchster und direktester Weise handelnd, ansteckend, könnte man sagen. Das ist keineswegs ein Super-Theater, an dem es sich in seinem Sessel amüsiert (und man muß schon sagen, daß das Theater unter den gegenwärtigen Bedingungen ganz und gar nicht komisch ist, es ist sogar ziemlich schmerzlich), sondern eine unmittelbare und transformierende Super-Handlung: Was man im eigenen Körper tut, tut man nämlich im Körper der gesamten Welt wie bei sich selbst, weil man doch dieser Körper wie jener Körper und unzählige Körper *ist* (und nicht nur die Körper).

Am besten verfolgen wir das Phänomen in Mutters Körper,

mit all ihren tastenden Versuchen. Die Erklärungen kommen später – zuerst ist es immer sonderbar.

Hier ein erster Ausruf:

> [63.7.10:] **Damit sich all dies ändert, erfordert es eine direkte Macht! Es erfordert eine Macht, die das unmittelbare Gefühl bringt: von Zelle zu Zelle – Schwingungen derselben Beschaffenheit.**

Die Antwort kam mit Brutalität: ein Gehirnschlag... im Körper eines „anderen".

> [63.4.6:] **Ich habe das Bewußtsein meines Körpers, aber nicht das** *(Mutter berührt ihren Körper)*, **sondern das Bewußtsein DES Körpers – es kann der Körper jeder beliebigen Person sein! Ich habe das Bewußtsein der Vibrationen der Störung, die meistens als Suggestionen von Störungen kommen: zum Beispiel die Suggestion einer Hämorrhagie. Das Körperbewußtsein weist sie zurück. Dann beginnt die Schlacht (all das ganz unten, in den Zellen und im materiellen Bewußtsein) zwischen dem, was man als den „Willen der Hämorrhagie" bezeichnen könnte, und der Reaktion der Körperzellen. Das ist wirklich wie eine richtige Schlacht, ein wahrer Kampf. Doch plötzlich wird der Körper von einer starken Entschiedenheit eingenommen und ergreift die Führung; das hat dann seine Wirkung, und allmählich kehrt alles in seine Ordnung zurück. All dies geschieht im materiellen Bewußtsein. Der Körper verspürt all die physischen Empfindungen, aber ohne die Hämorrhagie selber zu haben; er hat aber sämtliche Empfindungen der Sinnesorgane. Nachdem die Schlacht dann vorüber ist, betrachte ich all das, sehe meinen Körper (der ziemlich mitgenommen war) und sage mir: „Was kann das wohl alles bedeuten?..." Einige Tage später erhalte ich einen Brief von jemandem: die ganze Geschichte des Angriffs, der Blutung, und plötzlich von einem ungeheuren Willen ergriffen zu werden und dieselben Worte zu hören, die ich HIER aussprach. Und die Wirkung: geheilt,**

gerettet. Ich erinnerte mich an mein Erlebnis (!). Damit begann ich zu verstehen, daß mein Körper überall ist! Dabei geht es nicht nur um diese Zellen: es sind die Zellen in Hunderten, vielleicht Tausenden von Leuten... Es ist DER Körper! Das ist so schwer, den Leuten begreiflich zu machen. Es ist DER Körper – dieser Körper ist nicht *mehr* mein Körper als die anderen. Da wird er ständig von solchen Dingen erfaßt – die ganze Zeit fällt es von allen Seiten über ihn her.

[71.2.24:] Es ist völlig vom Zentrum abgekommen...

[68.7.20:] Ich weiß nicht wieviele Male am Tag mir das passiert: plötzlich das Bewußtsein einer Störung, eines Schmerzes oder Leidens irgendwo – irgendwo hier *(Mutter deutet auf ihren eigenen Körper),* aber wie in einem unermeßlichen Körper, an einer Stelle. Etwas später erfahre ich dann, daß diese oder jene Person diesen oder jenen Schmerz hatte... der als Teil dieses unermeßlichen Körpers empfunden wurde!

[70.1.28:] Die Nacht war ziemlich sonderbar... Der Körper, das Körperbewußtsein war das Bewußtsein eines sterbenden Körpers, aber gleichzeitig mit dem vollen Wissen, daß er nicht starb! Doch es war das Bewußtsein eines sterbenden Körpers, mit all seinen Ängsten, Leiden, all dem, aber das Bewußtsein, daß es nicht dies war *(Mutters Körper),* das starb. Das dauerte lange an, die ganze Nacht. Später erfuhr ich, daß X am frühen Morgen gestorben war. Da verstand ich...

So konnte Mutter auch allmählich den Mechanismus und den Schlüssel des Todes berühren. Geht es nämlich um die Transformation der Materie, so ist der Tod gewiß eines der ersten zu transformierenden Dinge. Dieser Schlüssel ist der Schlüssel zu allem anderen. Es könnte durchaus der Schlüssel des Goldfischglases sein.

Die Erfahrung setzte sich fort:

[61.7.18:] Von außen kommt eine Flut über mich! Eine solche Mischung! Es kommt von allen Seiten, von allen Leuten, nicht nur hier, sondern von weit weg auf der Erde und manchmal von ferner Zeit – weit in der Vergangenheit: vergangene Dinge kommen, um eingeordnet und an ihren Platz gestellt zu werden. Das ist eine ständige Arbeit und... Es ist, als bekäme man die ganze Zeit eine neue Krankheit, die es zu heilen gilt.

[68.10.26:] Unzählige Erfahrungen – Dutzende jeden Tag – zeigen mir, daß die Identifizierung oder Vereinigung mit den anderen Körpern bewirkt, daß man das Elend des einen und des anderen spürt... Es ist eine TATSACHE. Es wird nicht empfunden, als wäre es in einem anderen Körper, sondern wie im eigenen Körper. Damit wird es jetzt schwierig, den Unterschied zu spüren. So beklagt er sich nicht über sein eigenes Elend, sondern ALLES ist sein Elend!

[63.9.28:] Dieses allgemeine Elend und Leiden wird beinahe unerträglich, wie eine scharfe Bedrängnis – sicherlich ist es eine Notwendigkeit, um das zu überwinden. Zu überwinden bedeutet, es zu heilen, zu ändern – nicht zu fliehen. Ich mag Flüchte nicht. Das war mein großer Einwand gegen die Buddhisten: all ihre Anweisungen dienen nur dazu, euch die Flucht zu ermöglichen – das ist nicht hübsch. Aber ändern, das ja.

Die tödliche Funktionsweise dieser Materie ändern.

Auch beschränkt sich das Phänomen der Identifizierung oder Vereinigung nicht auf die lebendigen Menschenwesen, es umfaßt genauso die Lebensumstände und „mechanischen" Ereignisse – tatsächlich umfaßt es alles.

[66.9.17:] Eine neue Tätigkeit ist eingetreten. Ich bin dabei... ich erwische mich dabei, etwas zu tun, um genau zu sein; ich spreche mit Leuten, die ich meistens nicht kenne, und beschreibe ihnen eine Szene: Sie können dieses oder jenes tun, was dies oder das bewirken wird. Das sind wie Szenen

in Büchern oder im Kino. Später im Laufe des Tages oder am Tag darauf erzählt mir dann jemand: „Ich erhielt eine Botschaft von Ihnen, und Sie trugen mir auf, soundso zu schreiben und ihm dies und das zu sagen!“ Ich tue das überhaupt nicht mental: ich LEBE – lebe die Szene oder erzähle sie, und jemand anders empfängt das (ich denke überhaupt nicht an ihn!). Das passiert hier, in Frankreich, in Amerika, überall. Es wird lustig... Jemand schreibt mir: „Sie sagten mir dies“, und es war eine meiner „Szenen“! Eine der Szenen, die ich erlebte – nicht erlebte: zugleich erlebte und erzeugte. Ich kann das nicht erklären. Es ist wie eine gestaltende Arbeit. Da sind auch Geschichten über Länder, Regierungen; dort kenne ich das Ergebnis nicht – vielleicht werden wir es später erfahren. In diesen Tätigkeiten habe ich alle möglichen Kenntnisse, die ich nicht habe! Manchmal sogar medizinische oder technische Kenntnisse, die ich überhaupt nicht habe! Dort habe ich sie, weil ich sage: „So und so muß es gemacht werden.“ Das ist recht amüsant.

[64.1.15:] Das geschieht am HELLICHTEN TAG, nicht wenn ich schlafe. Diese Geschichte [eine der unzähligen Geschichten] passierte, als ich gerade gebadet hatte! Plötzlich kommt etwas und ergreift mich. Dann ist es wie ein Leben, in das ich eintrete, bis etwas getan wurde – eine Handlung –, und sobald die Handlung vollbracht ist, verschwindet es, ohne Spuren zu hinterlassen.

[71.7.17-21:] Diese Geschichte mit Amerika und China [geheimer Besuch Kissingers in China] und alle möglichen solche Dinge kamen auf diese Weise... Sonderbar. Eine Art Universalisierung. Wie das erklären?... Es ist, als wäre ich die Umstände, die Leute, die Worte GEWORDEN... Der Körper wird immer bewußter, aber überhaupt nicht auf mentale Art, sondern... wie erlebte Dinge. Ich kann es nicht erklären.

[66.11.19:] Das sind keine Worte, keine Gedanken; es ist etwas vollkommen Konkretes, das wie auf einem Bildschirm erscheint. Dieser Bildschirm ist im INNERN meines Bewußtseins: nicht außerhalb, sondern im Innern. So kommen mir die Dinge. Wäre ich in einem oberflächlichen Bewußtsein, würde ich sagen: „Wieso denke ich an das?" Aber ich „denke" nicht daran, es ist kein Gedanke, sondern... ein Leben, das sich bildet *(Geste des Gestaltens)*. Das ist sehr interessant. Es reicht von den kleinsten Dingen bis zu den größten: Orkane, Erdbeben, Revolutionen, all das, und auch die winzigen Dinge, unscheinbare Lebensumstände wie eine Geldsumme, die man mir stiftet, oder ein Geschenk, winzige Dinge ohne scheinbare Bedeutung: alles zeigt sich mit demselben Wert! Es gibt nichts „Großes" und „Kleines", „Bedeutendes" und „Unbedeutendes". Das ist ständig so. Sonderbar. Fast... eine Erinnerung im voraus.

[71.11.17:] Es ist als hätte das Bewußtsein nicht mehr dieselbe Stellung gegenüber den Dingen, deshalb erscheinen sie mir völlig anders. Das menschliche Bewußtsein, selbst wenn es die offensten Ideen hat, steht immer im Zentrum, und die Dinge existieren in Bezug auf ein Zentrum: Im menschlichen Bewußtsein befindet man sich in einem Punkt, und alle Dinge existieren in ihrer Beziehung zu diesem Punkt des Bewußtseins. Doch jetzt gibt es diesen Punkt nicht mehr! Das heißt, daß die Dinge als solche existieren. Mein Bewußtsein ist IN den Dingen, es ist nicht etwas, das „empfängt"... [70.8.5:] Ich habe fast den Eindruck, mich in euch zu bewegen, als täte ich es von innen her. Ich spüre die Grenzen meines Körpers nicht mehr... Wie kann ich das erklären? Ja, es ist beinahe, als wäre es fließend geworden. Es ist nicht wie eine Person, die sich vergrößert hätte, um die anderen in sich aufzunehmen, nein: eine Kraft oder ein Bewußtsein hat sich auf die Dinge VERTEILT. Ich spüre keine Grenzen: das Gefühl, überall verteilt zu sein, sogar physisch.

Die supramentale Ansteckung

Damit wird der Schlüssel der supramentalen Wirkung erkenntlich. Vielleicht sollte man lieber von einer Ansteckung als von Wirkung reden: wahrlich eine Macht „von Zelle zu Zelle".

[63.7.20:] **Ich empfinde eine Art Gewißheit,** sagte Mutter, als sie noch am Anfang ihrer Arbeit an den Zellen stand und den Durchgang durch die zellulare Barriere suchte, **daß nach der Vollendung dieser unscheinbaren Arbeit das Ergebnis beinahe überwältigend sein wird. Alles Wirken der Macht durch das Mental wird nämlich verdünnt, vermindert, angepaßt, verändert – und was kommt dann unten an? Wenn es hingegen durch diese Materie geschehen wird, muß es offensichtlich ungeheuer sein.**

[63.7.10:] **Wenn diese winzige Arbeit, sozusagen der „lokalen" [zellularen] Transformation vollbracht ist, mit dem vollen Bewußtsein in der vollen Beherrschung der Art, wie die Kraft ohne äußere Eingriffe wirken kann... dann ist es wie ein chemisches Experiment, das man gründlich gelernt hat: man kann es nach Belieben wiederholen, wann immer es nötig ist.**

[61.2.11:] *(Frage:) Wie kann deine Arbeit am Körper auf die Körpersubstanz außerhalb von dir wirken?*

Stets auf dieselbe Weise: weil die Schwingung sich ausbreitet. Das ist eine Frage der Ansteckung. Die spirituellen Schwingungen sind ansteckend, das ist offensichtlich. Mentale Vibrationen sind ansteckend, und zu einem gewissen Grad auch vitale Vibrationen (nicht gerade in ihrer hübschen Seite, aber der Zorn eines Menschen breitet sich eindeutig sehr leicht aus). Desgleichen muß die Schwingung der Zellen ansteckend sein... Zum Beispiel, jedesmal, wenn ich etwas überwinden konnte, also die wahre Lösung einer „Krankheit" oder Störung fand – die wahre Lösung, das heißt die Schwingung, die

das Übel auflöst oder die einen wieder gesund macht –, dann konnte ich immer sehr leicht das Gleiche in anderen Leuten heilen: durch die Ausstrahlung eben dieser Schwingung. So funktioniert das. Weil alle Substanz EINS ist. Alles ist eins, verstehst du – das vergessen wir immer! Wir haben immer das Gefühl der Trennung – das ist eine vollkommene Lüge. [61.4.25:] Das ist wie ein Anschein, den man über etwas geklebt hat. Aber das stimmt nicht. Selbst in der materiellsten Materie, selbst in einem Stein – selbst in einem Stein –, sobald man sein Bewußtsein ändert, verschwindet die Trennung vollkommen. Das sind nur... (wie soll ich sagen?) verschiedene Konzentrationsarten oder Schwingungsarten INNERHALB DER GLEICHEN SACHE.

[64.3.7:] X befand sich in einer sehr extremen Gemütsverfassung, da begegneten sich unsere Blicke. Stell dir vor: eine so heftige Gefühlsregung ging von ihm auf mich über, daß ich beinahe anfing zu schluchzen! Diese Identifikation mit der Welt findet immer dort, in der niederen Bauchgegend statt... Augenblicklich gebot ich Xs Vibrationen Einhalt (dazu brauchte ich einige Minuten), dann trat alles wieder in Ordnung. Dadurch begriff ich, daß diese Ansteckung als ein Handlungsmittel erhalten blieb – für den Körper ist das nicht sehr angenehm!... Wenn ich die Ordnung hier wiederherstelle *(in der Bauchgegend)*, kehrt auch im anderen die Ordnung zurück.

[63.12.11:] Wenn die Erfahrung [des anderen Zustands] kommt, ist sie ziemlich umfassend: „das" fließt im Blut, schwingt in den Nerven, lebt in den Zellen und überall; es sind nicht nur die Zellen dieses Körpers: ich fühle, daß viel Blut, viele Zellen, viele Nerven daran teilnehmen. Das bedeutet, daß das zentrale Bewußtsein des Individuums es nicht immer weiß, der Einzelne weiß es nicht (er hat eine außerordentliche Erfahrung, weiß aber nicht, was es ist), die Zellen hingegen wissen es, aber sie können es nicht aussprechen. Es gibt STUFEN des Bewußtseins, und hier *(Mutters Körper)* scheint ein bewußteres Zentrum zu sein, das ist alles. Ansonsten...

Die Erfahrung wurde immer präziser, universeller:

[68.6.18:] Seltsam, ich verfolge eine Bewegung... dann verschwinde ich [in der „Wellenbewegung"]. Das kommt in jedem beliebigen Augenblick. Zum Beispiel wenn ich esse: mitten beim Essen geschieht etwas, ich folge der Bewegung und verharre mit dem Löffel in der Luft. Dann sehe ich all die Leute, die warten!

(Frage:) Seit mehreren Monaten fiel mir das auf: der Eindruck einer Entfernung.

Nein! Ich bin DRINNEN, viel mehr drinnen als früher. Nicht hier „drinnen" *(Mutter deutet auf ihren Körper)*, sondern in allen Dingen. Wenn ich so abwesend bin, ist es stets... als gestaltete ich Schwingungen. Später erfahre ich dann, daß jemandem etwas zustieß: etwas wurde verdreht, deshalb arbeitet man, um es wieder zu richten, um das Licht, die richtige Schwingung wiederzubringen.

[64.9.26:] Ich rede hier von den Körperzellen, aber für die äußeren Geschehnisse ist es dasselbe, bis zu den Weltereignissen. Sogar bei Erdbeben, Vulkanausbrüchen und dergleichen ist es bemerkenswert. Die gesamte Erde scheint wie der Körper zu sein.

[60.7.23:] Es ist immer mehr ein allgemeiner Yoga – die gesamte Erde. Das ist Tag und Nacht so, wenn ich gehe und wenn ich spreche und wenn ich esse: als nähme man den Teig und ließe ihn aufgehen.

Manchmal wurde die Erfahrung vollkommen klar, und eines Morgens rief Mutter aus:

[61.12.23:] Es war die Erkenntnis der Macht, diese Macht, die von dem rührt, was für das höchste Bewußtsein die Liebe ist [der andere Zustand]... Ungeheuer! Und sie gab mir eines zu verstehen: daß der Zustand, in den man mich

versetzte, dazu diente, diese Macht zu erlangen, die von einer Vereinigung mit allen materiellen Dingen stammt... Da sah ich diese Macht aus einer methodischen, geordneten Sicht: nicht etwas Zufälliges oder Sporadisches wie bei einem Medium, sondern eine ORGANISATION DER MATERIE. Dann... kam das Verständnis: „Aber damit hat man die Macht, jedes Ding an seinen Platz zu setzen!"... Wenn man nur genügend universell ist. Das ist ungeheuer! Das hat die Macht, alles zu ändern, und wie!! Man IST ganz einfach „Das" – eins, EINE Schwingung von „Dem". Das heißt man IST das, folglich TUT man das. Dies ist der Schlüssel!

[58.2.26:] **Ein direkter Schlüssel, der keine komplizierte Wissenschaft braucht, um sich auszudrücken...**

Man könnte sagen, daß unser ganzes mentales Reich – sogar das animalische in seiner Gesamtheit – eine indirekte Beherrschung ist, die der Mechanismen: von der Spitzmaus, die mit ihren Zähnen eine Liane knabbert, bis zu den Physikern, die in Zyklotronen Atome zerschlagen. Zahllose, immer kompliziertere Mechanismen von Flimmerhaaren über Flügel und Flossen bis zum Düsentriebwerk und Telefax. Eine ungeheure Künstlichkeit. Als hätte die Evolution, das heißt eine bestimmte Kraft (man kann nicht von Kraft reden ohne Bewußtsein, sei es das Bewußtsein des Wasserstoffkerns, sein einziges Elektron einzufangen), sich mit immer fähigeren und ausgeklügelteren Mechanismen oder Organen ausgestattet, um schließlich diesen evolutionären Punkt am Kreuzweg der Zeitalter zu erreichen, wo sich der Mechanismus seiner Antriebskraft bewußt wird und, nachdem er sich nun endlos in unzählige Körper zerteilt hat, die ganze Einheit seiner galaktischen oder zellularen Substanz wiederfindet und direkt auf seine Substanz, seine Atomkerne, seine Zellen einwirken kann wie auf die universelle Materie. Nach dem Reich des Minerals, der Pflanze und des Tiers, ein nächstes Reich: das direkte. Eine Umgestaltung der Materie durch die eigentliche Kraft der Materie und durch das eigentliche Bewußtsein, das im Atom und in jeder Zelle wohnt. Aber man muß *dorthin* gelangen, auf diese atomare und zellulare Ebene, anstatt in himmlische oder nirvanische Weiten aufzusteigen; man muß die Wand durchbrechen, die uns von unserem nächsten, umfassenden „Milieu" abtrennt – von unserer nächsten globalen Spezies –, wie eines Tages das Mineral die Mauer seiner Starrheit durchbrach. Was am Anfang der Evolution stand, wird am Ende wiedergefunden: die Macht findet ihre Macht wieder und das Unbewußte sein vergrabenes Bewußtsein.

„Die Erlösung ist physisch", sagte Mutter.

> [68.12.11:] **Der Körper ist etwas sehr Einfaches und Kindliches, und er hat diese Erfahrung in so zwingender Weise, er braucht nicht zu „suchen": es ist DA. Dann fragt er sich, warum die Menschen das nicht von Anfang an wußten? Er fragt sich: „Warum, warum suchten sie alle möglichen Dinge – Religionen, Götter... alles mögliche –, wo es doch so einfach ist!" Für ihn ist es so einfach, so offensichtlich.**

> [64.10.30:] **All die mentalen Konstruktionen, die die Menschen auf der Erde zu leben und zu verwirklichen suchten, treten von allen Seiten an mich heran: alle großen Schulen, die großen Ideen, die großen Verwirklichungen... dann die Religionen, die liegen noch tiefer; all das, oh, wie kindisch das doch ist! Dabei herrscht eine Gewißheit in der Tiefe der Materie, daß DORT die Lösung zu finden ist. Oh, wie viel Lärm, wie ihr es doch vergeblich versuchtet! – Geht dort hinab, tief genug, bleibt ruhig genug, dann wird „das" sein. Ihr könnt es nicht verstehen, es braucht nur zu SEIN.**

> [61.2.18:] *(Frage:) Aber warum muß man denn hinabsteigen? Kann man nicht von oben auf die Materie agieren?*

> **Von oben agieren, mein Kind, seit mehr als dreißig Jahren agiere ich von oben! Aber das ändert gar nichts! Das transformiert nicht. Transformieren heißt transformieren. Aber für die Transformation muß man in den Körper**

hinabsteigen, und das ist schrecklich... Sonst würde es nie transformiert werden, es würde bleiben, wie es ist. Man kann sich sogar den Schein geben, Übermensch zu sein! Aber es bleibt in der Luft, das ist nicht die nächste Schöpfung, es ist nicht die nächste Stufe der irdischen Evolution.

[62.5.24:] **Diese Einstellungen – die spirituelle und die materialistische Einstellung, wenn man so will –, die sich für ausschließlich hielten (ausschließlich und einzigartig, womit sie die Bedeutung der jeweils anderen vom Standpunkt der Wahrheit verneinten), sie sind unzureichend. Nicht nur, weil sie die andere nicht zulassen, sondern weil es für die Lösung des Problems NICHT GENÜGT, beide zuzulassen und zu vereinen. Es ist etwas anderes – eine dritte Position, die nicht die Folge dieser beiden ist, sondern etwas, das es zu entdecken gilt und das wahrscheinlich das Tor des totalen Wissens öffnen wird. Dieses „Etwas" suchen wir. Vielleicht suchen wir es nicht nur, sondern BILDEN es.**

Eine neue *physiologische* Stellung in der Materie. Keine philosophische Stellung mehr mit ihrem angeblichen Materialismus und Spiritualismus, die nur die Vorder- und Kehrseite derselben falschen Sicht der Materie sind, sondern eine Stellung des Körpers, im Körper, die sämtliche Gesetze des alten „Bezugssystems" verändern wird.

Eine neue Seinsart in der Materie, die die Materie durch ihre eigene Macht umgestalten und schließlich den Tod verändern wird – denn der Tod war nur die Kehrseite dieses „Lebens", so wie die andere Seite des Goldfischglases nicht das Ende des Fisches sondern der Anfang einer neuen Lebensform in der Materie war.

Dann, in ferner Zukunft, beginnen wir die Handlungsweise des supramentalen Wesens erahnen zu können: wie es die Materie handhaben wird.

[58.2.3 und 2.19:] Wenn eine Veränderung vollzogen werden soll, geschieht das nicht durch ein künstliches äußeres Mittel, sondern durch ein inneres Wirken, ein WIRKEN DES BEWUSSTSEINS, das der Substanz die Form oder Erscheinung gibt. Das Leben gestaltet seine eigenen Formen... Die Unsinnigkeit hier, das sind alle die künstlichen Mittel, derer man sich bedienen muß: Irgendein Schwachsinniger hat mehr Macht, wenn er mehr Mittel besitzt, um die nötigen Künstlichkeiten zu erwerben. Hingegen in der supramentalen Welt hat der Wille um so mehr Macht über die Substanz, je bewußter man ist und je mehr man in Beziehung mit der Wahrheit der Dinge steht. Die Autorität ist eine wahre Autorität. Wenn ihr ein Kleid haben wollt, müßt ihr die Kraft haben, es zu formen, eine wahre Kraft. Habt ihr diese Kraft nicht, nun, dann bleibt ihr nackt. Da gibt es kein künstliches Mittel, um den Mangel an Kraft zu ersetzen. Hier ist Autorität nicht einmal unter einer Million der Ausdruck von etwas Wahrem. Alles ist ungeheuer dumm.

Oh, wie wahr!

Das supramentale Bewußtsein gibt der Materie Form; es gestaltet die Materie durch die Ausstrahlung der entsprechenden Schwingung, wie wir heute die Gedanken durch das Wort gestalten.

Wie gelangen wir jetzt *dorthin*? Was ist der Vorgang?

IV. Der Hinabstieg in den Körper

Unsere Frage ist wirklich die des Todes. Solange die physische Tatsache des Sarges oder Scheiterhaufens nicht verändert wurde, ändert sich nichts, und wir setzen das „Gesetz" fort, das das Leben seit den Einzellern bedrängt – auch wenn wir uns vorübergehend in die „Wellenbewegung" gehen lassen. „Es ist fast, als wäre das *die* Frage, die zu lösen mir aufgetragen wurde", sagte Mutter. Mutter bedeutet vor allem den Kampf gegen den Tod – weil Sri Aurobindo 1950 starb. Wie Orpheus und Eurydike. Dreiundzwanzig Jahre lang kämpfte sie mit „dieser Frage", wie eine Löwin. Eigentlich *kann man nicht* in die Wellenbewegung und das allgegenwärtige Leben übergehen, ohne daß sich etwas an der Herrschaft des Todes ändert, denn die Barriere macht auch den Tod aus. Woraus besteht die Barriere, was ist der zellulare Mechanismus des Todes? Die Gelehrten beobachten die Parameter des Phänomens und sagen: dies + das + jenes führt zum Tod. Aber *warum* kommt „dies"? Sie haben keine Ahnung. Das nächste Reich wird vor allem durch eine andere Stellung gegenüber dem Tod gekennzeichnet sein, die nicht mehr darin liegt. Wenn die Lebensweise sich ändern soll, wird die Art des Todes sich auch verändern, sonst treten wir wieder in derselben alten endlosen Geschichte im Kreis mit einigen allgegenwärtigen und himmlischen Illusionen zwischendrin.

Wo werden wir dieses Versteck des Todes entlarven?

Dazu müssen wir in den Körper hinabsteigen.

Dies ist der „hinabsteigende Weg", von dem Mutter 1959 sprach.

Vielleicht ist es sogar ein „Hinabstieg in die Hölle".

Die tödliche Gewohnheit

Wie stellt man es an, in den Körper hinabzusteigen?... Uns kommt es völlig natürlich vor, auf zwei Beinen umherzulaufen, den Apparat zu ernähren und das ganze mit einer Anzahl mehr oder weniger dichter Philosophien und mehr oder weniger geglückten Erfindungen einzukleiden. Und dann gut Glück. Aber es darf überhaupt nicht mehr „natürlich" sein, bevor man irgend etwas über den Körper begreifen kann. Solange sich das Versuchskaninchen in seinem Käfig ganz normal verhält, wird es nur weitere Versuchskaninchen hervorbringen, die wieder Versuchskaninchen hervorbringen. Man kann die Nahrung variieren, den Schlaf verändern, die Luftbeschaffenheit beeinflussen – und die Hathayogis scheuten sich nicht, all diese Mechanismen auszuprobieren – man kann sogar den Herzschlag anhalten. Aber danach? Wir suchen keine Kirmes der alten Spezies, nicht einmal eine „verbesserte" alte Spezies, sondern etwas anderes. Man kann sämtliche Körpermechanismen bearbeiten, ohne daß etwas anderes hervorkommt, weil diese Mechanismen nur die Oberfläche berühren – aus diesem Grund fanden weder die Biologen noch die Hathayogis den Schlüssel und begriffen nicht einmal wirklich, worum es geht. Wir sagten es bereits: seit der Waldspitzmaus behämmern wir nur die Mechanismen. Wir müssen etwas anderes finden, eine andere Sprungfeder tiefer im Körper.

Welches ist der Weg?

Die Erfahrung ist eigentlich einfach – jedenfalls einfach zu beschreiben, doch sie ist nutzlos, wenn man sie nicht *lebt*, weil sich die Funktionsweise des Körpers nicht in den Seiten eines Buches verändern wird. Wir suchen keine weitere Theorie, sondern die *Herstellung* des Neuen.

Man könnte also wie ein etwas yogischer Superbiologe meinen, wir würden bei diesem Hinabstieg ein surrendes Gewirr von Nerven und Äderchen vorfinden, dem Atem lauschen, Nukleotiden und Dendriten spüren – insgesamt unseren Körper auf mikroskopischer Ebene mit irgendeiner elektronischen und yogischen Lupe erleben, um den „Schlüssel“ herauszutricksen. Doch der Schlüssel liegt in keinem dieser Dinge – unser Körper ist ein ausgezeichneter Körper, ebenso gut wie der des Eisvogels oder der kleinen Schlange, mit kleinen mechanischen Unterschieden. Was hindert diese ausgezeichnete Sache dann daran, ausgezeichnet zu sein? Was bewirkt, daß sie sich auf menschliche Weise dreht anstatt wie ein Maikäfer (die beide sterblich sind, vergessen wir es nicht)? Die Biologen – stets auf der Suche nach Mechanismen, weil die das einzige sind, was sie erfassen können – werden uns sagen, daß es sich wie ein Mensch dreht und nicht anders, weil bestimmte Aminosäuren – dieselben vom primitiven Virus bis zu Einstein – sich auf jene bestimmte Weise und in einer bestimmten Reihenfolge einrollen, die Menschenproteine produziert, anstatt in einer anderen. Da gibt es keinen Ausweg, es ist unerbittlich und wissenschaftlich seit der ersten Wasserstoffwolke, und bis in alle Ewigkeit rollt es weiterhin so oder ein wenig anders. Deshalb sagte Mutter mit bestechender Einsicht: „Der Materialismus ist das Evangelium des Todes.“ (Und nachdem der Spiritualismus das Evangelium des Himmels ist, müssen wir wohl oder übel etwas anderes, eine etwas bequemere oder lebenswertere Stellung zwischen diesen beiden finden.) Aber *warum* rollt es so oder anders? Welcher darunterliegende Mechanismus oder Dynamismus oder welche Kraft bewirkt oder will, daß es sich bei der Eidechse oder bei *Homo sapiens* so einrollt, ohne besondere Merkmale, außer daß es sich einrollt oder einrollen will? Uns interessiert nicht der Unterschied zwischen Eidechse und Mensch, sondern die Tatsache des Einrollens oder der typischen Zusammensetzung. Welchen Kräften gehorcht das? Das wissen die Gelehrten nicht. Aber Mutter wußte es. Dieser „Schlüssel“ interessiert uns. Erfassen wir nämlich das Geheimnis..., so werden wir nicht Proteine in anderer Reihenfolge produzieren, um eine andere problematische Spezies hervorzubringen, sondern wir werden den eigentlichen

Hebel oder Sinn des Lebens kennen: was es in diese oder die andere Richtung bewegt, im Menschen oder im Fisch, oder besser gesagt, was bewirkt, daß es sich in einer typischen Gewohnheit verkrustet und dadurch vielleicht stirbt. Von einer Spezies zur nächsten verändert sich nur die Gewohnheit, dieselben Substanzen einzurollen. Wodurch wird diese Gewohnheit der Materie gesteuert? Das ist es. Wenn wir das finden, entdecken wir, was uns sterben läßt, und vielleicht verlieren wir die Gewohnheit des Sterbens.

Eine bestimmte Gewohnheit.

Die mentalen Schichten

Dieser Hinabstieg in den Körper vollzieht sich somit durch keine Yogatechnik sondern auf die einfachste nur vorstellbare Weise: man begibt sich in das, was da ist. Man taucht in kein Geflecht von Äderchen und Dendriten sondern in etwas ganz anderes, das auch einen sonderbaren amazonischen Urwald bildet.

Um die Zelle wahrnehmen oder spüren zu können, müssen wir zunächst all das durchdringen, was sie überlagert: Schichten über dröhnenden und dunklen Schichten. Die erste der Schichten ist unsere *intellektuelle Schicht* – die, in der wir leben. Sie ist die Oberseite des Goldfischglases. Offensichtlich haben alle Ideen, Philosophien, Religionen und der Rest nichts mit dem Körper zu tun. Diese Schicht sieht nach nichts aus, wir atmen sie wie die Luft, aber sie ist ein ungeheures Gewimmel. All das muß zum Schweigen gebracht werden. Will man durch eine Flüssigkeit hindurchsehen, muß man sie sich absetzen lassen. Der erste Schritt ist also mentale Stille. Wenn diese Schicht erst einigermaßen geklärt ist, sieht man eine zweite auftauchen, die sehr deutlich hervortritt, sobald sie nicht mehr vom höheren Radau der Ideen und philosophischen oder humanitären Ideale verschönert wird: die Schicht des *emotionalen Mentals*. Dort wird es bereits klebriger. Aber so schön diese Emotionen auch sein mögen, sie haben nichts mit dem Körper zu tun. Der zweite Schritt ist also die Beruhigung des emotionalen Mentals. Das ist schon ein schwierigeres Unternehmen, das einem Guerillakampf in der Wüste gleicht. Ist diese Schicht wiederum mehr oder weniger gelichtet und beruhigt worden, taucht eine dritte auf, die zuvor vollkommen mit den beiden höheren vermischt war: das *sensorische Mental,* das unsere Reaktionen beherrscht. Hier wird es wirklich zum Dschungel mit verschiedenen kleinen Schlangen und Sümpfen. Man hat den Körper noch nicht ganz erreicht, nähert sich aber. Alle seine Empfindungen von Müdigkeit und Schlaf, Angst, Schmerz und Freude, Zu- und Abneigung, Anziehung und Aggression, Verkrampfung und Entspannung finden hier statt – ein ganzes Gewimmel. Doch man erkennt auch, wie sehr all das von den Gewohnheiten, dem Milieu, der Erziehung bestimmt wird: ein riesiges Durcheinander, das nichts mit dem eigentlichen Körper zu tun hat und ihm aufgesetzt wird. Der dritte Schritt heißt also, die Transparenz des sensorischen Mentals oder die vollkommene Neutralität zu erreichen. Verkrampft man sich oder weist etwas zurück, ist es, als errichte man augenblicklich Mauern um sich. Das heißt, der Durchgang wird versperrt, man bleibt mitten in Amazonien stecken. Der Körper muß von diesem ganzen agierenden und reagierenden Netz befreit werden. Da beginnt der Körper etwas wankend zu werden, als kenne er seine Festen und sein eigenes Gewicht nicht mehr recht – tatsächlich fühlt er sich seltsam erleichtert, und es fängt an, ein wenig „der Körper" zu werden. Dann erreicht man die Barriere: die vierte Schicht, die des *physischen Mentals.*

Nur weiß man nicht, daß es die Barriere *ist,* man weiß überhaupt nicht, wo man ist und was man in diesem Dschungel zu suchen hat – erst *später,* wenn man ihn durchquert hat, erkennt man, daß es die Barriere war und worum es sich genau handelt. Im ersten Augenblick – und bei Mutter dauerte dieser Augenblick Jahre – ist es ein mikroskopisches, klebriges und endloses Gewimmel, bei dem man nicht sicher ist, ob es auf die „andere Seite" führt oder zur Auflösung des Körpers oder ob es überhaupt eine andere Seite dieser mikroskopischen Hölle gibt, die so innig mit dem Körper verknüpft ist, daß es scheint, als müßte man den Körper selber abtrennen, um sie zu lösen. Als Franzisko di Orellana von den Anden kommend zum ersten Mal dem Amazonas folgte, war es noch nicht „der Amazonas" sondern „irgend etwas" mit Lianen und Kaimanen, und er wußte überhaupt nicht, ob er beim Atlantik oder im Tod landen würde und was er da überquerte. *Danach* ist es sehr leicht, Landkarten zu zeichnen.

Hier wollen wir nur einige Etappen oder Merkmale dieses Vorstoßes zur Schranke des physischen Mentals geben.

> [65.7.24:] **Wenn man es beobachtet, merkt man, daß die meiste Zeit dazu benötigt wird, sich bewußt zu werden, was zu ändern ist, und die bewußte Verbindung zu erlangen, die es gestattet, das zu ändern.**

Wie lange brauchten die Primaten wohl, bis sie merkten, daß es nicht darum ging, in den Ästen Purzelbäume zu schlagen, sondern sich nachdenklich in die Ecke einer Lichtung zu setzen und... ins Nichts zu schauen?

> [66.3.30:] **Wenn man die Erfahrung des Körpers haben will, muß man im Körper leben! Deshalb wußten die alten Weisen und Heiligen nie, was sie mit ihrem Körper anstellen sollten: sie verließen ihn und meditierten, dann hat der Körper nichts mehr damit zu tun.**

> [63.8.10:] **Eine ungeheure Schlacht gegen jahrtausendealte Gewohnheiten.**

> [59.5.19:] **Wenn man auf die Ebene des Körpers gelangt und ihn auch nur einen Schritt vorwärts bringen will – nicht einmal einen ganzen Schritt: einen kleinen Schritt –, dann verhakt sich alles: es ist, als setzte man den Fuß in einen Ameisenhaufen.**

> [56.6.27:] **Sobald ihr voranschreiten wollt, begegnet ihr**

augenblicklich dem Widerstand von allem, was in euch und in eurer Umgebung diesem Fortschritt entgegenwirkt.

[58.6.25:] Der zu bewältigende Weg zwischen dem gewohnten Zustand des Körpers – dieser beinahe vollkommenen Unbewußtheit, an die wir uns gewöhnt haben, weil wir „so sind" – und andererseits der vollkommenen Wachheit des Bewußtseins, der Antwort aller Zellen, aller Organe, aller Abläufe... zwischen den beiden scheinen Jahrhunderte von Arbeit zu liegen.

[53.10.14:] Der Tod ist keine unvermeidliche Sache, er ist ein Unfall, der sich bis heute immer wieder ereignet hat (der sich jedenfalls allem Anschein nach bis heute immer wieder ereignet hat), aber wir haben es uns in den Kopf gesetzt, diesen Unfall zu besiegen und zu überwinden. Das ist jedoch ein so schrecklicher, ein so ungeheurer Kampf gegen alle Naturgesetze, gegen alle kollektiven Suggestionen, gegen alle Gewohnheiten der Erde, daß es besser ist, dieses Kampffeld gar nicht zu betreten, wenn man nicht ein erstklassiger Krieger ist, den nichts erschreckt. Man muß ein absolut unerschütterlicher Held sein, denn bei jedem Schritt, in jeder Sekunde gilt es, eine Schlacht gegen alles Bestehende zu liefern. Folglich ist es nicht sehr angenehm. Sogar auf individueller Ebene ist es ein Kampf gegen sich selbst, wollt ihr nämlich, daß euer physisches Bewußtsein einen Zustand erreicht, der die physische Unsterblichkeit erlaubt, so müßt ihr bedingungslos frei sein von allem, was jetzt das physische Bewußtsein darstellt. Das bedeutet einen Kampf in jeder Sekunde. Alle Gefühle, alle Wahrnehmungen, alle Reflexe, alle Anziehungen, alle Abneigungen, alles, was existiert, alles, was den Stoff unseres physischen Lebens ausmacht, muß überwunden, transformiert und von sämtlichen Gewohnheiten befreit werden. Das ist ein Kampf in jeder Sekunde gegen Tausende und Millionen von Feinden.

[64.10.30:] Der Körper lernt eines: daß ALLES, was ihm widerfährt, für den Fortschritt geschieht. Alles, was geschieht, dient dazu, den wahren Zustand zu erreichen, der von den Zellen erwartet wird, damit die Verwirklichung stattfinden kann – sogar die Schläge, die Schmerzen, die scheinbaren Störungen geschehen alle absichtlich. Nur wenn der Körper es wie ein Idiot falsch aufnimmt, verschlimmert es sich.

[60.1.28:] Die Schwierigkeiten kommen gerade von den winzigen, scheinbar banalsten Dingen, die aber den Weg verstellen. Sie entstehen aus einem Nichts, einer Einzelheit: ein Wort, die Krankheit eines Mitmenschen, egal was, und plötzlich zieht es sich zusammen; dann muß die ganze Arbeit von vorne begonnen werden, als wäre noch nichts getan worden... Man könnte meinen, die Form des Körpers stelle gerade einen Sammelpunkt dar und daß ohne diese Sammlung, ohne diese Härte, kein physisches Leben möglich wäre. Aber das ist nicht wahr! Der Körper ist ein wirklich wunderbares Werkzeug. Er ist fähig, sich zu weiten, unermeßlich zu werden. Dann vollzieht sich alles, alles, die geringste Geste, die geringste Arbeit, in einer wunderbaren Harmonie, mit einer bewundernswerten Plastizität. Aber plötzlich, wegen irgendeiner Dummheit, einem Luftzug, einem Nichts, vergißt er – er zieht sich zusammen: die Angst zu verschwinden, die Angst, nicht mehr zu sein. Dann muß alles wieder von vorne begonnen werden.

[61.7.15:] Ein Heiliger oder ein Weiser zu sein, ist schließlich nicht so schwierig! Aber die supramentale Transformation, das ist eine ganz andere Angelegenheit!... Dieser Weg wurde noch von niemandem begangen! Sri Aurobindo war der erste, und er ging weg, bevor er uns sagte, was er tat. Ich muß mir wirklich einen Pfad durch den Dschungel schlagen – schlimmer als im Dschungel. Jetzt habe ich das Gefühl, überhaupt nichts zu wissen. Ich glaube nicht, daß es viele Leute gibt, die das vom rein materiellen, chemischen, biologischen, medizinischen oder therapeutischen Gesichtspunkt verstehen (vielleicht gibt es welche?), jedenfalls weiß ich es nicht. Auf der yogischen Ebene ist es sehr leicht. Man weiß alles, was zu tun ist, und man tut es ebenso leicht, wie man es weiß, das ist eine Kleinigkeit. Aber diese Transformation der Materie!... Was ist zu tun? Wie ist es zu tun? Was ist der Weg? Gibt es überhaupt einen Weg? Gibt es eine Vorgangsweise? – Wahrscheinlich nicht. Das Bewußtsein der ungeheuren Schwierigkeit der „Sache" wird mir sozusagen tropfenweise gegeben... damit ich nicht davon erdrückt werde. Das geht so weit, daß mir jegliches spirituelle Leben bei all diesen Leuten und Völkern, die sich seit Anbeginn der Erde bemühten und so große Anstrengungen unternahmen, all das erscheint mir wie nichts, ein Kinderspiel. Auch ist es eine ruhmlose Arbeit, mein Kind! Es gibt keine Ergebnisse, keine Erfahrungen, die einen mit Ekstase oder Freude oder Bewunderung erfüllen, nichts dergleichen – eine schreckliche Mühsal. Man geht in nichts, mit nichts, in einer Wüste voller Fallen und allen nur möglichen Hindernissen. Mit verbundenen Augen geht man weiter, man weiß nichts.

Will man, daß die Augen des Körpers sich öffnen, müssen die Augen des Mentals sich schließen.

[60.5.16:] Dort hoch oben geht es einem gut; aber unten, da wimmelt es. Tatsächlich ist es eine Schlacht gegen die kleinen Dinge, Winzigkeiten: Seinsgewohnheiten, Denkweisen, Gewohnheiten des Fühlens und Reagierens...

[69.12.27:] Wenn es um materielle Dinge geht, haben die intelligenten Leute instinktiv den Eindruck, all das wäre bekannt, gewußt, auf anerkannten Erfahrungen begründet, und das bedeutet eine Schwäche. Genau das wird jetzt dem Körper gezeigt: die Nichtigkeit dieser gegenwärtigen Art, die Dinge zu sehen und zu verstehen, die auf Gut und Schlecht, Heil und Übel, Leuchtend und Dunkel basiert... all diese Gegensätze. Die gesamte Beurteilung und Auffassung des materiellen Lebens basiert darauf. Auch der physische Teil, der das Leben gelernt zu haben glaubte und denkt, er wüßte, wie vorzugehen sei und was zu tun sei, auch dieser Teil muß begreifen, daß dies nicht das wahre Wissen und die wahre Handhabung der äußeren Dinge ist. So „neckt" dieses Bewußtsein, das am Werk ist, den Körper ständig: „Sieh, du hast dieses Gefühl – worauf basiert es? Du glaubst zu wissen – weißt du wirklich, was dahinter steht?..." Bei den kleinsten Dingen des Lebens jeder Minute. Das ist eine praktische Demonstration durch die Erfahrung jeder Minute, wie... ja, wie lügenhaft das ist, die Dinge mit diesem Gefühl einer erworbenen Weisheit, eines erworbenen Verständnisses, einer erlebten Erfahrung zu tun – daß etwas ANDERES dahinter steht.

[58.5.10:] Man wird mit Fausthieben und Hammerschlägen bearbeitet, bis man versteht. Bis man diesen Zustand erreicht, in dem alle Körper euer eigener sind.

Sobald eine Reaktion des „Ich" im Körper erscheint, bildet sich augenblicklich eine Trennwand: die ewig alte Geschichte, seit ein erster Einzeller seine Schutzmembrane webte.

[60.11.12:] Eine immer vollständigere, immer umfassendere Einwilligung, mehr und mehr hingegeben. Dort hat man den Eindruck, man muß völlig wie ein Kind sein. Fängt man an zu denken: „Oh, ich möchte so sein! Oh, man müßte so sein!", vergeudet man seine Zeit.

Wie könnte man auch wissen, was man zu sein hat, um eine nächste Spezies zu werden?

[60.12.17:] Manchmal hat man den Eindruck: „Jetzt ist es soweit! Ich habe es erwischt." Dann fällt es zurück – die mühselige Arbeit. Manchmal meint man, in ein Loch zu fallen, ein wirkliches Loch, und wie herauskommen? So geht es weiter, Woche über Woche. Vor allem dieses Gefühl des „Bedeutsamen" und des „Bedeutungslosen": das verschwindet völlig. Man bleibt so, mit... nichts. Es gibt keinen Maßstab der Bedeutsamkeit! Das ist ausschließlich unsere mentale Dummheit: entweder ist nichts bedeutend oder ALLES ist gleichermaßen bedeutend. Das Staubkorn dort, das man wegwischt, oder die ekstatische Andacht – es ist genau dasselbe.

Man braucht bloß zu überlegen: Was ist für die nächste Spezies „bedeutend"? – Wir werden es wissen, wenn wir dort sind. Das Steißbein ist der bedeutungslose Überrest eines für den Affen sehr bedeutenden Organs.

[62.10.6:] **Wenn man es sich ein wenig überlegt, versteht man das sofort: ginge es nur darum, eine Sache anzuhalten und etwas anderes anzufangen, wäre das recht schnell getan. Aber einen Körper am Leben erhalten (er soll ja weiterhin funktionieren), und gleichzeitig eine neue Funktionsweise hineinbringen und dann noch die Transformation – das bedeutet eine Zusammensetzung, die sehr schwer zu verwirklichen ist... Vor allem, wenn es ums Herz geht: das Herz soll durch das Kraftzentrum ersetzt werden, eine ungeheure dynamische Kraft! In welchem AUGENBLICK stoppt man den Kreislauf und gibt die Kraft frei?... Das ist schwierig. Im gewöhnlichen Leben denkt man die Dinge zuerst und führt sie dann aus – hier ist es das Gegenteil! In diesem Leben muß man sie erst tun, und später begreift man, aber viel später. Zuerst muß man sie tun, ohne zu denken. Wenn man denkt, erreicht man nichts Gutes; das heißt, man fällt in die alte Art und Weise zurück.**

[62.10.30:] **Es ist so neu, man weiß nicht, was die Fortschritte sind! Man weiß nicht, wohin man geht, und hat keine Ahnung, welchem Weg man folgt. Alle möglichen Dinge geschehen, aber liegen sie auf dem Weg oder nicht? Ich weiß es nicht. Erst am Ende werden wir es wissen.**

[63.6.22:] **Es ist keine befriedigende Übergangszeit, denn man spürt nicht mehr die Kraft, die man früher hatte, die Fähigkeiten, die man hatte, und man spürt ganz und gar nicht die Kraft und die Fähigkeiten, die man anstrebt**

– man steht auf halber Strecke, weder hier noch da. Mit absolut bestürzenden Dingen; hin und wieder Dinge, die euch die Augen aufreißen lassen: „Ah, so ist das!" Aber gleichzeitig so zermürbende Einschränkungen.

[71.12.29:] Für mich bestand der schnellste Weg in... (wie soll ich sagen?) dem wachsenden Gefühl meiner Nichtigkeit – meiner Inexistenz. Nichts können, nichts wissen, nichts wollen... Man darf nur keine Angst haben – wenn man Angst hat, wird es fürchterlich. Zum Glück ist mein Körper furchtlos.

[65.10.10:] All die Dinge, die man für bedeutungslos hält, verhindern in ihrer Gesamtheit die physische Transformation. Dadurch, daß es unscheinbare Dinge sind, die man für vernachlässigbar hält, sind es die schlimmsten Hindernisse. Ich spreche von erleuchteten Geistern, Leuten, die in der Wahrheit leben, die eine Aspiration haben und sich fragen, warum diese intensive Aspiration keine Wirkung zeigt – jetzt weiß ich es. Das ärmliche Resultat stammt daher, daß man diesen winzigen Dingen der unterbewußten Mechanismen nicht genügend Aufmerksamkeit schenkt: sie bewirken, daß man in Gedanken frei ist, in den Gefühlen frei ist, sogar in den Reaktionen frei ist, physisch aber in Sklaverei bleibt. All das muß aufgelöst werden: auflösen, auflösen. Das ist nur noch ein Mechanismus der Gewohnheiten, aber er hält, er klebt, oh!...

[67.7.26:] Man könnte unsere Welt als die Welt der schlechten Gewohnheiten bezeichnen.

[67.8.2 und 9.1:] Die langsame, unterirdische, unsichtbare, fast unmerkliche Arbeit... Das grimmige Schlachtfeld.

[65.7.25:] Das nenne ich Aufrichtigkeit: sich in jeder Minute dabei erwischen können, der alten Dummheit anzugehören.

[65.1.12:] Früher sagte man euch: „Geht in die Höhen! Laßt das ruhig im Schlamm weiterplätschern." Wir haben aber

> nicht das Recht, dies zu tun! Es ist das Gegenteil unserer Arbeit. Weißt du, ich hatte eine beinahe vollkommene Freiheit in Bezug auf meinen Körper erreicht – so weit, daß ich wirklich alle Gefühle abstellen konnte, aber stell dir vor, es ist mir nicht einmal mehr gestattet, meinen Körper zu verlassen! Sogar wenn ich ziemliche Schmerzen habe oder die Dinge schwierig sind und ich mir denke: „Oh, könnte ich doch nur in meine Seligkeit gehen", das ist nicht erlaubt. Ich bin hier gebunden. HIER muß es verwirklicht werden.

> [60.11.26:] Die Dinge geschehen überhaupt nicht so, wie sie im gewöhnlichen Leben geschehen... Für drei, vier Minuten, manchmal zehn Minuten, bin ich ab-scheu-lich krank, mit allen Zeichen, daß es das Ende ist. Und das kommt nur, damit ich die Erfahrung mache, die Kraft finde. Nur in diesen „Augenblicken", wo es logischerweise, nach der normalen physischen Logik das Ende ist, da erhascht man den Schlüssel. All das muß man durchmachen, ohne zu schwanken. Wieviel davon wird es noch erfordern? Ich habe keine Ahnung, ich bin dabei, den Weg zu schaffen.

Offensichtlich erforderte es irgendwann in der Geschichte die letzten Zuckungen eines Reptils, um den Schlüssel des Vogels zu entdecken.

> [69.5.3:] Tod, Nahrung und Geld: dieses neue Bewußtsein hat den Eindruck, diese drei Dinge sind „ungeheuer" im menschlichen Leben – daß das menschliche Leben sich um diese drei Dinge dreht: essen, sterben und Geld haben. Und die drei hält es für... vorübergehende Erfindungen, Ergebnis eines rein vorübergehenden Zustands, der nichts Tiefem oder Dauerndem entspricht. So lehrt es den Körper, anders zu sein.

> [61.5.12:] Sogar die momentanen Durchbrüche im Leben, wenn man plötzliche Einblicke in ein unsterbliches Bewußtsein erhascht, die Berührung der Wahrheit, sogar das... All diese Erfahrungen sind schön und gut, aber es

ist nicht DAS. Der wahre SINN des Lebens: was bedeutet es wirklich? Was liegt dahinter? Warum hat der Herr es geschaffen? Wohin will Er gehen?... Er hat offensichtlich ein Geheimnis, und er hütet es. Ich für meinen Teil will sein Geheimnis. Warum ist es so? – Es ist sicherlich nicht so, um so zu bleiben: es ist so, um etwas anderes zu werden. Dieses Andere will ich erreichen.

[62.11.23:] Jeder Schritt vorwärts zwingt euch, nicht einen Schritt nach hinten zu tun, aber einen Schritt in den Schatten, und in physischer Hinsicht ist das schrecklich. Das ist, als berührte man den Abgrund des Unbewußten und... ja, der leblosen Stofflichkeit.

[63.8.21:] Ich weiß nicht, ob es der letzte Kampf ist, aber es ist sehr tief geworden... Das ist sozusagen die erste Substanz, die vom Leben berührt wurde, die aber unfähig scheint, einen Grund für dieses Leben zu fühlen oder zu empfinden. Ich habe den Eindruck, es ist dem Boden des Lochs sehr nah. In einem Augenblick gab mir das eine schreckliche Bedrängnis, weil es ein Nichts war – man konnte da nicht herauskommen. Es gab keinen Ausweg aus diesem Nichts, weil es nichts war. In dem Augenblick bedeutete das eine so große Spannung, daß... ich mich fragte: werde ich bersten? Und das ist die Grundlage, das Fundament des gesamten Materialismus.

Andere Male wurde die Barriere wieder völlig klar:

[61.7.15:] Alle nur möglichen Schwierigkeiten im Unterbewußtsein des Körpers erhoben sich auf einmal – wie es kommen mußte, und wie es wahrscheinlich auch Sri Aurobindo passierte: jetzt verstehe ich! Das ist kein Witz! Ich hatte mich gefragt, warum all diese Dinge ihn so wütend befielen – jetzt verstehe ich! Denn ich erlebe denselben Angriff. Das ist nicht direkt das Bewußtsein des Körpers, aber man könnte sagen die Körpersubstanz, so wie sie vom Mental angeordnet wurde: die ersten Regungen des Mentals im Leben, das, was den Übergang vom

Tier zum Menschen ausmachte – die erste Mentalisierung der Materie. Darin protestiert etwas, und durch seinen Protest verursacht es natürlich die Störungen.

Wir stehen an der Grenze des menschlichen Lebens, angesichts von „etwas", das es im Tier nicht gibt und das die ganze Komplikation des menschlichen Lebens ausmacht, all sein Nicht-Wissen, seinen Schmerz, seine Getrenntheit, seine Krankheiten – all sein „Unglück", das schließlich unsere wahre Macht darstellt, hinauszukommen, weil es uns zwingt, bis zum Grund zu gehen, um den Schlüssel zu finden. Es handelt sich um das physische Mental. Die erste „Mentalisierung" der Materie. Dies ist die Barriere. Zugleich stellt es den Übergang zu einer noch radikaleren Entdeckung dar, einer noch tieferen Schicht: die des Mentals der Zellen, das nicht nur die Macht enthält, unsere alten Unglücksgewohnheiten aufzulösen sondern auch die typische Gewohnheit jeder Spezies und schließlich die alte Gewohnheit des Sterbens.

V. Das physische Mental

Dieses physische Mental stellt eine ungeheure Entdeckung dar. Dennoch geht es vor unserer Nase einher, surrt in unseren Ohren und lenkt die geringste unserer Gesten, nur bemerken wir es eben nicht, oder wenn wir es bemerken, werfen wir es vor die Tür, so lächerlich erscheint es, oder ertränken es unter dem Lärm unserer edlen Gedanken, unserer edlen Gefühle und all unserer höheren Edelkeiten, die schließlich alle zusammenbrechen, weil wir diesen mikroskopischen Wahnsinnigen nicht beachteten. Die größte Entdeckung besteht darin, das Hindernis zu entdecken. Wenn jede Spezies wüßte, was die nächste verhindert, hätte sie schnell ihre alten Werte verworfen und den Übergang gefunden. Doch dazu muß man sich in seiner Spezies unwohl fühlen, es muß ein wenig erstikkend werden – dies ist unser Privileg unter all den kleinen Tieren, die in Wohlbefinden ihre Kreise in ihrem jeweiligen Goldfischglas drehen. Wenn einige Fische nicht in ihren austrocknenden Sümpfen zu ersticken begonnen hätten, hätten sie nie die Lungenatmung erfinden und ihre Flossen in Beine verwandeln können, um Amphibien zu werden. Das physische Mental ist genau das, was uns erstickt – schleichend, zahllos und äußerst unerbittlich. Es ist unser Käfig. Es ist die eigentliche Wand unseres menschlichen Goldfischglases. Wir benötigen keine außerordentlichen Mutationen, um aus unserem Goldfischglas auszubrechen: wir müssen nur genügend ersticken, bis wir das Mittel finden. Vielleicht erreicht unsere Spezies jetzt genau die Zeit des Erstickens.

Jedenfalls kennen wir die oberen Bereiche des physischen Mentals, wenn man so sagen kann: jene, die unablässig mikroskopische materielle Gedanken mahlen, wie ein vergeßlicher Alter vor sich hin plappert. Wenn man es nicht erwischte, würde es stundenlang unermüdlich wiederholen: „Du hast die Tür nicht abgeschlossen, geh doch nachschauen…“, wie eine Schallplatte, wo man doch genau weiß, daß man die Tür verschlossen hat. Es wiederholt alles: die geringste Geste, das geringste Fragment eines Satzes, das kleinste Stolpern auf der Treppenstufe – und es erinnert sich noch zwanzig Jahre später genau daran. Ein unerbittliches Gedächtnis. Es ist unendlich klein wie eine Nadelspitze, gräbt sich in irgendeinen Winkel Materie ein und zieht seine Spur, wiederholt sich bis in alle Ewigkeit. Von unten bis oben und bis in den letzten Nerv sind wir von diesem Mechanismus durchzogen – bis in unsere Zellen. Tatsächlich ist dieses physische Mental unser Gewebe und unsere Haut. Es ist der große Festiger; ohne es würden wir vielleicht vergessen, daß wir Menschen sind, die für immer an diese Seinsart in der Materie und an den Tod gefesselt sind. Aber das gerade ist seine Aufgabe: uns an die Materie zu binden.

Seine zweite Eigenschaft, die wir in seinen höheren und sichtbaren Bereichen einigermaßen kennen, ist die Angst. Es hat vor allem Angst: „Vorsicht, du hast dein Halstuch vergessen, du wirst dich erkälten... Vorsicht, du gehst zu schnell, du wirst dir ein Bein brechen... Vorsicht, tu das nicht, sonst überanstrengst du dein Herz..." Du-kannst-nicht und du-darfst-nicht – dieses Mental ist voller du-kannst-nicht. Selbst wenn man könnte, würde es einen daran hindern, zu können – und deshalb kann man auch nicht. Insgesamt ist es also der Wächter der Grenzen des Goldfischglases. Es ist der Gefängniswärter. „Und der Arzt sagte... und der Professor sagte, dann der *Duden*, der Feldhüter, der Herr Pfarrer, und der Biologe – folglich..." Und alle sagten, deshalb noch-mal-folglich. Es ist der größte Logiker der Welt. Eine unzählbare, unerbittliche mikroskopische Logik. Es ist der größte Feldhüter aller Arten: „Sieh es doch ein, du kannst das Goldfischglas nicht verlassen; auf der anderen Seite gibt es kein materielles Wasser, das ist der Tod und der reine Geist der Fische – und überhaupt gibt es das nicht: dort läßt es sich nicht schwimmen, man kann es nicht berühren und nicht sehen, folglich." Doch seine Logik führt uns direkt in den gesuchten Hort: zum Tod. Alles führt dorthin. Nein, das ist nicht die Erhaltung der Spezies, sondern die Erhaltung des Todes. Es genügt, ihm ein wenig in seinem mikroskopischen Geflüster zu folgen; beim geringsten Kratzer: „Oh, das wird doch wohl keine Blutvergiftung geben!" Sobald es in Moskau hustet: „Oh, das wird doch wohl nicht Krieg bedeuten!" Es erwartet alle nur möglichen Katastrophen, alle nur möglichen Krankheiten, alle Unfälle – und vor allem den Tod, den erwartet es von Anfang an. „Das ist doch eine *Krankheit*, da kommt man nicht umhin. Man *muß* soundso viele Tabletten schlucken, man muß... und man darf nicht, und man darf nicht..." Von oben bis unten sind wir unsichtbar, heimtükkisch und unerbittlich gefesselt. Diese tief eingeprägte Angst-vor-allem in der Materie ist wie eine wehmütige Erinnerung an die glückliche und ruhige Starrheit des Steins – das Leben bedeutet eine Katastrophe: Bedrohung, Gefahr. Mit dem Tod hat man endlich wieder seine Ruhe. In jeder Minute webt und sekretiert es seinen kleinen Tod, bis es sein Ziel erreicht: „Ich hab es Ihnen doch gesagt." Was würde aus der gesamten ekklesiastischen Hierarchie, wenn es keinen Tod mehr gäbe? Was würde aus den Biologen, den Philosophen und all den anderen? Man braucht doch nur zu überlegen: sie leben alle vom Tod. Es ist der Hüter des Gesetzes des Todes. Wer Gesetz sagt, sagt Tod. Ja, es ist das Evangelium des Todes von A bis Z. Das flagranteste Beispiel der Wirkungsweise dieses Wichtes ist die Ataxie der Parkinson'schen Krankheit. In ihrem zwanghaften Zittern versucht die Person verzweifelt, einen Schritt noch vorne zu tun, stolpert und versucht es wieder: „Du kannst es nicht, das siehst du doch!" Bis die Krankheit ein für allemal *gefestigt* ist. Zu festigen ist seine Aufgabe. Und so begreift man die ungeheure *hypnotische* Macht dieses physischen Mentals. Es erfordert wirklich all unseren höheren Radau, damit wir die Allmacht dieses unscheinbaren Flüsterers übersehen. Dadurch arbeiten auch alle Heilpraktiker und „Hypnotiseure", die einen tatsächlich daran hindern, den Schmerz zu spüren, unter dem man sonst laut aufschreien würde, oder einen „unmögliche" Dinge tun lassen, die all den

„du-kannst-nicht“ widersprechen: sie heben einen Augenblick lang das physische Mental auf. Tatsächlich beeinflussen alle Ärzte dieses physische Mental – manchmal heilen sie, aber meistens fixieren sie die Krankheit. In unserem höheren Bewußtsein spotten und lachen wir über diese langweilige und ängstliche Karikatur, wir schmeißen sie hinaus – aber unterschwellig flicht es weiter seine kleinen Tode und seine kleinen Krankheiten und Unfälle, die eines Tages den großen ruhigen und ein für allemal fixierten Tod ergeben. Am Ende holt er uns immer ein. Etwas in der lebenden Materie sehnt sich nach dem Frieden des Minerals. Eine unerbittliche Erinnerung zieht uns zurück an den Anfang der Zeitalter… vielleicht zu diesem Urzustand der Materie, wo in der scheinbaren äußersten Machtlosigkeit und Unbewegtheit die äußerste Macht in der äußersten Bewegung der Atome verborgen liegt. Wenn der Tod der Arten das Hindernis ist, so ist das, weil er der Schlüssel zu etwas anderem ist. Wo immer es eine Mauer gibt, gibt es die andere Seite der Mauer. Das einzige Hindernis besteht darin, die Mauer nicht zu erkennen.

Hier seien einige Anhaltspunkte von Mutters Durchquerung dieser äußersten Schicht gegeben, die uns so dicht und hermetisch umgibt und uns sozusagen in unserer menschlichen und sterblichen Seinsart „versiegelt“. Mutter nannte es „das Abscheuliche“. Tatsächlich sind wir in ein vierfach überlagertes Netz gehüllt: das erste, dessen Maschen noch recht locker sind, ist das des intellektuellen Mentals; das zweite, bereits engere und klebrigere ist das des emotionellen Mentals; dann das dichte Netz des sensoriellen Mentals und schließlich die mikroskopischen Maschen des physischen Mentals – darunter liegt der Körper, das heißt ein Unbekanntes, dessen Realität uns vollkommen entgeht, weil alles, was angeblich vom „Körper“ kommt, von den vier aufeinanderfolgenden Netzen entstellt, verfälscht und gar fabriziert wird. Was liegt darunter? Die Biologen mögen von Enzymen und DNS-Molekülen reden, aber ebenso gut könnte man die menschliche Natur in einem lebenslänglichen Verlies beschreiben wollen – holt ihn aus dem Verlies und laßt ihn in der Sonne laufen, dann werden wir sehen, ob die kleinen Moleküle sich noch genauso verhalten und ob all ihre „Gesetze" nicht eher die Gesetze des Verlieses waren.

[54.3.10:] **Sie würden lieber sterben und ihre Gewohnheiten beibehalten, als unsterblich zu leben und sie aufzugeben.**

[57.5.15:] **Ich fordere euch heraus, euren Körper zu transformieren, wenn euer Mental nicht verwandelt wurde. Versucht es ein wenig, daß wir sehen! Ihr könnt keinen Finger rühren, kein Wort sagen, keinen Schritt tun, ohne daß das Mental eingreift. Mit welchem Instrument wollt ihr dann euren Körper transformieren, wenn euer Mental nicht vorher transformiert wurde?**

[58.5.10:] **Eines der schwerwiegendsten Hindernisse ist die Anerkennung, die das unwissende und lügnerische äußere Bewußtsein, das gewöhnliche Bewußtsein, allen angeblichen physischen Gesetzen schenkt – den Ursachen, Wirkungen und Folgen –, all dem, was die Wissenschaft physisch, materiell entdeckt hat. All das stellt eine unbestreitbare Wirklichkeit im Bewußtsein dar. Das geschieht so automatisch, daß es unbewußt ist. Wenn es sich um Regungen wie Zorn, Begierden usw. handelt, erkennt man, daß sie unrecht haben und verschwinden müssen, aber wenn es um materielle Gesetze geht – die des Körpers zum Beispiel, seine Bedürfnisse, seine Gesundheit, seine Nahrung und all das –, so haben diese Gesetze eine so starke, so dichte, so feste konkrete Wirklichkeit [ja, das Verlies], daß sie ganz und gar unbestreitbar erscheinen.**

[61.3.17:] **Jeder ist eingeschlossen in seiner kleinen Formation des ordinärsten Mentals, das den Aufbau des täglichen Lebens bildet, wie in einem engen Gefängnis.**

[67.10.21:] **Dann sind da all die alten Dinge, die vom menschlichen Atavismus stammen: vernünftig sein, vorsichtig sein, scharfsinnig sein... Vorsichtsmaßnahmen treffen, vorsorgend sein, oh!... All das macht das Gewebe des** gewöhnlichen menschlichen Gleichgewichts aus. Das ist so abscheulich! Die ganze Mentalisierung der Zellen...

Die Zellen wurden „mentalisiert", das heißt hypnotisiert und womöglich terrorisiert vom Gefängniswärter.

... Die gesamte Mentalisierung der Zellen ist so beschaffen, voll von dem, und nicht nur jeder auf seine eigene Weise, nach der eigenen Erfahrung, sondern nach der der Eltern, der Großeltern und der Mitmenschen und... oh!

[68.10.26:] Das ist wirklich eine Hölle. Nur wegen dieser Möglichkeit [dem anderen Zustand, außerhalb des Verlieses] ist es keine Hölle... Man hat den Eindruck, alle Seinszustände wurden verquirlt (weißt du, wie wenn man Mayonnaise macht), alle Schichten gut vermischt in einem großen Durcheinander, und so ist das „Abscheuliche" natürlich erträglich... wegen dem ganzen Rest, der noch dabei ist. Aber würde man es aussondern... Es ist völlig offensichtlich: wäre es nicht unerträglich, würde es sich nie ändern.

Mutter erlebte diese letzte Schicht im „Reinzustand", wenn man so sagen kann, vom Rest getrennt, an der Grenze des Körpers, auf der Suche nach dem Durchgang.

[63.2.6:] Das ist ein so eintöniges, so mattes Bewußtsein – wie etwas, das sich nie rühren wird, nie ändern wird, unfähig zu antworten ist. Man meint, man könnte Jahrtausende und Jahrmillionen warten, und nichts würde sich regen. Es erfordert Katastrophen, damit es sich in Bewegung setzt, das ist äußerst seltsam! Nicht nur das: das bißchen Vorstellungskraft, das es besitzt, ist immer katastrophal. Wenn es etwas vorhersieht, dann immer das schlimmste. Ein winzig kleines, enges, häßliches Schlimmstes – das ist wirklich einer der widerlichsten Zustände des menschlichen Bewußtseins und der Materie. Ich stecke mitten drin, seit Monaten. Und meine Art, darin zu stecken, ist, alle nur möglichen Krankheiten durchzumachen.

[65.7.24:] Dieses materielle Mental liebt die Katastrophen und zieht sie an, erzeugt sie sogar, weil es die scharfen Empfindungen braucht, um seine Unbewußtheit zu erwecken. Alles Unbewußte, Starre benötigt gewalttätige Empfindungen, um wachgerüttelt zu werden. Dieses Bedürfnis bewirkt eine Art morbide Anziehung oder Vorstellungskraft dieser Dinge – es stellt sich ständig alle nur möglichen Katastrophen vor und läßt die schlechten Suggestionen eintreten. Ein kleiner Schmerz: oh, wird das nicht Krebs sein?

[68.10.9:] Das sind Welten der Suggestionen. Man steht in einer Welle von Suggestionen: alles ist schrecklich; man steht in einer anderen Welle von Suggestionen: alles ist angenehm; in einer weiteren Welle: alles ist herrlich...

[63.8.3:] Die physische Substanz, dieses sehr elementare Bewußtsein in der physischen Substanz, wurde so mißhandelt, daß es ihm sehr schwer fällt zu glauben, die Dinge könnten anders sein. Diese Erfahrung hatte ich: das konkrete und sehr fühlbare Eingreifen der höchsten Macht, des höchsten Lichts brachte die Erfahrung, und jedesmal ist es ein neues Staunen; und in diesem Staunen sehe ich etwas wie: „Ist das wirklich möglich?..." Das gibt mir denselben Eindruck wie ein Hund, der so oft verprügelt wurde, daß er nur noch Schläge erwartet. Das ist traurig. Diese physische Substanz empfindet eine Art Furcht vor der Mentalkraft; sobald eine mentale Kraft sich manifestiert, schreit sie: „Oh, nein, genug, genug!", als wäre das die Ursache all ihrer Sorgen. Sie empfindet die Mentalkraft als etwas so Hartes, Trockenes, Starres, Unerbittliches – vor allem trocken und leer: leer an wahren Schwingungen. Sie scheint als der Feind betrachtet zu werden. Heute morgen hatte ich eine Art Vision oder Wahrnehmung der Kurve, die vom Tier zum Menschen führte, und dann die Rückkehr zu einem höheren Zustand als das Tier, wo das Leben, die Handlungen und Bewegungen nicht das Ergebnis des Mentals sind, sondern einer

Kraft, die wie eine Lichtkraft ohne Schatten empfunden wird, ein innewohnendes Licht, das keine Schatten wirft und das vollkommen friedlich ist. In diesem so harmonischen und sanften Frieden... oh, das ist die höchste Ruhe!

Nicht mehr die nostalgische Rückkehr zum Frieden des Minerals, sondern die Ruhe der Zellen in der großen Weite ohne Wände.

Die „Befreiung" findet im Körper statt.

[64.10.7:] **Die große Schwierigkeit in der Materie besteht darin, daß das materielle Bewußtsein, das heißt das Mental in der Materie, unter dem Druck der Schwierigkeiten entstand – umgeben von Schwierigkeiten, Hindernissen, Leiden und Kämpfen. Es wurde sozusagen von diesen Dingen „erarbeitet", und das verlieh ihm eine beinahe pessimistische und defätistische Prägung, die gewiß eines der größten Hindernisse bedeutet. Ständig muß man Pessimismus, Zweifel oder defätistische Einbildungen anhalten, wegräumen oder umwandeln. Wie oft kommt angesichts eines scharfen Schmerzes, wenn man meint, er würde unerträglich, eine kleine innere Bewegung der Zellen: sie schicken ein SOS... dann hält alles inne, das Leiden verschwindet. Es wird durch ein Gefühl seligen Wohlbefindens ersetzt. Aber die erste Reaktion dieses idiotischen materiellen Bewußtseins besteht darin zu sagen: „Ah, wir werden ja sehen, wie lange das anhält!" Diese Bewegung zerstört natürlich alles. Man muß wieder von vorne anfangen.**

[58.5.10:] **Sobald der Körper bewußt wird, ist er sich seiner eigenen Falschheit bewußt! Er ist sich dieses Gesetzes bewußt, jenes Gesetzes, dieses dritten Gesetzes, jenes vierten Gesetzes, jenes zehnten Gesetzes – alles ist „Gesetze". „Wir sind dem physischen Gesetz unterworfen: das wird dieses Resultat ergeben, und wenn ihr dies tut, wird jenes geschehen, usw." Nein! Das quillt aus allen Poren!... Man muß verstehen, daß das** NICHT WAHR **ist – daß das nicht**

wahr ist, daß all das nur eine Lüge ist. Es ist NICHT WAHR! Wenn man die Erfahrung hätte, die ich vor einigen Tagen hatte...

Denn hin und wieder lockerten sich die Maschen des Netzes und ließen einen anderen Zustand durchschlüpfen, der wunderbar erschien – wie die grünen Wiesen es für den aus dem Verlies Entronnenen sein könnten:

... Diese Erfahrung bedeutet das Höchste Wissen in Aktion, mit der völligen Beseitigung aller vergangenen und zukünftigen Konsequenzen...

Und hier das Erstaunliche:

... Jede Sekunde trägt ihre Ewigkeit und ihr eigenes Gesetz – ein Gesetz absoluter Wahrheit.

Dann verschließen sich die Maschen wieder.

[65.7.10 und 8.4:] **Ich kann dir versichern, daß die mentalen Entstellungen der Ärzte erschreckend sind. Sie heften sich in euer Gehirn, bleiben dort und kehren zehn Jahre später zurück. Sie haben eine wahrlich hypnotische Macht über das materielle Bewußtsein, die etwas beunruhigend ist. Der Arzt kristallisiert die Krankheit, macht sie konkret und hart; dann hat er das Verdienst, sie zu heilen... wenn er es kann.**

[60.10.25:] **Ich sah die Macht des Denkens über den Körper – sie ist ungeheuer! Wir können uns gar nicht vorstellen, wie ungeheuer sie ist. Sogar ein unterbewußter Gedanke, manchmal ein unbewußter Gedanke, hat eine Wirkung, ruft unglaubliche Resultate hervor! Seit zwei Jahren studiere ich das im Detail – unglaublich! Winzig kleine mentale oder vitale Reaktionen, die für unser gewöhnliches Bewußtsein KEINERLEI Bedeutung zu haben scheinen, beeinflussen die Zellen des Körpers und können eine Störung verursachen. Ich weiß aber mit absoluter Sicherheit:**

wenn es einem gelingt, diese ganze Masse des physischen Mentals zu beherrschen... dann KANN man, dann ist man Herr: dies ist keine Fatalität, es entzieht sich nicht völlig unserer Beherrschung, es ist kein „Naturgesetz", über das wir keinerlei Einfluß haben... Seit zwei Jahren sammele ich Erfahrungen in den feinsten Einzelheiten, den scheinbar nichtigsten Dingen – dazu muß man bereit sein, man darf sich nicht in den Höhen verlieren, muß wissen, daß in der unscheinbaren Bemühung, in einigen Zellen eine wahre Haltung herzustellen, der Schlüssel zu finden ist.

[60.11.5:] Ich drang in einen Ort des menschlichen Bewußtseins hinab, einen Teil des Bewußtseins, der in Besorgnis, Schrecken, Zweifel und Furcht lebt... Wirklich, wirklich schauderhaft. Und das tragen wir in uns! Wir merken es nicht, aber es ist da: es ist feige, und das kann euch in einer Minute krank machen. Das liegt im Unterbewußtsein der Zellen, dort hat es seine Wurzel. Man muß dort hinabdringen, um das zu verändern. Aber es gibt einem schlechte Stunden.

[63.6.19:] Das Problem wird gleichsam immer dichter, enger, erdrückender. Das ist die Arbeit im physischen Mental, im materiellen Mental. Da suche ich meinen Weg, indem ich hinabgehe – den Ausgang unten suche –, und ich kann ihn nicht finden. Der Weg, den ich suche, ist stets hinabsteigend – nie aufsteigend. Ah, wenn das vorbei ist... Ich weiß nicht.

[60.12.13:] Das ist ein wimmelnder Bereich, der völlig auf Bodenhöhe liegt. Wie diesen idiotischen, ordinären und vor allem defätistischen Automatismus daran hindern, ständig aufzutreten? Es handelt sich wirklich um einen Automatismus: das spricht auf keinen bewußten Willen an, auf nichts. Das steht in äußerst engem Zusammenhang mit den Krankheiten des Körpers. Ich stecke mitten im Problem.

Dann entblößt sich das „Problem", das heißt die Mauer

zeigt sich, tritt deutlich hervor, und sobald man weiß, daß es die Mauer ist, beginnt man den Schlüssel zu haben. Seltsamerweise berührte Mutter die Mauer dank einer Person ihrer Umgebung, die an der Parkinson'schen Krankheit litt:

> [65.12.18:] **Wenn diese materielle Mentalität von einer Idee ergriffen wird, ist sie wirklich davon besessen, und es wird ihr fast unmöglich, sich davon zu befreien. Genau das macht die Krankheiten aus. Für die Parkinson'sche Krankheit ist es dasselbe: dieses Zittern ist die Besessenheit von der Idee, ein Hypnotismus begleitet von einer Angst in der Materie. Die beiden zusammen: Besessenheit und Angst. In den alten Schriften verglich man das mit dem verdrehten Hundeschwanz. Doch es ist wirklich so, eine FALTE, die man zu glätten versucht und die sich automatisch wieder bildet, wie ein Idiot: man richtet es, und es verdreht sich wieder, man weist es zurück, und es fängt von neuem an. Das ist äußerst interessant, aber es ist beklagenswert. SÄMTLICHE Krankheiten sind so, ohne Ausnahme, was auch ihre äußere Form sein mag – die äußere Form ist bloß eine bestimmte Seinsart DERSELBEN Sache; weil die Dinge sich auf alle möglichen Arten bilden, folgen manche ähnlichen Falten, dann nennen es die Ärzte „Krankheit X"...** [63.11.18:] **DIE KÖRPERZELLEN GEHORCHEN DIESEM MATERIELLEN MENTAL.**

Mutter hatte den Boden des Lochs erreicht.

Doch diese Entdeckung, die nach nichts aussieht, ist ganz und gar ungeheuerlich. Das ist, als suchte man die Schlüssel rechts und links, in den Chromosomen und den Molekülen und mit Penizillin und dem ganzen Klimbim der Wissenschaft, die unsere Gefängniswände katalogisiert – und dann ist es plötzlich nichts als der Katalog unseres eigenen eingemauerten Hypnotismus. „Wissen Sie, die Mauern bestehen aus zehn Milliarden Atomen pro DNS-Molekül, und es gibt eine Million Milliarden Milliarden Atome pro 20 cm^3 Materie – so viele wie es Sandkörner in allen Meeren der Welt gibt –, und zwanzig verschiedene Sorten Aminosäuren und fünf Arten von Nukleotiden, und wie wollen Sie da herauskommen?"[1] Doch dann... dann ist es nur das phantasmagorische Gewebe unserer eigenen materiellen Mentalität: *dort* liegt nicht das Hindernis, *dort* ist nicht einmal die Mauer. Die Mauer ist das, was man denkt. Die Krankheit ist, was man denkt. Der Tod ist, was man denkt. Und sämtliche „Gesetze" der Spezies sind das, was sie von ihnen denkt. Ein Mental in der Materie.

Da begreift man, daß man herauskommen kann.

1 Wir entnehmen diese Gelehrsamkeit dem bemerkenswerten Buch von Dr. Jastrow der Columbia University: *Red Giants and White Dwarfs.*

VI. Der Übergang

Wären wir allein auf unsere eigene Kraft angewiesen, wäre es so gut wie unmöglich, dieses mikroskopische Netz des physischen Mentals zu durchdringen. Es ist ein Gumminetz: man drückt es weg, dann schließt es sich wieder; haut man drauf, rutscht es weg. Das könnte man jahrhundertelang fortsetzen – dies verleiht den Arten auch ihre Beständigkeit. Doch ein sehr interessantes Phänomen stellt sich ein: von Zeit zu Zeit geben die Maschen für einige Sekunden nach. Das ist eine ungeheure Invasion – wirklich ungeheuer, und man begreift sofort, warum sie nur einige Sekunden dauert: es erfordert eine Anpassung. Befördert man einen Karpfen plötzlich in zweitausend Meter Tiefe, wird er zerdrückt. Diese Sekunden wiederholen sich geduldig über die Jahre, bis der Organismus sich anpaßt. Gibt es einmal eine erste Öffnung, so wiederholt sie sich automatisch, unwiderruflich, weil es nichts Beharrlicheres gibt als die Materie. Tatsächlich ist der Hinabstieg in die Schicht des physischen Mentals so erstikkend, daß er einen unwiderstehlichen Drang nach Luft hervorruft und früher oder später die erste Invasion des anderen „Milieus" auslöst – dieses Gesetz scheint für die gesamte Skala der Arten gleich zu sein: es bedarf einer beträchtlichen Erstickung oder Zerstörung des herrschenden Milieus, damit ein anderes Milieu sich manifestieren kann. Das Hindernis ist der Hebel. Unser Zeitalter gleicht in seltsamer Weise dem des Endstadiums der Dinosaurier auf einer von ihnen verwüsteten Erde – man muß die andere Lebensweise oder Atmung finden, oder ersticken. In jeder Spezies gibt es einen Vorläufer: einen ersten Fisch, der die Erfahrung der Lungenatmung macht, oder sonst etwas – ein Wesen, das den ersten Schritt tut. Sri Aurobindo und Mutter sind keine Philosophen, keine Weisen oder Heiligen, sondern die Vorläufer oder Experimentatoren der nächsten Spezies.

Die supramentale Schwingung

Das erste Mal, daß ein Loch im Netz entstand, war 1958, das Jahr des Todes von Joliot-Curie und des ersten amerikanischen Satelliten. Dann wiederholte sich das Phänomen mit wachsender Dosis bis zum großen Ausbruch in den anderen Zustand 1962. Lassen wir Mutter die Erfahrung beschreiben, die jedesmal ziemlich ähnlich verläuft:

> [58.11.8:] **Ich stieg hinab wie in einen Spalt zwischen zwei schroffen Felsen, Felsen, die härter waren als Basalt, aber zugleich metallisch. Es schien endlos und bodenlos zu sein, und der Spalt wurde immer schmaler, immer enger, immer enger, wie ein Trichter. Der Grund war nicht zu sehen: ein schwarzes Loch. Und das ging tiefer und tiefer und tiefer, ohne Luft, ohne Licht, erstickend. Da war es, als hätte ich ganz unten auf dem Grund eine Sprungfeder berührt – eine Feder, die ich nicht sah, die aber augenblicklich wirkte, mit einer ungeheuren Macht – und die mich mit einem Stoß aus dieser Kluft herausschleuderte... in eine Unermeßlichkeit ohne Grenzen, ohne Form. Es war allmächtig, von unendlicher Reichhaltigkeit. Diese Unermeßlichkeit bestand wie aus unzähligen unmerklichen Punkten – Punkte, die keinen Raum belegen – von dunklem, warmen Gold. All das war absolut lebendig, lebte mit einer scheinbar unendlichen Macht. Dennoch war es unbewegt. Eine vollkommene Unbewegtheit, aber mit einer Intensität der Bewegung und des Lebens! Es war ein unzähliges Leben, man kann es nicht anders als bildhaft unendlich beschreiben. Eine solche Intensität mit einer Macht, einer Kraft, und ein solcher Frieden – der Frieden der Ewigkeit. Ein Schweigen, eine Ruhe. Eine MACHT, die zu allem fähig scheint. Es gab wirklich diesen Eindruck von Macht, Wärme, Gold... Es war nicht flüssig: wie ein Stäuben. Und jedes dieser Dinge (man kann sie nicht Stückchen oder Fragmente nennen, nicht einmal Punkte, es sei denn, man nimmt sie als Punkte im mathematischen**

> Sinne, Punkte, die keinen Raum belegen), es war wie aus lebendigem Gold, ein Stäuben von heißem Gold; man kann nicht sagen hell oder dunkel; es war auch kein Licht: eine Vielzahl kleiner goldener Punkte, nichts als das. Mit einer innen enthaltenen Macht und Wärme, ungeheuer! Und zugleich das Gefühl einer Fülle, eines allmächtigen FRIEDENS... Bewegung in ihrem Äußersten, unendlich schneller als alles, was wir uns vorstellen können, und zugleich der absolute Frieden, die vollkommene Ruhe.

Plötzlich schien Mutter in die atomare Ebene vorgestoßen zu sein oder ihr Körper die Quantenphysik zu *erleben*. Eine blitzartige Bewegung in einer unbewegten Massivität, dies scheint die Konstante zu sein. Dann wiederholte sich die Erfahrung mit größerer Genauigkeit und massiveren Dosen.

> [58.9.16:] Neulich kam es oben in meinem Badezimmer und ergriff den gesamten Körper. Es stieg auf: alle Zellen bebten. Und mit einer Macht! Ich ließ es sich entwickeln; die Schwingung wurde immer stärker, immer weiter. Alle Körperzellen wurden in eine Intensität der Aspiration gezogen... als würde der ganze Körper sich ausdehnen – ungeheuer. Mein Eindruck war, alles würde bersten. Und es besitzt eine solche transformative Macht! Der Eindruck, wenn ich das fortsetzte, würde etwas geschehen, ein gewisses Gleichgewicht der Körperzellen würde sich verändern. Es hat eine große Wirkung: das kann einen Unfall abwenden.

Auf dieses Rätsel kommen wie noch zu sprechen, wenn die Erfahrung ihren vollen Umfang bekommt.

> [58.5.11:] Es ist seltsam, aber das verdichtet etwas: das gesamte Zellenleben wird zu einer festen, kompakten Masse, mit einer ungeheuren Konzentration – eine einzige Schwingung. Anstatt all der gewohnten Vibrationen des Körpers gibt es nur noch eine einzige Vibration. Als wären sämtliche Körperzellen... eine einzige Masse.

> [61.1.24:] **Mein ganzer Körper wurde zu EINER extrem schnellen und gebündelten, aber reglosen Schwingung. Ich weiß nicht, wie du das erklären kannst: es bewegte sich nicht räumlich, und dennoch war es eine Schwingung (also nicht starr), aber unbewegt im Raum. Es war IM Körper, in JEDER Zelle war eine Schwingung, und alle zusammen bildeten einen Schwingungs-BLOCK.**

Man kann sich nicht verwehren, an den Elektronenwirbel zu denken, der den Atomkern umgibt: so schnell, daß er wie unbewegt erscheint und der Materie ihre scheinbare Festigkeit verleiht.

> [63.5.18:] **Es war eine so starke Masse! Das war viel fester als die Materie. Es ist etwas sehr Sonderbares, so fest! Fester, materieller als die Materie. Das hatte eine solche Macht, ein Gewicht, eine Dichtigkeit, ungeheuer!**

> [60.10.11:] **Diese außerordentliche Vibration... wie ein Pulsieren in den Zellen. Während der ersten Monate... hatte ich beinahe ein detailliertes Bewußtsein der Myriaden Zellen, die sich mit dieser Vibration öffneten.**

Diese Schwingung nannte Mutter die „supramentale Schwingung“, und die Physiker mögen sie mit einem anderen Namen ihres Vokabulars benennen, aber es ist dieselbe.

> [66.11.15:] **Das ergreift den Körper: eine so warme Schwingung, so sanft, und zugleich unwiderstehlich mächtig!**

> [64.3.25:] **Diese Schwingung macht den Eindruck eines Feuers. Tatsächlich ist es eine Schwingung von der Intensität eines höheren Feuers. Der Körper empfand es mehrere Male sogar wie ein Fieber.**

> [60.11.12:] **Wir müssen lernen, weiter zu werden, weiter, weiter, nicht nur das innere Bewußtsein, sondern sogar dieses Zellengebilde. Man muß fähig sein, diese Art Kristallisierung zu weiten, wenn man die Kraft aufnehmen können will. Ich weiß es. Zwei- oder dreimal hatte ich**

den Eindruck, der Körper würde bersten. Ich erreichte wirklich fast den Punkt, wo ich sagte: „Laß ihn bersten, damit es vorbei ist."... Dann vergehen Wochen, manchmal Monate, zwischen einem Ereignis und dem nächsten, um die Elastizität in diesen idiotischen Zellen zu erreichen. Wir vergeuden Zeit. Aber dreimal hatte ich wirklich das Gefühl, kurz davor zu stehen... daß es auseinanderreißt. Das erste Mal kam ein solches Fieber, ein Brodeln von Kopf bis Fuß: alles wurde golden rot, und dann... vorbei.

[72.1.15:] Mein Körper ist dabei, den Vorgang zu erleben.

[72.7.29:] Das ist wie um euch zu zeigen, daß man, um den Tod zu besiegen, bereit sein muß, durch den Tod zu gehen. Das zeigt euch, daß es nur wie ein Unterschied in der Einstellung ist: der Körper kann auseinanderfallen oder sich transformieren, und es ist... beinahe derselbe Vorgang.

Dann verschloß sich das Netz wieder:

[72.7.19:] Im Unterbewußten des Körpers steckt eine Ansammlung von Defätismus, das müssen wir unbedingt ändern. Das Unterbewußte muß geklärt werden, damit die neue Spezies kommen kann – dort ist ein Schlamm. Es ist voller Defätismus: die erste Reaktion ist defätistisch. Und das kommt hoch... Eine UNGEHEURE Energie wird von dieser abscheulichen Sache blockiert.

Langsam wird der Durchgang klar erkenntlich: man schreitet vom Mikroskopischen zum Makroskopischen, vom Stäuben der atomaren Energie zur „Wellenbewegung" des anderen Zustands:

[63.5.3:] Jetzt hat der Körper nicht nur den Eindruck einer irdischen sondern einer universellen Bewegung, die so ungeheuer schnell ist, daß sie unmerklich ist, sie übersteigt das Wahrnehmungsvermögen. Das ist wie etwas, das sich nicht IN einem Raum bewegt, sondern das zugleich jenseits der Unbewegtheit und jenseits der Bewegung liegt,

denn diese Geschwindigkeit ist absolut unmerklich für alle Wahrnehmungssinne. Das ist etwas Neues. Mir ist aufgefallen, daß in diesem Zustand die Bewegung stärker ist als die Kraft oder Macht, die die Zellen zusammenhält, um eine individuelle Form aus ihnen zu machen [deshalb fiel Mutter anfangs auch in Ohnmacht]. Das ist ein Zustand, der allmächtig zu sein scheint. Es muß der Übergang zum Wahren sein. Das kommt ständig. Es kommt ständig: vom einen zum anderen übergehen, vom einen zu anderen... so weit – so stark –, daß man in einer bestimmten Sekunde (oder Minute, jedenfalls irgendein Zeitraum) weder hier noch dort ist; da hat man das Gefühl, es ist das Nichts. Das ist fast augenblicklich. Wenn es andauerte, würde es sich wahrscheinlich durch eine Ohnmacht oder ich weiß nicht was ausdrücken. Aber das kommt ständig: vom einen zu anderen, vom einen zum anderen, dies, das. Und zwischen beiden ist ein Übergang... Das ist ein sonderbares Leben, weder dies noch das, keine Mischung der beiden Zustände, keine Gegenüberstellung, sondern als wirkte der eine durch den anderen. Es muß auf der Ebene der Zellen sein, die Mischung muß sehr mikroskopisch, an der Oberfläche sein.

Man dringt durch die Wände des Goldfischglases oder durch die Mauer der Elektronen. Und in diesem Übergang, im Augenblick, wo die beiden Zustände gleichzeitig zu wirken scheinen – oder „der eine durch den anderen“, wie Mutter sagte –, können außerordentliche Geheimnisse greifbar werden, die durchaus das Märchen der nächsten Spezies sein könnten. Ich weiß wirklich nicht, ob es in der Menschheitsgeschichte ein bedeutenderes Ereignis als Sri Aurobindos und Mutters Erfahrung gab – die Atomspaltung erscheint wie ein Kinderspiel im Vergleich, wobei all unsere wissenschaftlichen Entdeckungen uns gewiß zum besseren Verständnis der gegenwärtigen Erfahrung vorbereiteten.

Zwischen zwei Zuständen

Diese Durchquerung der Wand oder des Netzes ist nicht ein für allemal vollzogen: jetzt ist man durch, und dann ist es vorbei, man ist in einem anderen Milieu. Wäre es so, würde der alte Körper wahrscheinlich sterben, er hätte seine evolutionäre Aufgabe erfüllt, die einfach darin bestand, uns in den anderen Zustand zu befördern. Aber die Amphibie verliert ihren alten Körper nicht: sie eignet sich die Möglichkeit einer neuen Atmung an, der Lungenatmung, die sie in einen anderen Zustand versetzt, an die freie Luft, auf dem Ufer dieser guten Erde, und allmählich wird sie durch die eigentlichen Verhältnisse des neuen Milieus gezwungen, neue Organe und eine neue Seinsart auf dieser Erde zu entwickeln. Mutters Körper blieb vollkommen auf dieser Erde, aber es waren neue, beim ersten Anblick etwas fremdartige Ufer, die nichts mehr mit der alten retinalen Sichtweise im alten Goldfischglas zu tun hatten und deren neue Verhältnisse und Gesetze zu erkunden waren (falls es Gesetze gibt). Ein ungeheurer „Programmwechsel". Da man nun aber nicht ein für allemal auf dem neuen Ufer landet, weil man gelegentlich in das alte Goldfischglas zurückfällt (wahrscheinlich aus Gründen der langsamen Anpassung) – was bewirkt, daß man in den alten Zustand zurückfällt, und was bewirkt, daß man in den neuen gelangt? Was ist der Mechanismus des Übergangs? Jahrelang pendelte Mutter zwischen den beiden Zuständen hin und her, und gerade der Augenblick des Übergangs, sozusagen der Mischzustand, gestattet uns nicht nur, die Bedingungen und Geheimnisse des neuen Milieus zu erkunden, sondern auch die Wirklichkeit unseres *eigenen Milieus* zu entdecken, das unsere Physiker, Biologen und Mediziner so gründlich verzeichnet und kodifiziert zu haben glauben. Doch ihr Kode ist wertlos! Er ist nur an ein bestimmtes denkendes Goldfischglas angepaßt. Tatsächlich geht es um eine Revolution, deren Reichweite wir noch nicht einmal ermessen.

Hier ein erstes Stammeln der neuen Welt:

[61.6.6:] Du kannst absolut identische Umstände nehmen (äußerlich und innerlich identisch, das heißt derselbe „Seelenzustand", dieselben Lebensumstände, dieselben Ereignisse, fast dieselben Leute), nicht einmal einen Tag auseinander: im Abstand einiger Stunden, und im einen Fall fühlt der Körper (ich will sagen, das Bewußtsein der Zellen) eine allgemeine Ausgewogenheit und Harmonie, wo alles so wunderbar zusammenpaßt, ohne Reibung, ohne Widerstand: alles funktioniert, ordnet sich in völligem Einklang. Alles ist wunderbar, und dem Körper geht es gut. Und im anderen Fall... Alles ist gleich, das Bewußtsein ist gleich und... etwas verflüchtigt sich, und diese Wahrnehmung [der Harmonie] ist nicht mehr da. Aus welchem Grund? – Man versteht es nicht mehr. Und da funktioniert der Körper nicht mehr richtig. Dennoch ist alles absolut identisch, aber... man spürt, daß irgendwo etwas entweicht... Es ist, als liefe man hinter etwas her, das entweicht. Was genau entweicht da? – Es ist unbegreiflich. Was ist es? Immer mehr habe ich den Eindruck von... Was? Wie das erklären?... Eine Frage der Schwingungen in der Materie. Es ist unbegreiflich. Das heißt, es entzieht sich allen mentalen oder psychologischen Gesetzen: etwas, das unabhängig existiert. An Fragezeichen mangelt es nicht! Je tiefer man in die Einzelheiten geht, um so rätselhafter wird es. Fast als stünde man an der Grenze zwischen zwei Welten. Es ist dieselbe Welt, aber... Sind es zwei Aspekte dieser Welt? Nicht einmal das kann ich sagen. Dennoch ist es DIESELBE Welt.

Aber die Amphibie landet in derselben Welt, nicht auf einem anderen Planeten.

... Das ist so subtil: macht man so *(Mutter wendet ihre Hand geringfügig nach rechts)*, ist alles vollkommen harmonisch, macht man so *(etwas nach links)*, ist es... zugleich absurd, ohne Sinn, und mühselig, anstrengend. Und doch ist es DASSELBE! Alles ist dasselbe. Wenn man dann etwas Abstand nimmt und große Worte benutzt, würde man

sagen: all dies *(Geste zur einen Seite)* **ist die Wahrheit, und all das** *(andere Seite)* **ist die Lüge – und es ist DASSELBE! Im einen Fall fühlt man sich getragen – nicht nur der Körper, sondern die gesamte Welt, alle Umstände –, getragen, in einem glückseligen Licht auf die ewige Verwirklichung zuschwebend, und im anderen Fall ist es... aufreibend, schwer, schmerzlich – GENAU dasselbe! Beinahe dieselben materiellen Vibrationen. Was ist es? Wenn wir das fänden, hätten wir vielleicht alles – das gesamte Geheimnis. So muß es geschehen sein, daß die Wahrheit zur Lüge wurde. Aber „so" – was ist dieses „so"? Es ist doppelt... es ist doppelt... Ich habe eine Art Vorahnung, daß allein der Körper wissen kann – das ist das Außerordentliche!**

Dann am anderen Ende der Kurve, Jahre später:

[70.4.18:] **Nie, nie zuvor lebte ich bei vollem Bewußtsein so vollständig im anderen Zustand, und das dauerte zwei Stunden. Die Dinge waren so wirklich, so präzise wie hier... Deshalb weiß ich jetzt nicht mehr recht, was der Unterschied ist. Der Unterschied ist... hauchdünn, es gibt einem nicht das Gefühl von etwas Dickem oder Schwerem: hauchdünn. Es war wirklich bemerkenswert, man hätte nicht sagen können: dies ist das Subtilphysische [der andere Zustand], und das ist das materielle Physische. Es war... überraschenderweise DAS EINE IM ANDEREN. Man hat nicht den Eindruck von ZWEI Dingen, aber trotzdem sind sie sehr verschieden – es ist mehr eine Seinsart als ein Unterschied, ich weiß nicht, wie ich es beschreiben soll...**

Wie ein erster Vogel, der entdecken würde, daß es keine andere „subtile" Welt ist, sondern seine selbe Erde mit einer anderen Seinsweise. Und Mutter setzte hinzu, was die ganze Reichweite der Erfahrung deutlich macht:

... Ich erinnere mich, in dieser Nacht sah ich plötzlich einen Ablauf und sagte mir: „Ah, wenn wir das wüßten, wieviele Dinge, wieviele Ängste, wieviele Umstände,

wieviele... würden dann wegfallen, hätten keinen Sinn mehr!" Was uns als „Naturgesetze", als „Unabwendbares" erscheint, war absurd, eine Absurdität! Mit dem wahren Bewußtsein fällt das weg. IHR entscheidet, daß es unabwendbar ist! Wahrscheinlich ist es... Eine EINSTELLUNG des Bewußtseins muß geändert werden.

Diesseits und jenseits des Netzes.

Das sind Tausende phantastischer Erfahrungen, und es würde viele Bände erfordern (in der Tat dreizehn Bände, jeder von vier- bis sechshundert Seiten, die *Mutters Agenda* bilden). Hier können wir nur einige Anhaltspunkte geben. Aber die entscheidende Tatsache ist, daß die physischen und physiologischen Gesetze diesseits und jenseits des Netzes des physischen Mentals nicht dieselben sind. Es liegt nicht weit weg: dicht unter dem klebenden Murmeln in der Tiefe des Körpers.

[73.3.17:] **Das ist so anders, daß man sich fragt... manchmal frage ich mich, wie das möglich ist! – Manchmal ist es so neu und unerwartet, daß es beinahe schmerzlich ist.**

(Frage:) Heißt das, du verläßt nicht wirklich die Materie?

Genau!

Das ist ein neuer Zustand IN der Materie?

Absolut, das ist es. Und es wird von etwas anderem als der Sonne gesteuert – ich weiß nicht was. Wahrscheinlich vom supramentalen Bewußtsein.

[70.9.12:] **Verstehst du, ich habe das Gefühl, in eine Welt gestürzt zu werden, die ich nicht kenne, um mit Gesetzen zu kämpfen, die ich nicht kenne, und eine Veränderung zu vollziehen, die ich auch nicht kenne – was ist die Beschaffenheit dieser Veränderung?**

Ja, aber liebe Mutter, ich habe wirklich den Eindruck, daß du durch diese Dunkelheit und Unkenntnis der „Gesetze" absichtlich zu dem Punkt gebracht wirst, wo die Lösung gefunden wird.

Du hast recht. Ich könnte sagen: so denke ich auch (ich „denke“ nicht, aber...). Doch da ist all das, was dazwischen liegt!

Es ist unmöglich, daß es nicht gelingt!

Warum?

Weil du der Körper der Welt bist! Weil das wirklich die Hoffnung ist.

Ist das nicht nur Poesie?

Aber nein! Das ist so. Man braucht doch nur zu schauen: die äußere Welt wird immer höllischer.

Ah, das ja!

Also ist es dasselbe in deinem Körper.

Ein erstes Wesen muß den neuen Schritt tun.
Immerhin zeichnen sich einige sehr beharrliche Linien ab:

[68.12.4:] **Der Körper wird ständig – ununterbrochen – mit dieser Erfahrung konfrontiert: wenn man so ist** *(Mutter neigt ihre Hand geringfügig nach rechts)*, **ordnen sich die Dinge wie durch ein Wunder, unglaublich; aber es genügt, so zu sein** *(leichte Neigung nach links)*, **damit es abscheulich wird, alles geht schlecht, alles knirscht: nur eine winzige Bewegung. Dann wird es wieder wunderbarerweise herrlich. Bei mikroskopischen, „bedeutungslosen“ Dingen, bei ALLEM (das heißt, es gibt keine „wichtigen“ und „unwichtigen“ Dinge) wird es wunderbar, und alles ist DASSELBE! Nur hat man im einen Fall Schmerzen, leidet, fühlt sich elend, und im anderen... Und alles ist gleich. Diese Erfahrung hat der Körper: alles in ihm ist gestört, er hat einen Schnupfen, Schmerzen hier, Schmerzen dort, und wenn er dann eine bestimmte Einstellung annimmt: nichts mehr! All das existiert nicht mehr, spurlos verschwunden – kein Schnupfen mehr, keine Schmerzen mehr, nichts mehr, alles weg! Aber jederzeit bereit zurückzukommen [wenn man in die andere Stellung zurückfällt]. Es ist nicht nur weg, sondern auch die UMSTÄNDE der Umgebung verändern** sich! Im einen Fall ist alles verklemmt, verdreht, und im anderen... Das braucht auch keine Zeit, es ist kein „langwieriger Transformationsvorgang“ sondern etwas, das sich auf einmal umkehrt: hopp, hopp! *(Mutter kippt ihre Hand nach links und nach rechts)*. Das ist wie ein konkreter Beweis des wunderbaren Bewußtseins, bei dessen Erscheinen all das verschwindet... wie etwas, das keinerlei Beständigkeit hat, keinerlei Wirklichkeit, das wegfällt. Ein Beweis, daß dies nicht nur in der Einbildung geschieht sondern in den TATSACHEN: ein Beweis der Macht, damit... dieser vergebliche Traum des gegenwärtigen Lebens sich in ein Wunder verwandeln kann, einfach so, durch diese Umkehrung... Man könnte es so ausdrücken: der Körper hat das Gefühl, in etwas eingesperrt zu sein – ja, wie in einer Kiste eingesperrt –, aber er kann hinaussehen; er sieht und kann auch einen (begrenzten) Einfluß durch das haben, was ihn noch einsperrt und was verschwinden muß. Da drängt er immerzu, um das Geheimnis zu erfassen – man glaubt es zu finden, aber...

[69.5.31:] Ich erlebte die genaue Wiederholung der Erfahrung des Buddha Siddharta, aber IM KÖRPER. Buddha sagte: es gibt nur einen Ausweg, das Nirvana; aber ich erlebte gleichzeitig das wahre Bewußtsein: seine Lösung und die wahre Lösung. Das war höchst interessant. Wie die buddhistische Lösung nur EINEN Schritt darstellt und die wahre Lösung jenseits davon liegt. Was ist denn das für eine Schöpfung? – Trennung, dann Bosheit, Grausamkeit und dann das Leiden, all die Krankheiten, die Auflösung, der Tod – die Zerstörung (das ist alles Teil derselben Sache). Und meine Erfahrung war die UNWIRKLICHKEIT dieser Dinge, als wären wir in eine unwirkliche Lüge eingetreten, und all das verschwindet, sobald man da hinaustritt – das GIBT ES NICHT, das ist nicht. Das ist das Erschreckende! Daß das, was für uns so wirklich, so konkret und so schrecklich ist, daß es all das nicht gibt!... Wir sind in *die* Lüge eingetreten. Warum? Wie? Was?...

Diese „unwirkliche Lüge" ist die eigentliche Definition des mentalen Goldfischglases. Aber die Kiemenatmung war ja keine „Lüge" – nur, wenn man die sonnige Luft und die Lungenatmung entdeckt, ist das etwas anderes.

Mutter fügte hinzu:

... All die Mittel, um hinauszukommen, die man als künstlich bezeichnen könnte – das Nirvana inbegriffen –, taugen nichts. Ich weiß nicht, aber die Erlösung ist PHYSISCH, überhaupt nicht mental sondern physisch. Ich will damit sagen: es ist nicht durch eine Flucht, sondern HIER. Es ist nicht einmal verschleiert oder versteckt, sondern HIER. Warum? Was hindert euch im Ganzen daran, „das" zu leben? Ich weiß es nicht. Es ist hier. HIER. Alles andere, der Tod inbegriffen, wird wirklich zur Lüge, das heißt etwas, das nicht existiert.

Der alte Zustand löst sich aber nicht mit einem Schlag auf, man muß gleichsam in ihm bleiben, um ihn von innen her aufzulösen oder um den neuen Schwingungszustand hineinfließen zu lassen.

[67.7.19:] **Die jahrtausendealte Gewohnheit, anders zu sein, ist so stark, daß man das Gefühl hat... wie an einem Gummiband zu ziehen: solange man es gespannt hält, bleibt die Wirkung bestehen, aber sobald die Spannung auch nur für eine Sekunde nachläßt, kehrt es aus Gewohnheit zurück. Wenn die andere Bewegung gefestigt ist, dann wird es natürlich sein, diese Spannung wird nicht nötig sein. Da ist dieser außerordentliche Eindruck der Unwirklichkeit des Leidens, der Unwirklichkeit der Krankheiten, der Unwirklichkeit... In manchen Augenblicken ist es eine unsägliche Pracht. Das andere ist da, umkreist einen, drängt.**

[68.9.4:] **Über der gesamten materiellen Schöpfung liegt ein Gewebe, das man „katastrophal" nennen könnte – ein Gewebe schlechten Willens. Ja, es ist wie ein defätistisches,** katastrophales Netz, in dem alles, was man versucht, versagt, in dem alle nur möglichen Unfälle und schlechten Willenskräfte auftreten. Das ist wie ein Netz. Jetzt wird dem Körper beigebracht, von dort herauszukommen. Das mischt sich der zum Ausdruck kommenden und sich verwirklichenden Kraft bei, das ist wie etwas, das sich der materiellen Schöpfung beimengt. Es ist der Ursprung der Krankheiten und der Unfälle – der Ursprung alles Zerstörerischen.

Die Schwingungsbeschaffenheit der beiden Zustände wurde deutlicher:

[62.12.4:] Die Beschaffenheit dieser beiden Schwingungen (die sich noch überlappen, so daß man sich beider bewußt ist) ist unbeschreiblich! Die eine ist eine Zerstückelung – eine unendliche Zerstückelung – und völlige Unbeständigkeit, und die andere ist eine ewige Unbewegtheit, eine unendliche Weite absoluten Lichts. Noch wechselt das Bewußtsein zwischen beiden hin und her.

[69.4.30:] Es kommt etwas wie eine Veranschaulichung: Der Mensch mißt dem Leben und dem Tod große Bedeutung bei, für ihn ist das ein großer Unterschied und ein ziemlich kapitales Ereignis (!) – aber mir wird jetzt gezeigt, wie sehr das Ungleichgewicht, das sich äußerlich durch das ausdrückt, was die Menschen als „Tod“ bezeichnen, allgegenwärtig mit dem anderen ist: diese alles enthaltende Harmonie [der andere Zustand], die das eigentliche Wesen des Lebens ist, begleitet ständig diese Teilung, diese scheinbare, unwirkliche Zerstückelung eines unwirklichen Daseins, das die Ursache des Todes ist. Die beiden Zustände sind so ineinander verschachtelt, daß man jederzeit und bei jedem Anlaß vom einen zu anderen übergehen kann. Und das hängt keineswegs von „schwerwiegenden“ Dingen ab, wie die Menschen glauben: es bedeutet einfach, hier zu sein oder dort *(Geste einer leichten Neigung nach links oder nach rechts),* das ist alles. Hier zu sein *(links)* und da zu bleiben, bedeutet das Ende; und dort zu sein *(rechts),* bedeutet ewiges Leben, absolute Macht und... man kann nicht einmal von Frieden reden, es ist... etwas Unwandelbares. Beides ist gleichzeitig da: dieser Zustand und der andere.

[65.11.23:] Du kennst das ja: man fühlt sich ganz und gar unwohl, elend, man kann nicht frei atmen, empfindet Übelkeit, fühlt sich machtlos, kann sich nicht einmal bewegen, kann nicht denken, nichts – ganz und gar elend. Dann kommt plötzlich... das Bewußtsein, das körperliche Bewußtsein der Schwingung der Liebe, der eigentlichen Essenz der Schöpfung: in einer Sekunde leuchtet alles auf. Pffft! Weg, all das, was man vorher fühlte, ist weg. Man schaut sich ganz erstaunt an – alles ist fort! [63.8.7:] Das ist ganz und gar wie die Umkehrung eines Prismas: mit einem Schlag verschwindet alles. Bleibt nur noch diese idiotische Gewohnheit des Körpers, sich zu erinnern. Denn durch die Erinnerung... Im einen Fall ist es eine innere Stille in allen Zellen, eine tiefe Ruhe, die aber die Bewegung nicht verhindert, auch eine schnelle Bewegung, doch es ist wie auf einer ewigen Schwingung begründet; und im anderen ist es diese innere Hast, dieses Zittern.

Die genaue Definition des physischen Mentals.

[61.6.2:] Ich verfolge die Erfahrung... und zehn Minuten später merke ich, daß ich mit dem Federhalter in der Hand in diesem Zustand war... Ich befand mich in Zuständen, wo man nichts mehr versteht, nichts mehr weiß, nichts mehr denkt, nichts mehr will, nichts mehr kann – man ist... angehalten. Dann sehe ich die Leute meiner Umgebung, die mich anschauen und sich sagen: „Mutter wird wieder kindisch..."

[69.10.18:] Der Körper hat das Gefühl, daß die höchste Schwingung, die des wahren Bewußtseins, so intensiv ist, daß sie der Reglosigkeit der Unbewegtheit gleichkommt: eine (für uns) unmerkliche Intensität. Diese Intensität ist

so groß, daß sie für uns der Reglosigkeit gleicht. Das ist ein Zustand der Unsterblichkeit, unwandelbar friedlich, ruhig, mit Wellen einer gleichsam blitzartigen Geschwindigkeit, so schnell, daß sie unbewegt erscheinen: dem Anschein nach regt sich nichts, und es ist eine ungeheure Bewegung. Das erscheint so natürlich, so einfach!... Aber sobald man wieder auf dieser Seite ist... Der gewöhnliche, alte Zustand bedeutet wirklich bewußt den Tod und das Leiden, während im anderen Zustand Tod und Leiden als etwas wahrhaft Unwirkliches erscheinen!

An der Grenze des Körpers, wo dieses ursprüngliche Mental sich in die Körpermaterie eingräbt und wie ein Parkinson-Kranker zittert und sich zusammenzieht, wo es sich sogar dem Wirbeln der Elektronen in ihrer unaufhörlichen Bewegung anschließt und mit ihnen eine einzige dichte Wand bildet, dort scheint eine Zustandsumkehrung stattzufinden: man schreitet von der „endlosen Zerstückelung" in einem ständigen Zittern zu „blitzartigen Wellen" in vollkommener Unbewegtheit – wie ein Übergang von der Newton'schen Physik zur intergalaktischen Physik oder sogar einer neuen Physik.

[63.2.23:] **Jederzeit, wenn ich aufhöre zu sprechen oder zuzuhören oder zu arbeiten, kommen... wie große glückselige Flügel – weit wie die Welt, die sich langsam bewegen. Immer dieser Eindruck unermeßlicher Schwingen – nicht zwei, sondern überall, in alle Richtungen ausgebreitet.**

[72.5.31:] **Es gibt keine Zeit mehr... Als wäre eine andere Zeit in diese hier eingedrungen.**

Eine andere Physis ist in die Materie eingedrungen.

VII. Die neue Physis

Die andere Zeit

Man könnte glauben, diese Erfahrungen „auf der anderen Seite des Netzes" wären rein subjektiv und hätten keinerlei materiellen Einfluß auf unser altes Milieu. „Ja, ja, das ist schön und gut, diese ‚ungeheure Energie' und die ‚Unwirklichkeit' der Krankheiten, des Todes – aber hier im alten Goldfischglas ist man faktisch krank und stirbt weiterhin faktisch." Das ist eine „konkrete" Tatsache. Doch Mutters wirklich phantastische Erfahrung – wirklich eine Revolution in der Geschichte der menschlichen Spezies – besagt, daß wir tatsächlich in einem Goldfischglas *physischer* Unwirklichkeit stecken. Die *physischen* Gesetze sind nicht so, wie wir sie uns denken, die *physischen* Krankheiten und der Tod sind nicht so, wie wir sie uns denken oder sie fühlen. Alle unsere Empfindungen und Wahrnehmungen der physischen Welt sind entstellt. Und deshalb können wir *physisch* da herauskommen. Wenn wir die falsche Wahrnehmung hinter uns lassen, verschwinden wir weder im Nirvana noch im Paradies oder im Tod, sondern wir betreten das wahre Physische, die wahre Materie... so wie sie ist. Es ist ein anderes Leben in der Materie. Denn Mutters Geschichte ist nicht die eines „Phänomens", das sich in einen anderen Zustand verflüchtigt – wie eine Amphibie in die freie Luft – und dann Adieu dem alten Ozean der Lüge und Unwirklichkeit, sondern die beiden Zustände oder Welten existieren *ineinander,* und wenn man in den neuen Zustand übergeht, verändert man die *physischen* Gesetze des alten Zustands. Man schreitet von der falschen Materie in die wahre und von den falschen Gesetzen zum wahren Gesetz der Welt.

Dies war Mutters allererster Ausruf, als 1958 ein Riß im Netz entstand – und sie war kein Kind mehr: sie war achtzig, und die Entwicklungskurve sollte sich noch fünfzehn Jahre fortsetzen.

> [58.5.10:] **Sobald man in dem anderen Bewußtsein ist, ändern sich AUGENBLICKLICH all diese scheinbar so wirklichen, so konkreten Dinge! Mehrere materielle Befunde meines materiellen Körpers veränderten sich augenblicklich. Es blieb nicht lange genug, damit sich alles änderte, aber manche Dinge änderten sich und kehrten nie wieder zurück. Das bedeutet: könnte man dieses Bewußtsein ständig aufrechterhalten, so wäre es ein ständiges Wunder (was WIR als Wunder bezeichnen), ein ständiges und phantastisches Wunder! Vom supramentalen Standpunkt wäre es keineswegs ein Wunder, sondern die natürlichste Sache der Welt.**

Tatsächlich gibt es daran nichts „Wunderbares", nicht mehr als Newtons Apfel wunderbar ist, wenn er mit einer bestimmten Geschwindigkeit fällt. Wichtig ist die Tatsache der „bestimmten Geschwindigkeit", in Bezug auf ein bestimmtes Rahmensystem. Denn dort nähern sich Mutters körperliche Erfahrungen Einsteins Physik.

Einer der erster Ausrufe der Mutter 1962 nach dem „großen Ausbruch" aus dem Netz war: „Der Tod ist eine Illusion, die Krankheit ist eine Illusion, die Unwissenheit ist eine Illusion... nur die Liebe und die Liebe und die Liebe – unermeßlich, mächtig, unvergleichlich, die alles forttrug". Diese Bemerkung enthält den gesamten Keim des „Wunders" der wahren Materie:

> [62.6.6:] **Das Zeitgefühl verschwindet gänzlich in... einer inneren Unbewegtheit. Aber einer bewegten Unbewegtheit!**

Mit ihrem gewohnten Humor fügte Mutter hinzu: „Wenn das so weitergeht, sperren sie mich noch ein!" Doch wir sind diejenigen, die eingesperrt sind, denn es besteht kein Zweifel, daß diese „Wellen einer ungeheuren Schnelligkeit" – vielleicht sind es ja die elektromagnetischen Wellen oder die des „einheitlichen Feldes“ – von solcher Geschwindigkeit bewegt werden, daß sie wie unbewegt erscheinen. Und wenn die Geschwindigkeit sich ändert, ändert sich notwendigerweise auch die Zeit, das lehrte uns Einstein.

Doch lassen wir Mutter ihre Erfahrung in alle Richtungen weiterentwickeln, angefangen bei den ersten Schritten:

> [62.5.31:] **Plötzlich, ohne erkenntlichen Grund (ich konnte noch nicht entdecken, wie und warum) scheint man... in das andere Zimmer zu FALLEN [so bezeichnete sie manchmal den alten menschlichen Zustand], als hätte man einen falschen Schritt getan, und dann schmerzt es hier, schmerzt es dort, man fühlt sich unwohl. Dann ist es plötzlich, als ginge man von einem Zimmer ins andere oder überquerte eine Schwelle oder durchschritt eine Mauer, fast ohne es zu merken, automatisch, und dort bin ich in einer Lage, wo alles wie ein Fluß des ruhigen Friedens fließt, wirklich wunderbar: die ganze Schöpfung, das ganze Leben, alle Bewegungen, alle Dinge, alles ist wie eine einzige Masse, und der Körper ist ein sehr einheitlicher Teil inmitten von all dem, es fließt wie ein Fluß des lächelnden Friedens in der Ewigkeit. Dann stolpert man wieder, klack!** *(Geste der plötzlichen Umkehrung)* **Man BEFINDET sich wieder irgendwo, ist wieder in irgendeinem ZEITPUNKT, und dann gibt es Schmerzen hier, Schmerzen dort, Schmerzen...**

Man betritt wieder die Zeit, die Zeit des Schmerzes und des Todes.

> [62.10.12:] **Das wird inzwischen sehr konkret: macht man so** *(Neigung nach links)*, **wird es künstlich, hart, trocken, falsch, lügenhaft – künstlich. Macht man so** *(Neigung nach rechts)*, **wird es weit, ruhig, leuchtend, unermeßlich, freudig. Nur so oder so** *(Mutter neigt die Hand zur einen und zur anderen Seite).* **Wie? Wo? Das ist unbeschreiblich, aber es ist nur eine Bewegung des Bewußtseins. Der Unterschied zwischen dem wahren Bewußtsein und dem falschen wird**

immer genauer und gleichzeitig FEINER: es erfordert keine „großen" Dinge, um da herauszukommen. Das ist wie eine dünne, sehr harte Schale – sehr hart aber biegsam, und äußerst trocken, sehr dünn.

Das ist die Wand des Goldfischglases. Mutter erklärte weiter:

> [64.8.11:] **Das ist diese Haut. Wie eine Schale von Schwierigkeiten, Komplikationen, die das menschliche Bewußtsein hinzufügt (beim Menschen ist das viel ausgeprägter als beim Tier, das Tier hat das nicht: es ist eine Eigenheit des Menschen und der mentalen Prägung), das ist sehr dünn – dünn wie eine Zwiebelhaut und trocken wie eine Zwiebelhaut, trotzdem verdirbt es alles. Das ist die idiotische Zwiebelhaut der menschlichen Mentalität. Du kennst das: die Zwiebelhaut ist ungeheuer dünn, aber nichts dringt hindurch.**
>
> [61.10.2:] **Die Falschheit liegt im Bewußtsein... Wenn ihr offen und in Verbindung mit „dem" seid, gibt euch die Schwingung Kraft und Energie, und wenn ihr ruhig genug seid, erfüllt es sich mit einer großen Freude, all das in den Körperzellen. Fallt ihr zurück in das gewöhnliche Bewußtsein, so verwandelt sich dasselbe – ohne daß irgend etwas geändert wird: DIESELBEN SCHWINGUNGEN VON DERSELBEN QUELLE – in Schmerzen, Unbehagen und ein Gefühl der Ungewißheit, der Unbeständigkeit und des Verfalls. Ich wiederholte die Erfahrung drei-, viermal, um ganz sicher zu sein, und es war absolut automatisch, wie ein chemisches Experiment: dieselben Bedingungen ergaben dieselben Resultate. Das interessierte mich sehr.**

Natürlich ist es dieselbe Schwingung! Es gibt keine zig verschiedenen Schwingungen im Universum sondern nur eine: jene, die das Universum und uns selber trägt. Diese eine Schwingung durchdringt die Wände des Goldfischglases und wird gebrochen, entstellt, verfälscht – es ist der Tod. Es mögen Zahnschmerzen sein, aber es ist dasselbe wie der Tod! Es ist dieselbe Familie, weil alles Übel *dorthin* führt, zu diesem Endpunkt. Das ist die ganze Familie der tödlichen und lügenhaften Vibrationen.

Die Erfahrung wurde deutlicher:

> [63.5.3:] **Diese Bewegung beginne ich jetzt in den Körperzellen zu spüren: eine Bewegung wie eine ewige Schwingung, die weder Anfang noch Ende hat; es besteht seit aller Ewigkeit, für alle Ewigkeit [wie eine Sinusschwingung]; da gibt es keine Zeitabschnitte: nur wenn es auf einen Bildschirm projiziert wird, nimmt es eine Zeiteinteilung an...**

Dieser Bildschirm ist die genaue Formel unserer menschlichen „Zwiebelhaut“: das Goldfischglas.

> **... Es ist eine so umfassende Bewegung – umfassend und andauernd –, daß es der Wahrnehmung das Gefühl der Unbewegtheit gibt.**

Es „nimmt eine Zeiteinteilung an“, und mit denselben Maschen nimmt es Schmerz und Tod an.

> [71.12.25:] **Mehr und mehr bin ich überzeugt, daß unsere Art, die Dinge aufzunehmen und auf sie zu reagieren, die Schwierigkeiten VERURSACHT. Könnte man immerzu in diesem Bewußtsein [des anderen Zustands] bleiben, gäbe es keine Schwierigkeiten. Und die Dinge sind DIESELBEN, die Welt ist dieselbe – aber auf völlig entgegengesetzte Weise gesehen und empfunden. So ist es auch mit dem Tod, er ist ein vorübergehendes Phänomen; uns erscheint es, als wäre es schon immer so gewesen (für uns ist es seit immer, weil unser Bewußtsein alles zerteilt), aber in diesem göttlichen Bewußtsein, oh... DIE DINGE WERDEN BEINAHE AUGENBLICKLICH, verstehst du? Ich kann es nicht erklären. Es ist schwer, das auszudrücken... Das ist wie ein Bild und seine Projektion. Alle Dinge SIND, nur wir**

sehen sie gleichsam auf einen Bildschirm projiziert: sie kommen eins nach dem anderen. So ist es ungefähr. Ich habe das Gefühl, ich bin auf dem Weg zur Entdeckung... welche Illusion zerstört werden muß, damit das physische Leben ununterbrochen sein kann – daß der Tod von einer Entstellung des Bewußtseins stammt.

Das ist der ganze Übergang von den zerstückelten Vibrationen unseres mit Zeit und Tod ausgestatteten menschlichen Bewußtseins zur unermeßlichen Schwingung von blitzartiger Schnelligkeit, wie unbewegt, mit einer anderen Zeit versehen.

Einstein sagte uns in den Gleichungen seiner Relativitätstheorie, daß so „unveränderliche" Einheiten wie die Masse eines Körpers, die Frequenz einer Schwingung oder der Zeitabschnitt zwischen zwei Ereignissen von der Geschwindigkeit des Bezugssystems abhängen, in dem das Experiment abläuft: in diesem Fall das System „Erde" oder unser menschliches „Goldfischglas". So kommt es, daß eine Uhr auf einem mit bestimmter Geschwindigkeit reisenden Satelliten 60 Sekunden zwischen zwei Zeitsignalen mißt, während eine identische, auf der Erde verbliebene Uhr 61 Sekunden zwischen denselben Signalen zählt: mit der Geschwindigkeit „schrumpft" die Zeit. Je höher die Geschwindigkeit wird, um so größer wird die Schrumpfung. So geht es in der Geschichte des Raumfahrers, der weniger gealtert auf die Erde zurückkehrt als seine Zeitgenossen. Und wenn der Bezugsrahmen sich der Lichtgeschwindigkeit nähert, hört die Zeit auf, und sämtliche Gesetze der alten Newton'schen Physik brechen zusammen. Ja, „die Dinge werden beinahe augenblicklich", sagte Mutter. Man betritt ein anderes „Bezugssystem", wie Mutters Körper in diesen Wellen von blitzartiger Geschwindigkeit.

[66.12.31:] **Es ist etwas anderes... Sehr sonderbar, eine unzählige Gegenwart.**

[69.4.23:] **Ich weiß nicht, was geschieht. Etwas geschieht in**

den Zellen... Es ist ein Zustand intensiver Schwingung, in dem man gleichzeitig ein Gefühl der Allmächtigkeit hat, selbst hierin *(Mutter deutet auf ihren Körper)*, **in diesem alten Apparat... eine leuchtende Allmächtigkeit. Und es ist statisch, das heißt, in den Zellen herrscht ein Gefühl der Ewigkeit. Das ist etwas völlig Neues im Körper, das vollkommen unbewegt zu sein scheint... Ich weiß nicht, was es ist: es ist keine Unbewegtheit, nicht die Ewigkeit, ich weiß nicht, „etwas" Ähnliches, und es ist Macht, Licht, wirklich die Liebe. Das geht so weit, daß man sich hinterher fragt, ob man noch dieselbe Form hat!**

[71.9.18:] **Das ist eine seltsame Erfahrung. Der Körper fühlt sich nicht mehr der alten Seinsweise zugehörig, aber er weiß, daß er noch nicht in der neuen ist und daß er... Er ist nicht mehr sterblich und noch nicht unsterblich. Es ist äußerst seltsam. Manchmal geht es von furchtbarem Unbehagen in... in das Wunder. Manchmal habe ich kein einziges Wort mehr im Kopf; andere Male sehe ich und weiß ich, was überall geschieht. Wirklich sehr sonderbar.**

Die Erfahrung wurde sehr präzise... mit fabelhaften Konsequenzen. Verschwindet nämlich die Zeit im materiellen, körperlichen Bewußtsein, so verschwindet auch die Abnutzung sowie die „Folgen" mit ihrer ganzen Verkettung von Krankheiten, Unfällen und Tod: jede „Sekunde" (wenn man so sagen kann) ist neu; jeder „Augenblick" des Universums ist so neu, als wäre er gerade geboren – jeder „Moment" des Menschen ist frei und unberührt von aller Vergangenheit und „Zukunft". Die „Zukunft" ist vollkommen gegenwärtig in jeder „Sekunde". Wo wäre denn die Folge von „gestern" und den siebenundachtzig Jahren, die niemals siebenundachtzig Jahre + einen Tag ergeben? Diesen Tag gibt es nicht mehr, es ist ein anderer Tag auf der Erde.

[61.4.25:] **Der gewohnte Bewußtseinszustand ist, eine Sache FÜR etwas zu tun. All diese Rishis hatten ein Ziel: ihr Ziel war, die Unsterblichkeit zu finden. Jedenfalls gibt es auf**

allen Ebenen immer ein Ziel. Hier sprechen wir von der „supramentalen Verwirklichung" als Ziel. Doch in letzter Zeit, ich weiß nicht, was geschehen ist, etwas nahm mich gleichsam in Besitz... Kein Gedanke, kein Gefühl, sondern eher etwas wie ein Zustand: die Unwirklichkeit des Ziels – nicht „Unwirklichkeit": die Nutzlosigkeit. Nicht einmal Nutzlosigkeit: die Inexistenz des Ziels. Jetzt ist es eine Art „Absolutismus" in jeder-jeder Sekunde, jeder Bewegung, von der subtilsten, spirituellsten Bewegung bis zur materiellsten. Diese Verkettung ist verschwunden. Es gibt keine Verkettung mehr: das ist nicht „Ursache" von dem, und jenes wird nicht „für" dies getan, man geht nicht „dorthin" – all das erscheint... recht sonderbar. Eine unzählige und zugleich ewige Absolutheit. Dieses Gefühl der Verbindung ist verschwunden, das Gefühl von Ursache und Wirkung ist verschwunden: all das gehört der Welt von Raum und Zeit an. Jedes... jedes was? Man kann nicht sagen „Bewegung", man kann nicht sagen „Bewußtseinszustand", nicht „Vibration" (all das gehört noch unserer Wahrnehmungsart an), deshalb sagt man „Ding" (das besagt nichts). Jedes „Ding" trägt sein absolutes Gesetz in sich. Das ist die gänzliche Abwesenheit von Ursache und Wirkung, von Ziel, Absicht. Diese Art Verbindung *(horizontale Geste)* **existiert nicht: es ist so** *(vertikale Geste)*. **Etwas, das weder Ursache noch Wirkung noch Verlängerung hat, keine Absicht – Absicht von was!? Es ist so** *(gleiche vertikale Geste)*.

Eine vertikale Zeit, in jeder „Sekunde" neu.

[62.6.20:] **In der wahren Haltung gibt es weder Reibung noch Abnutzung.**

[58.5.10:] **Jede Sekunde trägt ihre Ewigkeit und ihr eigenes Gesetz.**

Als lebte Mutters Körper mit Lichtgeschwindigkeit.
Da beginnt sich das Wunder der Erde abzuzeichnen.

Das Ersetzen der Schwingung

Nein, das Ziel besteht nicht in der Unsterblichkeit in diesem alten Körper, das wäre wirklich nicht der Mühe wert. „Wem wäre schon daran gelegen, Jahrhunderte in dieser engen Behausung zu bleiben?“ sagte Sri Aurobindo[1]. Dieses neue Bewußtsein muß offensichtlich nach und nach die Eigenheiten seines Körpers ändern, damit diese körperliche Starrheit eine andere Plastizität erhält, sich von ihrer Abhängigkeit von der groben Materie in Bezug auf Nahrung befreit und andere Energiequellen entdeckt, usw. – es wird einige Jahrhunderte brauchen. In der Zwischenzeit muß man durchhalten, und dieser neue Zustand, den Mutter den „Zustand ohne Tod“ nannte (da besteht ein feiner Unterschied), verleiht uns die nötige Ausdauer, um die notwendigen Transformationen in diesem alten Übergangskörper zu vollziehen. Dort liegt nicht das eigentliche Problem: der evolutionäre Mechanismus folgt seinem mehr oder weniger schnellen Lauf. Uns interessiert diese Beschleunigung, die wahre Sprungfeder der Veränderung.

> **Die wahre Bewußtseinsveränderung ist jene, die die PHYSISCHEN Bedingungen der Welt verändert und eine völlig neue Schöpfung aus ihr macht.** (1930)

Mutter sagte dies 1930. Uns interessiert diese neue Physis. Vielleicht könnte man von einer supramentalen Physis sprechen – wie funktioniert sie?

Zunächst einmal verbreitet dieser neue Zustand eine mächtige Ansteckung. Das ist seine erste Eigenschaft. Wahrscheinlich waren die ersten mentalen Vibrationen des Anthropoiden sehr ansteckend – heute kennen wir die Macht einer Idee, die Welt zu durchlaufen. Doch hier ist es seltsamerweise (oder auch nicht) eine Macht der materiellen Ansteckung, als hätte die Tatsache, den wahren Zustand oder die wahre Materie zu *leben,* die Macht, die Gesetze der illusorischen falschen

1 *Thoughts and Aphorisms,* XVII, 124.

Materie, in der wir leben, zu ändern: es ändert ihre ganze „logische" Verkettung von Ursache zur Folge, die nur die Ursache und Folgen einer bestimmten Illusion waren. Das erste „Gesetz" der neuen Physis lautet, daß jede Sekunde neu ist und ihr eigenes Gesetz trägt, das von nichts „Vorherigem" abhängt und keine „Nachfolgen" hat. Aber wie kann ein „Bewußtseinszustand" ansteckend sein, fragen wir uns als gute Materialisten der alten Materie? Das „Bewußtsein" ist ganz besonders subjektiv... Möglicherweise ist es die äußerste Objektivität der Welt, aber davon wissen wir bis jetzt nichts, denn vom Bewußtsein kennen wir nur das, was in unserem Kopf kreist. Doch in der Materie ist ein Bewußtsein, und dies ist ein Bewußtseinszustand in der Materie: ein Bewußtseinszustand der Zellen – und es gibt nichts Ansteckenderes als die Materie, denn sie ist eins und einheitlich, vom einen Ende des Universums bis zum anderen. Allein unser Kopf ist getrennt.

Am besten lassen wir Mutter ihre ersten tastenden Schritte in der neuen Physis beschreiben, bereits 1958, als ein erstes Loch im Netz entstand:

> [58.6.6:] **Die ganze Zeit, in der es [die neue Erfahrung] aktiv so blieb, war es absolut unmöglich, daß es die geringste Störung im Körper gebe, und nicht nur im Körper, sondern IN DER GESAMTEN UMGEBENDEN MATERIE. Es war, als gehorchten alle Gegenstände, aber ohne daß sie entscheiden müßten zu gehorchen: automatisch.**

Der Wille übermittelt keine Befehle an die Materie: die Materie kommuniziert selber, automatisch.

> **... Eine göttliche Harmonie in ALLEM, in allem, ständig (das ereignete sich oben in meinem Badezimmer, sicherlich um zu beweisen, daß es in den banalsten Dingen liegt). Wenn sich das in dauerhafter Weise festigt, dann KANN es keine Krankheiten mehr geben, unmöglich. Es kann keine Unfälle mehr geben, es kann keine Störungen mehr geben; und alle Dinge müssen in Einklang treten,**

wie er dort herrschte (wahrscheinlich allmählich): alle Gegenstände im Badezimmer waren erfüllt von einem freudigen Enthusiasmus – alles gehorchte, alles!... Ich hatte wirklich den Eindruck, daß es eine erste Erfahrung war, neu auf der Erde. Das ist wirklich ein Zustand absoluter Allwissenheit und Allmacht im Körper. Und es verändert alle umgebenden Vibrationen. Wahrscheinlich wird der größte Widerstand von den bewußtesten Wesen kommen, aufgrund des Mentals selbst, das will, daß die Dinge in ihrer unwissenden Art fortbestehen. Die sogenannte leblose Materie ist sehr viel antwortender, sehr viel: sie widersetzt sich nicht. Ich bin überzeugt, daß die Antwort in den Pflanzen und in den Tieren, zum Beispiel, sehr viel rascher kommen wird als bei den Menschen. Es wird schwieriger sein, auf ein sehr geordnetes Mental einzuwirken: Wesen, die in einem durch und durch kristallisierten, geordneten mentalen Bewußtsein leben, sind hart wie Stein! Das widersetzt sich. Meiner Erfahrung zufolge werden die unbewußten Dinge sicherlich leichter folgen können. Es war köstlich, das Wasser aus dem Hahn zu sehen, das Zahnwasser in der Flasche, das Glas, das Tuch, all das gab einem ein Gefühl der Freude und der Einwilligung!

[61.3.11:] Gestern, während ich ging, ging ich in einer Art Universum, das ausschließlich das Göttliche war [der andere Zustand] – es war greifbar, fühlbar: innen, außen, überall. Während dreiviertel Stunden nur „das". Ich versichere dir, in diesem Augenblick gab es keine Probleme mehr, das ist gewiß! Und diese Einfachheit! Nichts zu denken, nichts zu wollen, nichts zu entscheiden – SEIN! Sein! Sein!... In einer unendlichen Komplexität von vollkommener Einheit sein: alles war dort, aber nichts war getrennt; alles war in Bewegung, und nichts bewegte sich fort.

[61.10.30:] Etwas Dichteres und Kompakteres als das Physische: die neue Schöpfung [die „Masse" nimmt mit wachsender Geschwindigkeit zu, sagt Einstein]. Man neigt immer dazu zu denken, es wäre etwas Ätherisches, aber das stimmt nicht! Auf mich machte diese Atmosphäre den Eindruck von etwas Kompaktem – kompakt, aber gleichzeitig ohne Schwere oder Dicke. So solide! Ein solcher Zusammenhalt, etwas so MASSIVES, und zugleich... ich weiß nicht. Etwas ganz anderes, als man erwartet – völlig anders. Du kannst es dir nicht vorstellen. Etwas Kompaktes und ohne Teilungen.

[66.1.22:] Das ist eine bewundernswerte Seinsart! Sie ist allem, was wir hier haben, unendlich überlegen. Hier ist immer irgend etwas verkehrt – Schmerzen hier oder dort, dies oder jenes, und auch die Umstände stimmen nicht –, all das... nimmt eine andere Farbe an. Es wird leicht, so leicht, geschmeidig. Alle Härte und Starrheit fällt weg. Das ändert alles! Alles ändert sich! Das passierte mir sogar beim Zähneputzen oder beim Augenbaden, bei den materiellsten Dingen: sie ändern ihre Beschaffenheit! Im Auge, das gebadet wurde, oder in der Zahnbürste war eine bewußte Vibration... All das war anders! Wenn man diesen Zustand beherrscht, wird man offensichtlich alle Umstände seiner Umgebung verändern können.

Auf einmal nimmt die Erfahrung eine Dimension an, die einen nachdenklich macht:

[67.7.12:] Für zwei, drei Sekunden ist es plötzlich, als hätte man den Schlüssel. Da erscheint einem all das, was allgemein als „Wunder" bezeichnet wird, wie die einfachste Sache der Welt: „Aber das ist doch ganz einfach, man braucht nur so zu machen!" Dann... vergeht es wieder. Wenn es da ist, ist es so einfach, so NATÜRLICH. Und absolut allmächtig. Eines scheint zum Beispiel kommen zu wollen: die Macht zu heilen. Aber überhaupt nicht so, wie es beschrieben wird! Das ist es überhaupt nicht, es macht nicht den Eindruck zu „heilen", sondern... es stellt die Ordnung wieder her. Das ist es aber auch nicht... Ein

KLEINES ETWAS VERSCHWINDET, und dieses kleine Etwas ist... im wesentlichen die Lüge...

Das heißt das Fischglas physischer Unwirklichkeit, in dem wir leben.

... Das ist seltsam. Im Grunde muß genau das verschwinden, was dem gewöhnlichen menschlichen Bewußtsein das Wirklichkeitsgefühl gibt. Was wir „konkret", „konkrete Wirklichkeit" nennen – ja, was einem das Gefühl des „wirklichen" Daseins gibt –, dieses Gefühl muß verschwinden und ersetzt werden durch... Es ist unbeschreiblich. Das ist wie ein universelles Pulsieren. Es ist zugleich All-Licht, All-Macht, All-Intensität von Liebe, und eine Fülle! Es ist so voll, daß nichts anderes als das existieren kann. Wenn „das" hier im Körper, in den Zellen ist, dann genügt es, „das" auf jemanden oder auf etwas zu richten, damit es sofort wieder die Ordnung herstellt. In gewöhnlichen Worten ausgedrückt „heilt" es: es heilt die Krankheit. Aber nein, es heilt sie nicht, sondern löst sie auf! Ja, es löst sie auf, macht sie UNWIRKLICH...

Und hier gerät man wirklich ins Staunen:

... Verstehst du, das ist kein Wirken einer „höheren Kraft" DURCH die Materie, in den anderen: es ist ein direktes Wirken von Materie zu Materie. Was die Leute allgemein als „Heilkraft" bezeichnen ist eine große mentale oder vitale Kraft, die sich entgegen den Widerständen der Materie DURCHSETZT – hier ist es das überhaupt nicht! Es ist die Ansteckung einer Schwingung. Damit ist es unwiderruflich.

[61.1.27:] **Dieser Zustand ist etwas Absolutes, das die Hindernisse und Widerstände nicht einmal zu überwinden braucht, weil es sie automatisch AUFHEBT.**

Hier finden wir die letzten Koordinaten des Rätsels:

[67.3.15:] **Wenn man Wasser umrührt, ist es nicht mehr transparent: es gibt Wirbel, und die Wirbel bewirken, daß es nicht mehr transparent ist – man kann nicht mehr hindurchsehen. Im Körper ist es dasselbe: wenn man ruhig und weit ist, wird alles klar. In dieser Klarheit sieht man sehr gut, entscheidet sehr gut, und alles richtet sich, die Dinge ordnen sich von alleine, man braucht nicht einmal einzugreifen... (wie soll ich sagen?)... Das gesamte Universum schreitet mit phantastischer Geschwindigkeit voran, in vollkommener Unbewegtheit (die Worte erscheinen idiotisch, aber man kann es fühlen, sehen, leben). Eine leuchtende Unbewegtheit, die mit ungeheurer Geschwindigkeit voranschreitet. In dieser Unbewegtheit ist eine vollkommene Transparenz, die Probleme existieren nicht mehr: die Lösung erscheint vor dem Problem.**

Krankheit, Tod, Unfälle existieren nicht, können nicht existieren: die Lösung erscheint vor dem Problem oder verhindert, daß das Problem sich überhaupt stellt – löst das Problem auf, als hätte es nirgends außer in unserem falschen Bewußtsein existiert. Das „Übel" wird unwirklich gemacht, ja, oder aus seiner illusorischen Existenz ent-wirklicht. Unser ganzes von Übeln belagertes Dasein wird ein ständiges Wunder. Eine körperliche Klarheit, wo all das nicht mehr existiert; es *ist* nicht mehr. „Ein kleines Etwas, das verschwindet."

[66.8.31:] **Die Wahrheit erlebte der Körper heute morgen mehrere Male für einige Sekunden... die durchaus Ewigkeiten sein konnten. Dort weiß man nicht, ob es lange dauert oder nicht: all das ist vorbei. Es löscht nichts aus, das ist das Wunderbare! Alles ist dort, nichts wird ausgelöscht; ich meine: nichts von der Welt wird ausgelöscht; man hat nicht einmal das Gefühl, die Lüge wäre ausgelöscht: sie existiert nicht, es gibt sie nicht. Ein winziges Etwas, das alles ändert. So kann ein Toter wieder leben – genau so, durch diese Veränderung.**

Endlich wird das Bild deutlich – nicht nur deutlich,

sondern voller Hoffnung und zugänglich für die Menschheit, die wir sind. An diesem Tag hielt Mutter den Schlüssel des „kleinen Etwas“, das die beiden Zustände trennt: den alten menschlichen Zustand, den sie hier den Zustand der Unvollkommenheit nennt, und den neuen Zustand, den der Vollkommenheit. Die beiden Zustände liegen nicht in galaktischer und transzendentaler Entfernung voneinander: sie sind hier, zusammen, einer im anderen, auf dieser Erde.

> [64.11.12 und 3.25:] **Die Vollkommenheit ist stets hier, sie koexistiert mit der Unvollkommenheit: Vollkommenheit und Unvollkommenheit sind stets zugleich hier, nicht nur gleichzeitig, sondern AN DERSELBEN STELLE, ich weiß nicht, wie ich es beschreiben soll** *(Mutter drückt ihre beiden Handflächen gegeneinander)*. **Das bedeutet, daß ihr in jeder beliebigen Sekunde und unter allen Umständen die Vollkommenheit erlangen könnt – das muß man sich nicht nach und nach durch allmähliche Fortschritte aneignen: die Vollkommenheit ist ein absoluter Zustand, den man jederzeit erreichen kann. Die Folge ist äußerst interessant... Wenn die Wahrheit sich manifestiert [der andere Zustand], verschwindet die lügenhafte Vibration: angesichts der Schwingung der Wahrheit, durch die sie ersetzt wird, wird sie aufgehoben, als hätte sie nie existiert. Die Wahrheit ist hier, und die Lüge ist hier** *(Geste der gegeneinander gedrückten Hände),* **die Vollkommenheit ist hier, und die Unvollkommenheit ist hier, sie bestehen absolut gleichzeitig, an derselben Stelle. Sobald ihr die Vollkommenheit wahrnehmt, verschwindet die Unvollkommenheit, verschwindet die Illusion. Das heißt, die Fähigkeit, diese wahre Schwingung zu leben und zu sein, scheint die Macht zu haben, mit dieser Schwingung die Schwingung der Lüge zu ersetzen, so weit, daß... Wenn zum Beispiel das Ergebnis der lügenhaften Vibration normalerweise ein Unfall oder eine Katastrophe wäre, innerhalb dieser Vibrationen aber ein Bewußtsein die Macht hat, sich der Vibration der Wahrheit bewußt zu werden, so kann das,**

MUSS das die andere Vibration aufheben, die Katastrophe aufhalten... Dieser Eindruck wird immer stärker: wie sehr das Wahre die einzige Möglichkeit ist, die Welt zu ändern, daß alle Wege der allmählichen Transformation immer tangential sind – man nähert sich immer mehr, erreicht es aber nie –, und der letzte Schritt muß dies sein: dieses Einsetzen der wahren Schwingung.

Die neue, supramentale Physis ersetzt die alte mentale, wissenschaftliche und tödliche Physis.

Könnte durch die Maschen unseres Netzes eines Tages plötzlich für die gesamte Erde die Schwingung der Wahrheit einbrechen und den ganzen Schrecken, Schmerz und Tod, in dem wir leben, auflösen und unwirklich machen – daß wir auf einer neuen Erde erwachen?... auf der wir nichts mehr von den alten Todesgesetzen begreifen werden, die sich wie ein nichtiger Traum auflösen. Keine allmähliche Transformation, sondern eine abrupte Veränderung, die unsere Augen entsiegelt, daß unser ganzes altes Arsenal uns von den Händen fällt – und wir uns in einem unermeßlichen Lachen wiederfinden.

Die Erde schaut sich an, wie nie zuvor.

Es sei hinzugefügt – damit wir uns nicht täuschen –: dies ist keine Erfahrung, die nur einige privilegierte menschliche „Phänomene" unter besonderen Umständen haben können; diese Erfahrung können wir *alle* materiell, körperlich haben, und viele haben sie sogar, *ohne es zu merken*. Nur erscheint sie so einfach und natürlich, daß man es nicht bemerkt. Die Schwierigkeit des Geheimnisses ist, daß es direkt vor unserer Nase liegt.

Das transparente Geheimnis

Uns fällt es sehr schwer zu begreifen, daß wir von Kopf bis Fuß (vor allem im Kopf) in einer Welt *physischer* Unwirklichkeit leben. Ungewollt, und selbst wenn wir die Wahrheit ein wenig zu verstehen beginnen, lautet unsere erste spontane, automatische, körperliche Reaktion: „Aber schließlich sehe ich es, berühre es, es ist konkret; aber die Schwerkraft existiert doch, man fällt; aber es ist doch EINE KRANKHEIT... und der Arzt sagte es, und alle sagten es. Versucht doch, euch ins Leere fallen zu lassen!" Nein, wir beeilen uns, es zu sagen, es geht nicht darum, sich gegenüber unseren alten provisorischen Gesetzen unvernünftig zu verhalten, sondern es ist viel ernsthafter. Wir müssen *den Mechanismus der Unwirklichkeit* begreifen.

Wir sprachen bereits von diesem mikroskopischen Netz, das jede unserer Gesten, jeden Schritt, jeden Reflex, jeden Nerv und unseren ganzen Körper umhüllt: „Du kannst nicht und du darfst nicht, Achtung vor dem und Achtung vor jenem, das ist gefährlich, und jenes ist tödlich – es ist unmöglich, unmöglich..." Bei diesem ängstlichen, katastrophalen und defätistischen Individuum ist alles „unmöglich". Wir übertreiben die Worte hier, aber es ist tatsächlich ein winziges Zittern in der Materie, wie eine mikroskopische Angst oder ein Starrkrampf in der Substanz des Körpers. Wahrscheinlich ist das die angstvolle Erinnerung einer kleinen Zelle inmitten der unermeßlichen verschlingenden und wimmelnden Ursuppe, von der sie sich absondern und schützen mußte. Diese ständige Bewegung des mikroskopischen Zusammenziehens bewirkt ein äußerst schnelles unmerkliches Zittern, das eine regelrechte Mauer um unseren Körper bildet, in seltsamer Weise ähnlich der Wand des unaufhörlichen Elektronenwirbels der Partikel. Dies ist das Zittern des physischen Mentals, von dem wir sprachen, das wie die katastrophale Erinnerung der Erde ist – alle lebende Materie entwickelte sich inmitten der aufeinanderfolgenden Katastrophen. Der Unterschied beim Erscheinen der menschlichen Spezies besteht darin, daß der Mensch die „Katastrophe" sozusagen „mentalisierte", kristallisierte und kodifizierte. Damit verlieh er ihr eine erschreckende hypnotische Macht. Selbst wenn es möglich wäre, wäre es unmöglich.

Die Wahrheit der Welt ist, daß alles möglich ist.

Wir haben lediglich unsere Macht, die „Unmöglichkeiten“ zu überwinden, auf die Maschine übertragen, anstatt den Schlüssel des Großen Möglichen in uns selbst zu suchen.

Hier seien nur zwei Beispiele aus Mutters Erfahrungen und eines meiner eigenen angeführt, um das transparente Geheimnis, das eigentliche Geheimnis des Großen Möglichen zu illustrieren. Die erste Erfahrung geschah während eines Aufruhrs der einheimischen Bevölkerung gegen das Ashram in Pondicherry:

> [65.2.19-24:] **Ich sah den Steinregen und die Flammen, die bis in den Himmel stiegen: der ganze Himmel war rot. Ich saß ruhig an meinem Tisch, als der Angriff begann, ich aß gerade. Kurz bevor es anfing, kam diese Erfahrung, dieses Bewußtsein [des anderen Zustands]: ich war nicht mehr dieser Körper sondern die Erde – das Bewußtsein der physischen Wahrheit der Erde, um es genau zu sagen –, mit einem solchen Frieden und einer Unbewegtheit, die uns im Physischen unbekannt sind. Dieser ganze Angriff erschien wie eine absolute Lüge, ohne jegliches Element von Wahrheit dahinter [das heißt die große Illusion des Goldfischglases]; zugleich, gleichzeitig hatte ich aber die mikroskopische Wahrnehmung (absolut präzise und genau) all der Punkte der Lüge überall in der Stadt und besonders hier im Ashram, die DIE VERBINDUNG BILDETEN: genau die Vibration der Lüge in jedem und in jedem Ding, die die Verbindung erlaubte. Das bedeutet, wäre dieses Bewußtsein [des anderen Zustands] in allen gewesen, hätten alle es empfangen können, so hätte uns nichts berühren können – die Steine wären geworfen worden, hätten uns aber nicht berührt. Ein Bruchstein wurde zum Beispiel gegen mein Fenster geworfen, und in der Minute sah ich genau die Vibration der Lüge im Bewußtsein der anwesenden Leute, die es gestattete, daß der Stein hier einschlug. Das gleiche geschah zur selben Zeit überall in der ganzen Stadt... Jetzt weiß ich – in bestimmter,**

absoluter und unvergeßlicher Weise –, welches die Vibration der Wahrheit im Physischen ist: welchen Zustand das Physische haben muß, um die Wahrheit zu SEIN. Es ist etwas Unwandelbares, das sich PHYSISCH nicht rührt (mental ist das ein Leichtes). Das ist wie ein physischer Magnet für die wahren physischen Schwingungen – das geht nicht über das Mental oder sogar das Vital: es ist ein physischer Magnet, der die physische Wahrheit anzieht...

Die „physische Wahrheit" ist genau jene des anderen Zustands, wo dieser ganze Aufruhr keinerlei Wirklichkeit hat – keine Wirklichkeit an sich – und folglich auch *keinerlei Macht.*

Mutter setzte hinzu:

... Die Vibrationen der Lüge sind wie eine Bewegung des Zitterns in der Materie. Ich sah die Vibration, die DEN KONTAKT mit all dieser Lüge HERSTELLTE, ebenso deutlich, wie ich materielle Gegenstände sehe, und im Gegensatz dazu DIE Schwingung, die den Kontakt verhinderte, die bewirkte, daß es einen nicht berühren KONNTE... Seither erzählten mir mehrere Personen ihre Erfahrungen. X ging zum Beispiel hinaus, um die Polizei anzurufen, und er mußte den Hof überqueren (es war buchstäblich ein Steinregen), all riefen ihm zu: „Kehr zurück! Du bist verrückt!" Aber er ging hinüber: kein einziger Stein berührte ihn. Er hatte das Gefühl, es wäre unmöglich, daß sie ihn berühren. Das war wie ein Beweis des Unterschieds zwischen den Vibrationen der beiden Zustände: die Vibration, die der Lüge antwortet, und dort, wo es keine Antwort gibt, das heißt, daß KEIN KONTAKT MÖGLICH IST – es sind verschiedene Welten. Das eine ist eine Welt der Wahrheit und das andere eine Welt der Lüge. Und diese Welt der Wahrheit ist PHYSISCH, materiell: sie liegt nicht in den Höhen, sondern sie ist materiell. Sie muß nach vorne treten und die andere ersetzen.

(Frage:) Das wahre Physische, von dem Sri Aurobindo sprach?

Ja, das wahre Physische.

Eine materielle Welt, in der Unfälle, Krankheiten, Tod nicht stattfinden können. Und diese Welt muß die unsere ersetzen – durch keinerlei Wunder, sondern einfach durch eine Veränderung der Schwingung in der Materie. Die Schwingung des wahren Zustands löscht alle lügenhaften, illusorischen Vibrationen des Goldfischglases. Ein Aufruhr ist keine „Illusion": er ist greifbar, konkret, sogar frappierend; dennoch ist er eine Illusion: ein bestimmter Schwingungszustand der Materie, ein wahrer Zustand, bewirkt, daß es einen nicht berühren kann – es gibt keinen Kontakt. Das sind wie zwei Welten, die eine in der anderen. Eine Welt der physischen Wahrheit und eine Welt der physischen Lüge. Eine Welt der physischen Freiheit und eine Welt der physischen Sklaverei. Eine Welt der physischen Gesetze und eine Welt außerhalb der illusorischen Gesetze – die frappierend sein können oder nicht, tödlich oder nicht, der Schwerkraft unterworfen oder nicht… je nach dem, ob man hier ist oder dort. Eine andere Stellung in der Materie. Genau die neue Stellung der Spezies, die nicht mehr in unseren illusorischen Spiritualismen oder unseren illusorischen Materialismen liegt.

Die Wahrheit der Materie ist etwas anderes.

Das andere Beispiel stammt ganz einfach aus Mutters Kindheit:

> [63.3.9:] **Ich war ungefähr neun oder zehn Jahre alt, und mit meinen Freundinnen lief ich im Wald von Fontainebleau. Der Wald ist ziemlich dicht, so daß man nicht weit sehen konnte. Ich lief so schnell, daß ich nicht merkte, daß ich an den Rand der Böschung über der Straße kam, und dort war die Böschung ungefähr drei Meter hoch; die Straße war beschottert, frisch beschottert. Mein Schwung war so groß, daß ich nicht mehr anhalten konnte: ploff! Da flog ich durch die Luft. Ich war höchstens zehn Jahre alt, und mir kam nicht der leiseste Gedanke, daß es etwas Besonderes sei, ein Wunder oder sonst etwas – ich wurde**

einfach in die Luft geworfen und fühlte mich von etwas getragen, einfach so. Ich wurde buchstäblich getragen und auf den Boden, auf die Steine gesetzt. Ich stand auf (all das erschien mir völlig natürlich): kein einziger Kratzer, nichts, absolut heil. Die anderen stürzten herbei, um zu sehen – ich sagte: „Aber es ist nichts! Ich habe nichts." Doch ich erinnerte mich an dieses Gefühl: wie etwas, das mich trug; und ganz langsam fiel ich. Der materielle Beweis war da, weil mir nichts passiert war, es war keine Illusion gewesen – die Straße war frisch beschottert (du kennst den Flintstein in Frankreich?)... Die Seele war sehr lebendig in diesem Augenblick, sie widersetzte sich mit aller Kraft dem Eindringen der materiellen Logik der Welt – das erschien mir völlig natürlich. Ich sagte mir einfach: nein, mir kann nichts zustoßen!

Sehr bemerkenswert ist, daß Mutter Jahre später, als sie mir diese Geschichte erzählte, diese Bewegung des langsamen Fallens, die sie auf die Schottersteine trug, mit der weiten Bewegung der Schwingen verglich, von der wir sprachen: „Wie große glückselige Flügel, weit wie die Erde, die sich langsam bewegten – nicht zwei, sondern überall, in alle Richtungen ausgebreitet."

Ein anderer Schwingungszustand in der Materie, der sogar die Schwerkraft aufhebt. Es gibt keine Gesetze, sondern nur, was wir über sie denken – allerdings ist das kein intellektueller Gedanke, sondern ein mikroskopischer Gedanke der Materie. Wir kennen noch nicht das wahre Physische, die wahre Materie, das wahre Natürliche der Welt: wir kennen nur unser Zittern in der Materie, das die Verbindung mit allen Katastrophen herstellt und alle Katastrophen erzeugt – wie ein „wissenschaftlicher" Kokon des Todes, der uns von Kopf bis Fuß umhüllt, je wissenschaftlicher, desto undurchdringlicher. Wir bekommen wissenschaftlich die Steine auf den Kopf und brechen uns sehr wissenschaftlich das Bein: „Aber schließlich ist es konkret, greifbar, wirklich..."

Mutter rief aus:

[55.12.14:] **Der glückselige Zustand ist der natürliche Zustand! Ihr seid ständig in einem Zustand, der nicht natürlich, nicht normal ist, der eine Verfälschung und Entstellung ist.**

Schließlich möchte ich noch ein von mir erlebtes Beispiel anführen. Es geschah in den öden Cañons in der Nähe von Pondicherry. Ich saß ruhig dort, als drei Männer aus einer Mulde traten. Augenblicklich wußte ich: „Sie wollen dich umbringen." Ich blieb sitzen, ohne mich zu rühren. Es war seltsam: ohne mich anzustrengen oder mich zu konzentrieren, war ich plötzlich wie meiner selbst entleert, ohne Reaktion, ohne Angst, nichts, wie ein Stein, aber ein bewußter Stein, der all das wie eine Art Schauspiel betrachtete, das ihn nicht betraf, wie man im Traum etwas beobachtet, das jemand anderem zustößt, der dennoch man selber ist. Das Gefühl war nicht wirklich das eines Steins, außer durch die Neutralität, sondern eher das eines Körpers, meines Körpers, wie etwas vollkommen Transparentes und Nichtiges, ein wenig Unbestimmtes. Nichts regte sich, kein Zucken, kein Pochen – das war nicht mein Tun, keine „Beherrschung" meinerseits, keine Anstrengung. Es war wie etwas, das mich in einer transparenten Unbewegtheit ergriff. Die drei Männer standen dort: zwei vorne, einer hinter mir. Ich rührte mich nicht. Sie diskutierten miteinander. Dann sagte etwas wie eine Stimme in mir: „Aufstehen!" Ich stand auf, mit dem Rücken zum Cañon. Einer der beiden vor mir nahm mir meine Uhr ab, zweifelsohne um einen Raub vorzutäuschen. Der hinter mir stellte sich vor mich. Ich sah den Arm des Mörders sich heben, um mich in den Cañon zu stoßen. Ich folgte der Bewegung seines Armes, und meine Augen begegneten seinen goldenen Augen. Dann ließ er den Arm fallen, blieb einen Augenblick unentschlossen, als wüßte er nicht, was er tun sollte und was er da eigentlich zu suchen hatte. Man hätte wirklich meinen können, auch er betrachte jetzt diese ganze Szene, als hätte sie keinen Sinn oder als hätte er vergessen, warum er eigentlich hier war. Er wandte sich um, die beiden anderen wandten sich um, und sie gingen weg. Dann fingen sie plötzlich an zu laufen, als wären sie von Panik ergriffen. Da erinnerte sich mein Herz plötzlich, daß es hätte Angst haben sollen, daß man es umbringen wollte... und begann wie ein Idiot zu pochen.

Das einzige, was ich weiß, ist: hätte ich auch nur die geringste Anstrengung gemacht, die leiseste Anspannung oder Reaktion, um diese Männer zurückzudrängen, selbst eine innere Ablehnung, ein einfaches inneres „Nein", hätten sie mich augenblicklich umgebracht – die von mir errichtete Mauer wäre ihren Vibrationen begegnet, und der Rückprall der Vibrationen hätte die ganze Mechanik in Bewegung gesetzt. Hier aber war nichts, kein Hauch, ich war wie ein Luftzug: die Vibration der anderen ging hindurch, es gab keinen Rückprall. Man kann ja keinen Luftzug umbringen, oder? Es muß einen Kontakt, einen Anhaltspunkt geben, um töten zu können – sie konnten nichts fassen, es gab nichts. Weil es nichts gab, geschah nichts!

Das heißt, daß durch eine Gnade mein physisches Mental für fünf, sechs Minuten nicht wirkte. Und so geschehen alle „Wunder". Nur ist das wahre Wunder der natürliche Zustand.

Es ist die Erde der nächsten Spezies.

Ein transparentes Geheimnis.

> [60.10.15:] **Das ist sehr amüsant: die Sache selber existiert nicht für die Leute; nur ihre Einstellung zu dieser Sache zählt, das, was sie davon halten. Wie seltsam! Jede Sache trägt ihre Wahrheit in sich – ihre absolute, so leuchtende, so helle Wahrheit. Und steht man DAMIT in Verbindung, so ordnet sich alles wunderbar; aber die Menschen stehen NICHT damit in Verbindung, sie sind immer in Beziehung über ihre Gedanken: ihre Gedanken darüber, ihr Gefühl darüber (oder noch schlimmer).**

Jetzt bleibt uns, das konkrete Geheimnis zu lernen: wie hebt man das physische Mental auf und erreicht den natürlichen

Zustand, die reine Zelle ohne mentale und katastrophale und wissenschaftliche Einkleidung. Dort liegt die wirklich außerordentliche Entdeckung von Mutter und Sri Aurobindo: das „Mental der Zellen", die bedeutendste biologische Revolution, seit ein erstes lebendes Partikel an der Grenze zwischen lebloser Materie und Leben anfing, anzugreifen und zu fliehen.

Dies ist jetzt der zweite evolutionäre Übergang, nicht mehr von der Materie zum Leben, sondern vom Leben zu etwas anderem, das Mutter das „Über-Leben" nannte, das man aber ebenso gut „Über-Tod" nennen könnte, denn es ist weder das Leben, wie wir es kennen, noch – offensichtlicherweise – der Tod, der mit ihm einherschreitet.

Sri Aurobindo nannte es „das göttliche Leben".

VIII. Das Mental der Zellen

Unter seinem vierfachen Netz erlebt der Körper nichts von der Welt so, wie sie ist. Die Welt „so, wie sie ist" ist gerade das große Rätsel der Evolution – wir und alle Arten kennen es nur durch eine sehr veränderliche Sicht, sei sie binokular oder aus Fazetten zusammengesetzt, in einem bestimmten Frequenzbereich und durch verschiedene Wirkungsweisen – Zangen, Flossen, Flimmerhaare oder Elektronenmikroskope –, die nie wirklich das Milieu beschreiben, sondern stets unsere eigene Seinsart im Milieu, oder besser gesagt unsere aufeinanderfolgenden Seinsarten und Mittel, ein rätselhaftes Etwas wahrzunehmen, das wir dann in amphibische, lateinische oder elektronische Sprachen übersetzen. Immer wird es „durch" etwas gesehen. Der einzige Unterschied zwischen dem Menschen und den anderen Arten ist, daß er es mit gräco-lateinischer Arroganz versieht und daß seine besonderen zerebralen Flossen das gesamte System durchdrangen und alle anderen Verständigungswege blockierten, so daß er nicht einmal mehr so gut weiß, was der Fisch weiß, was der Vogel weiß und was all die anderen kleinen Geschöpfe des lieben Gottes wissen, die trotz ihrer Unkenntnis der höheren Mathematik in vollkommener Harmonie mit ihrer Umgebung leben. Dieses rätselhafte „Etwas", in dem wir schwimmen, entpuppt sich für den Erforscher des Hinabstiegs in den Körper allmählich als ein ziemlich bestürzendes Wunder, in dem all die Gesetze und Kodes und Verkettungen sich nur als die Gesetze und Kodes usw. unserer eigenen Meß- und Wahrnehmungsinstrumente herausstellen. Ein unsinnig freies Universum. Ja, ein „augenblickliches Wunder", wie Mutter sagte. Das ist die zweite Wendezeit der Evolution nach dem Verlassen der Wasser, die „neue Evolution", die Sri Aurobindo am Anfang des Jahrhunderts ankündigte, wo wir diese schwindelerregende Freiheit leben und handhaben lernen müssen – außer unsere explosive Mechanik kommt uns zuvor und versetzt uns, auf dieser Erde oder einer anderen, wieder in den Zustand des kleinen Wimpertierchens auf der Suche der ewig gleichen Freiheit und dieses selben Wunders. Die Evolution ist sehr hartnäckig, und ob es dieser Planet oder ein anderer ist, macht für sie sehr wenig Unterschied aus. Doch wenn wir das Wunder ein wenig begriffen und die Stunde seines Kommens beschleunigten?

„Trotzdem", werden die Wissenschaftler einwenden, „auch wenn die kleinen Fische, die Marienkäfer und die anderen Tiere des evolutionären Gottes nicht unsere höhere Mathematik und die anderen Belastungen haben, wie Sie sagen, sind sie in ihren Zellen nicht weniger Gefangene ihrer Spezies: sie schwimmen, sie kreisen, sie sterben, sie machen kleine gleiche Fische entsprechend dem Programm ihrer Desoxyribonuklein-Moleküle (Verzeihung!). Sie können den Tod beseitigen, die Unfälle beseitigen, die Schwerkraft beseitigen, und in der Antarktis sehen, als wäre es hier, bleibt aber trotzdem eine kleine Zelle von *Homo sapiens*... die was gehorcht? Sie sagen, die Zelle gehorcht dem ‚physischen Mental', daß sie von ihm ‚hypnotisiert' und manipuliert wird, und nicht vom genetischen Programm – beweisen Sie das erst einmal und sagen Sie uns, was diese Zelle ‚ohne Gesetz' tun wird, durch welchen ‚Mechanismus' sie mit den anderen Zellen verbunden bleibt, wo es doch keine Mechanismen geben soll! Welche Kraft wird all das zusammenhalten, daß sich Ihr Körper nicht im Kosmos zerstreut?"

Ich erinnere mich, wie sich Sri Aurobindo einen imaginären Logiker am Anfang der Erdgeschichte vorstellte:

> **Hätte man, als es nur die Materie und kein Leben gab, diesem Logiker gesagt, daß bald Leben auf der Erde entstehen würde – in einem materiellen Körper –, hätte er ausgerufen: „Das ist unmöglich! Das kann nie geschehen! Was?? In dieser Suppe von Elektronen, Gasen, chemischen Elementen, in diesem Haufen von Lehm, Steinen und leblosen Metallen? Wie wollen Sie das Leben dort**

hinein bringen? Werden die Metalle laufen lernen!?" *(Aus einem unveröffentlichten Brief)*

Werden die Zellen ihr Programm verlassen? Sehen wir doch!

Ich weiß nicht, ob alle Wissenschaftler so sind wie dieser Logiker, aber es scheint, sie hängen sehr an ihrem Gefängnis. Vielleicht sind sie sogar die Wächter des materiellen Gefängnisses, wie andere die Wächter des spirituellen Gefängnisses sind.

Die Lehrzeit der Zellen

Tatsächlich fiel es Mutter schwer, sich nicht im Kosmos zu zerstreuen:

> [62.1.12:] **Für diesen Körper ist es sehr schwer, sein Sammlungszentrum nicht zu verlieren, daß er sich nicht in der umgebenden Materie auflöst!**

Die Geschichte Mutters aufeinanderfolgender Ohnmachtsanfälle beim Verlassen des Netzes des physischen Mentals ist höchst lehrreich, sei es auch nur im negativen Sinne, um die lenkende und koordinierende – oder einsperrende – Macht dieses physischen Mentals zu beweisen. Mutter brauchte fünf Jahre, von 1962 bis 1967, um den Mechanismus zu verstehen:

> [67.11.22:] **Es fing an, als die Ärzte erklärten, ich sei sehr krank [im April 1962], denn der Körper war all seiner Gewohnheiten und seiner Kräfte entleert worden; ich konnte keinen Schritt tun, ohne in Ohnmacht zu fallen; wollte ich von hier nach da gehen: plumps! Sie mußten mich halten, damit der Körper nicht fällt. Ich verlor aber keine Minute lang das Bewußtsein; ich fiel in Ohnmacht, blieb aber bewußt: ich sah meinen Körper, wußte, daß ich in Ohnmacht gefallen war, verlor aber nicht das Bewußtsein, auch der Körper verlor das Bewußtsein nicht. Jetzt**

verstehe ich das gut; anfangs begriff ich es nicht... [65.7.21:] **Ich hatte immer den Eindruck dessen behalten, was Sri Aurobindo sagte: daß dieses Instrument des physischen Mentals zu nichts zu gebrauchen ist, daß man sich seiner entledigen solle. Es war sehr schwer, sich seiner zu entledigen, denn es ist so dicht mit dem Gebinde des physischen Körpers und seiner gegenwärtigen Form verbunden, daß jedesmal, wenn ich ein tieferes Bewußtsein zu manifestieren versuchte [das des anderen Zustands], die Ohnmacht kam. Ich will damit sagen: die Vereinigung, die Verschmelzung mit dem anderen Zustand ohne das physische Mental, wenn es ausgelöscht wird, verursachte die Ohnmacht. Ich wußte nicht, wie ich es machen sollte.**

Tatsächlich gleicht die Geschichte dieser ersten fünf Jahre außerhalb des Netzes einer unaufhörlichen Krankheit, mit zahllosen Herzstörungen, damit Mutter den Schlüssel für die zellulare Funktionsweise finde. Wenn man will, daß die Zelle „rein" funktioniert, das heißt ohne Beimengung oder Eindringen fremder Faktoren in die Zellsubstanz, dann muß der Körper all seiner alten Gewohnheiten und seiner alten Hüllen entleert werden: das ist die Durchquerung der „Schichten" des intellektuellen, emotionalen, sensoriellen und schließlich des physischen Mentals. Man erhält einen Begriff für das Ausmaß der Operation, wenn man sieht, daß sogar der „Überlebensdrang", diese erste Wand der Arten, verschwinden muß.

[65.9.25:] **Man muß die Gebrechlichkeit und sogar den Anschein der Verrücktheit akzeptieren, all das, und dazu hat nicht einer unter fünfzig Millionen den Mut. Viele gingen auch woandershin, in andere, mehr oder weniger subtile Welten – es gibt ja Millionen Arten zu fliehen, aber nur eine zu bleiben, und zwar wirklich Mut und Ausdauer zu haben, alle Anzeichen der Schwäche, der Gebrechlichkeit und des Unverständnisses zu akzeptieren, selbst den Anschein der Verneinung der Wahrheit. Akzeptiert man es nicht, dann wird es sich nie ändern! Jene, die groß,**

leuchtend, stark, mächtig und so weiter und so fort bleiben wollen, nun, mögen sie dort bleiben, sie können nichts für die Erde tun.

In dem Jahr war Mutter siebenundachtzig Jahre alt.

Hier zitieren wir einige Punkte auf der Kurve, die man als die „Lehrzeit der Zellen" bezeichnen könnte. Das erste Hindernis ist natürlich die Bestürzung der Zellen, die nicht mehr wissen, wem sie gehorchen sollen. Damit die neue Funktionsweise sich zeigen kann, muß die alte verschwinden, das ist offensichtlich.

[72.5.17:] **Alle Abläufe „wechseln die Autorität". Die Abläufe, die auf natürliche Weise stattfanden – eben in Einklang mit den Naturkräften –, werden plötzlich angehalten. Sie werden zurückgezogen. Und dann kommt... etwas..., das ich das Göttliche nenne – vielleicht nannte Sri Aurobindo es das Supramental –, das die Verwirklichung von morgen ist (ich weiß nicht, wie ich es nennen soll). Wenn alles gründlich gestört ist, wenn es wirklich schlecht geht, dann willigt „das" ein, einzugreifen. Der Übergang ist nicht angenehm. Mit scharfen Schmerzen und... unmöglich zu essen, usw. Offensichtlich mußte jemand es tun.**

[69.11.8:] **Der Augenblick des „Autoritätswechsels" ist immer schwierig, und ist man nicht gewarnt, kann man es für die Anzeichen einer Krankheit halten. Die Zellen wissen nicht mehr, wem sie gehorchen sollen. Das täuscht aber. Das physische Bewußtsein – jenes, das die Zellen steuert –, ist so sehr an Anstrengung, Kampf, Elend, Niederlage gewöhnt, daß es wirklich universell so ist: dieses Ende, das seit Jahrhunderten über Jahrhunderten unvermeidlich war, das wiegt. Das ist sehr schwierig. Es erfordert eine lange und sehr stetige Arbeit, um diese Gewohnheit... ja, der Niederlage, im Grunde, durch etwas anderes zu ersetzen.**

[63.1.9:] **Dem Körper fällt es sehr schwer, sich zu ändern. Denn er lebt nur durch seine Gewohnheit zu leben. Und** jedesmal, wenn etwas von der wahren Art zu leben eindringt – ohne Gedanken, ohne Überlegungen, ohne irgend etwas, das einer Idee ähnlich wäre, fast ohne daß man es fühlt, fast automatisch –, da gibt es in den Zellen eine Panik vor dem Neuen. Die SOFORTIGE Panik: man fällt in Ohnmacht oder beinahe, oder man verspürt einen fürchterlichen Schmerz, oder... irgend etwas wird ANSCHEINEND vollkommen gestört. Was tun?... Geduldig abwarten, bis diese kleine oder große Anzahl von Zellen, dieser Winkel Bewußtsein seine Lektion gelernt hat. Das mag ein, zwei oder drei Tage dauern, und dann beruhigt sich dieses „große", chaotische, umwerfende Ereignis, findet eine Erklärung, und die betroffenen Zellen beginnen sich zu sagen: „Himmel, sind wir dumm!..." Das braucht eine Weile, dann haben sie verstanden. Doch es gibt deren Tausende und Abertausende!

Ein erwachsener Körper enthält hundert Trillionen Zellen, sagen die Wissenschaftler.

[64.10.14:] Der Körper lernt seine „Lektion der Krankheit" – der Illusion der Krankheit. Das ist äußerst amüsant: der Unterschied zwischen der Sache, so wie sie ist, um welche Störung es sich auch handeln mag, und der alten Gewohnheit, sie zu fühlen und aufzunehmen, die normale Gewohnheit: was man als Krankheit bezeichnet, „ich bin krank". Das ist höchst amüsant. Immer, wenn man wirklich ruhig bleibt (im Vital und im Mental ist das sehr leicht, aber in den Körperzellen ist es ziemlich schwierig, man muß es lernen), aber wenn es einem gelingt, wirklich ruhig zu sein, kommt immer ein kleines Licht – ein warmes, sehr helles und wunderbar ruhiges kleines Licht, dahinter, als sagte es: „Du brauchst nur zu wollen." Das bestürzt die Zellen: „Wie das: wollen? Wie kann ich? Die Krankheit liegt über mir, ich bin überwältigt: es ist EINE KRANKHEIT." – Die ganze Komödie. Dann sagt etwas: „Beruhige dich, beruhige dich, bleibe nicht an deiner Krankheit haften!" Dann willigen sie ein. In DIESEM PUNKT willigt man ein: in der nächsten Minute ist die Krankheit vorbei. Nicht einmal eine Minute: in einigen Sekunden ist es vorbei. Dann erinnern sich die Zellen: „Aber wie kommt das, ich hatte doch Schmerzen hier?“ – Zack! Alles kommt zurück. Diese ganze Komödie findet ständig so statt. Wenn sie also ihre Lehre wirklich lernen... Das Leben steht davor, wunderbar zu werden, aber wir wissen es nicht zu leben. Wir müssen es noch lernen.

[63.7.27:] Das Schwierigste ist, daß die Struktur des Körpers aus Unwissenheit besteht, und jedesmal, wenn die Kraft, das Licht, die Macht [des anderen Zustands] irgendwo eindringen will, muß diese Unwissenheit aus dem Weg geräumt werden. Jedesmal ist es eine ähnliche Erfahrung, die sich bis ins Detail wiederholt: es ist wie eine Verneinung aus dummer Unwissenheit. Bei jedem Schritt, in jedem Detail, muß immer wieder dasselbe aufgelöst werden. Die erste Reaktion ist eine automatische Verneinung. Dann antwortet stets ein Lächeln, und fast automatisch verschwindet der Schmerz – „das“ verbreitet sich, leuchtend, still. Es ist aber nicht endgültig, sondern nur ein erster Kontakt: die Erfahrung kommt bei einer anderen Gelegenheit wieder, und dann gibt es bereits die ersten Anzeichen einer Mitarbeit; die Zellen LERNTEN, daß „das“ den Zustand verändert – sie erinnern sich, das ist sehr interessant –, so arbeiten sie mit, und die Wirkung wird noch schneller. Dann kommt einige Stunden später der Schmerz ein drittes Mal, und diesmal rufen DIE ZELLEN SELBER, weil sie sich erinnern. Jetzt kenne ich den Mechanismus! Das dient zur Belehrung der Zellen. Es geht nicht nur um eine Person, die krank ist und völlig geheilt werden muß, sondern um die Belehrung der Zellen, um ihnen beizubringen... zu leben.

[70.3.28:] Eine bewußte, ich könnte sagen „methodische“ Arbeit wird dem Körper auferlegt, damit ein Teil nach dem anderen und alle Teile, alle Zellgruppen das wahre Leben lernen.

Das höchst Interessante – und man könnte sagen, die wesentliche Etappe in der Geschichte der Zellen – ist, daß die Zellen schließlich *selber rufen*. Sie erwachen von ihrer unbeweglichen Hypnotisierung. Von ihren Gewohnheiten und Hüllen befreit, beginnt die Zellsubstanz, ihre wahre Natur zu offenbaren. Hier gelangte Mutter zu einigen außerordentlich interessanten und neuen Bemerkungen:

> [57.10.17:] **Es gibt verschiedene Arten von Freiheit: mentale Freiheit, vitale Freiheit, spirituelle Freiheit, sie sind die Frucht fortgesetzter Meisterschaft. Aber es gibt eine ganz neue Freiheit: das ist die Freiheit des Körpers... während der Grippe-Epidemie, zum Beispiel, lebte ich täglich unter Bazillenträgern. Aber eines Tages fühlte ich deutlich, daß der Körper entschieden hatte, nicht von dieser Grippe angesteckt zu werden. Es war keine Frage des höheren Willens, der die Entscheidung traf, nein: es war der Körper selbst, der entschied. Wenn man ganz oben in seinem Bewußtsein ist, sieht man die Dinge, weiß, aber wenn man tatsächlich in die Materie zurückkehrt, zerläuft das wie Wasser im Sande. Das hat sich jetzt geändert, der Körper hat DIREKT die Macht, ohne äußere Eingriffe... Es geschieht nicht durch ein höheres Bewußtsein, das sich dem Körper aufzwingt: der Körper selbst erwacht in seinen Zellen, es ist eine Freiheit der Zellen.**

> [61.1.31:] **Ich hatte eine Art Erkenntnis, wie nahezu vollkommen unwichtig die äußere, materielle Erscheinung ist, die das körperliche Befinden ausdrückt: ob die äußeren, physischen Anzeichen nun so oder anders sind, war dem Bewußtsein DES KÖRPERS VOLLKOMMEN GLEICHGÜLTIG... Angenommen, irgendein Teil des Körpers ist gestört, zum Beispiel geschwollene Beine oder Schmerzen in der Leber. Nun, das hatte überhaupt keine Bedeutung, ES ÄNDERT NICHTS AM WAHREN BEWUSSTSEIN DES KÖRPERS. Dagegen sind wir es gewohnt zu denken, daß der Körper sehr gestört ist, wenn er krank ist oder etwas nicht gut geht.**

(Frage:) Aber was ist dann gestört, wenn nicht der Körper?

Oh, das physische Mental, dieses idiotische Mental! Alle Probleme stammen von ihm, immer.

Aber was leidet dann?

Das geschieht auch über dieses physische Mental. Wenn man diesen Wicht beruhigt, leidet man nicht mehr! Das ist ja gerade, was ich erlebte. Das physische Mental bedient sich der nervlichen Substanz; entfernt man es aus der nervlichen Substanz, fühlt man nichts mehr! Es gibt einem die Empfindung des Schmerzes.

[61.2.11:] **Im Grunde genommen, sobald man das gewöhnliche Denken ganz verläßt, ist kein einziges äußeres Anzeichen ein Beweis mehr, kein einziges. Man kann sich an nichts orientieren, weder an einer blendenden Gesundheit und guten Ausgewogenheit, noch an einer fast allumfassenden Störung – das sind keine Beweise.**

Plötzlich wanken wir in einem Körper, der nichts Bekanntem mehr gleicht – dennoch ist es der wahre Körper, das wahre Bewußtsein des Körpers. Dieses Unbekannte unter seinem illusorischen vierfachen Netz.

[62.10.16:] **Jedesmal, wenn ich meinen Körper frage, was ER gerne hätte, sagen alle Zellen: „Nein-nein! Wir sind unsterblich, wir wollen unsterblich sein. Wir sind nicht müde, wir sind bereit, jahrhundertelang zu kämpfen, wenn nötig!...“ Ich komme zu der Erkenntnis, je mehr man sich der Zelle selbst nähert, um so mehr sagt die Zelle: „Aber ich, ich bin unsterblich!“**

Dann berührte sie den Kern des Geheimnisses:

[64.10.7:] **In den letzten Tagen erlebte ich dies: eine Art vollkommen dezentralisiertes Bewußtsein (ich spreche immer vom physischen Bewußtsein), ein dezentralisiertes Bewußtsein, das hier sein kann oder dort, in diesem Körper oder in jenem (was die Leute „diese Person“ oder „jene Person“ nennen, aber diesen Begriff gibt es nicht mehr** richtig). Da kam etwas wie ein Eingriff eines universellen Bewußtseins bei den Zellen und fragte sie gleichsam, warum sie dieses Gebilde oder dieses Aggregat [Mutters gegenwärtigen Körper] beibehalten wollten, und gab ihnen gleichzeitig die damit verbundenen Schwierigkeiten zu verstehen oder zu fühlen, die vom Alter, den äußeren Problemen und dem ganzen Verfall durch die Reibung und Abnutzung stammen. Das schien ihnen völlig egal zu sein! Dieses universelle Bewußtsein sagte ihnen: „Aber dies sind die Hindernisse..." Diese Hindernisse wurden deutlich erkannt: dieser Pessimismus des Mentals. Aber den Zellen selber war das vollkommen egal! Das erschien ihnen wie ein „Unfall", eine „unvermeidliche Krankheit" oder jedenfalls etwas, das KEIN NORMALER BESTANDTEIL IHRER ENTWICKLUNG war und das ihnen aufgezwungen wurde: „Das ist uns egal!..." In diesem Augenblick entstand eine NIEDERE Macht, auf dieses physische Mental zu wirken; das ergab eine MATERIELLE Macht, sich davon abzutrennen und es zurückzuweisen... Das war wirklich wie ein entscheidendes Ereignis. Damit kam etwas wie eine vertrauende Freude: „Ah, wir wurden von diesem Alptraum befreit." Gleichzeitig war es wie eine physische Erleichterung, als wäre die Luft leichter zu atmen. Ja, ein wenig als wäre man in einem Panzer eingesperrt gewesen – in einer erstickenden Schale –, und eine Öffnung entstand. Man atmet. Das war eine völlig materielle Wirkung, in den Zellen.

Mutter fügte hinzu, was überraschende Horizonte eröffnet:

... Aber sobald man in diesen Bereich hinabgeht, in den Bereich der Zellen und sogar der Zusammensetzung der Zellen: wieviel leichter das erscheint! Diese Schwerfälligkeit der Materie verschwindet: es wird wieder fließend, schwingend. Das würde beweisen, daß die Schwere, die Dicke, die Starrheit, die Unbewegtheit etwas HINZUGEFÜGTES ist und keine wesentliche Eigenschaft der Materie – das

ist die falsche Materie, jene, die wir denken oder spüren, aber nicht die Materie selber, so wie sie ist.

Wenn Tod, Krankheiten, Unfälle, Pessimismus und die „unvermeidliche Niederlage", sowie die Schwere und unsere restlichen „Gesetze" nicht Teil der normalen Entwicklung der Zellen sind, was ist dann ihre wahre Substanz? Was ist die reine Zelle, so wie sie ist? Was ist die Materie?

Und noch einmal: wenn all unsere Schwerkräfte zusammenfallen, was soll dieses Zellgebilde zusammenhalten?

Das neue Prinzip der Zentralisierung

Das erste lebende Partikel an der Grenze der leblosen Materie, vor vielleicht vier Milliarden Jahren, hatte noch kein Gedächtnis, außer vielleicht jenem, das es in der ersten Wasserstoffwolke mit seinen Atomen verband: es vibrierte, pulsierte, breitete sich aus, um seine Umgebung aufzunehmen und zu wachsen, wie der Atomkern seine Elektronen ansaugt, wie die Galaxien weitere Galaxien anziehen und die Sonne weitere Planeten; es war bereits auf der Suche nach seiner universellen Gesamtheit, als könnte nichts sein, ohne alles zu sein, als gäbe es eine große umfassende Erinnerung in der Tiefe: Hunger oder Liebe. Ein Strudel des Seins in sich selbst, um immer mehr Sein und Raum zu umfassen, um eine erste Einheit zu erfüllen, die sich in einer Explosion der Freude oder der Liebe aufgelöst hatte – in was auch immer es sei, das man in Gleichungen setzen aber niemals in die Tasche stekken kann. Eine mikroskopische Bewegung schuf durch ihre Gewohnheit und durch die Bedingungen ihrer Umgebung allmählich ihre ersten Gesetze, eine erste Erinnerung, um die nützliche oder fruchtbare Gewohnheit zu erleben und zu wiederholen: ein erstes gewohnheitsmäßiges Einrollen, das bald einen zitternden und tödlichen Kokon bildete, aus dem man notgedrungen herauskommen und sterben mußte, um weiter zu wachsen. Dies war das erste Netz: eine verhärtete Gewohnheit. Es ist dieselbe, der Mutter begegnete, nur endlos kompliziert und gefestigt durch die menschliche mentale Gewohnheit.

Insgesamt stellt sich jetzt am „Ende" der Evolution die Frage, ob man den Kokon verlassen kann, ohne dabei zu sterben, und ob man sich mit dieser, unseren Atomen eingeprägten, universellen Gesamtheit wiedervereinigen kann, ohne das kleine Individuum zu verlieren, das so mühselig durch die Jahrmillionen und Schmerzen entstand: gleichzeitig der Punkt und das Ganze sein. Nun war die gewohnte menschliche Gerinnung, die wir als physisches Mental bezeichnen, „so dicht mit dem Gebinde des physischen Körpers und seiner gegenwärtigen Form verbunden", wie Mutter sagte, „daß jedesmal, wenn ich es beseitigen wollte, die Ohnmacht kam." Man zerstreut sich im Kosmos. Ein neues Sammlungs- oder Zentralisierungsprinzip mußte also gefunden werden, das nicht mehr die mechanische Wiederholung der menschlichen Gewohnheit wäre: wenn die Gewohnheit sich auflöst, löst sich der Mensch auf. Das ist der tödliche Kokon aller Arten: das Netz. Mutter hatte das Problem deutlich erkannt:

> [69.12.17:] **Der Tod ist die Dezentralisierung des in den Körperzellen enthaltenen Bewußtseins. Die Zellen, die den Körper bilden, werden durch eine Zentralisierung des in ihnen enthaltenen Bewußtseins in ihrer Form gehalten, und solange diese Konzentrationskraft da ist, kann der Körper nicht sterben. Nur wenn sie verschwindet, zerstreuen sich die Zellen. Dann stirbt der Körper. Der allererste Schritt zur Unsterblichkeit besteht deshalb darin, die mechanische Zentralisierung durch eine willentliche zu ersetzen.**

Nachdem es keinen intellektuellen, emotionalen oder sensoriellen mentalen Willen mehr gibt – alle alten Gewohnheiten wurden bei der Durchquerung der Netze abgeworfen –, muß es also ein Wille der Zellen sein... aber ein Wille der

Zellen, der nicht mehr auf der Mechanik der Gewohnheit beruht – das ist ja gerade unser tödlicher Kokon –, sondern auf was?

Im Laufe der „Lehrzeit der Zellen" hatten die Zellen wohl die schmerzhafte Lehre gemacht, daß ein „Tropfen von dem" alles heilen konnte; sie hatten gelernt, „das" zu rufen, wie der Atomkern vielleicht „lernt", seine Elektronen einzufangen. Aber eine Zelle ist sehr mechanisch, selbst in ihrem Ur-Willen: sie hat das Bedürfnis, immer zu wiederholen – tatsächlich wiederholt sie seit alters her alle Dummheiten der menschlichen Spezies (nach den vielen anderen). Eine andere Sorte nicht-einsperrender Mechanik mußte deshalb gefunden werden, die keinen neuen sterblichen Kokon um die Zelle webt und ihr doch einen Zusammenhalt und die gewollte Zentralisierung verleiht.

Mutter fand ein Mittel. Ein einfaches Mittel, so einfach, daß es jedem zugänglich ist – bei Mutter ist es immer sehr einfach. Dieses Mittel ist nicht neu, es ist sogar sehr alt, aber seine Anwendung ist neu. Es ist, was in Indien ein *Mantra* genannt wird. Dies ist das einzige „mechanische" Mittel, das Mutter je benutzte.

Jedes Ding, sei es lebendig oder leblos, besitzt eine ihm eigene Schwingung: ein Stein, das Feuer, ein Virus, das Wasser, Radium, egal was. Das ist die Schwingung der gewohnheitsgemäßen Kraft, aus der dieses „Objekt" besteht, seine besondere Frequenz oder Wellenlänge, wie die des Quasars am anderen Ende des Universums. Es ist das Schwingungsgeflecht oder -netz, das dieses Objekt einschließt und ihm eine genaue Form gibt. Wer Schwingung sagt, sagt Ton, selbst wenn er für uns unhörbar ist. Nun gibt es in Indien eine sehr alte Wissenschaft der Laute, und diese Wissenschaft kennt das ganze Spektrum der Schwingungen, vom materiellsten Objekt bis zum höchsten Bewußtseinszustand (denn ein Bewußtseinszustand hat auch eine Vibration, genauso wie Zorn, Freude, der Duft einer Pflanze oder alles andere: jeder nur mögliche Zustand hat eine besondere Schwingung, einen bestimmten Ton). Diese oft mißbrauchte Wissenschaft kann folglich durch die Wiedergabe des entsprechenden „Tons" das Objekt reproduzieren: es gibt einen Ton des Feuers, einen Ton des Wassers, einen Ton der Wut, einen Ton der höchsten Glückseligkeit. Meistens bedienen sich die Anhänger dieser Wissenschaft ihres Wissens zu krassen oder gewinnbringenden – magischen – Zwecken, auf die wir nicht näher einzugehen brauchen. Es gibt aber auch Töne, die Bewußtseinszustände hervorrufen können (die Dichter wissen das), und wenn man in jemandem Zorn erwecken kann, so kann man auch etwas anderes erwecken. Auch die Liebe hat einen Ton – vielleicht ist das sogar der Ton des Universums. Diesen Ton, welcher er auch sei, nennt man ein *Mantra*: eine Vibration, die einen bestimmten Bewußtseinszustand hervorruft (oder, am anderen Ende des Spektrums, einen bestimmten Zustand der Materie, doch das ist vielleicht dasselbe). Dieses Mantra besteht meistens aus einer oder mehreren Sanskrit-Silben.

Und auf dieses Weise entdeckte Mutter ihr Mantra.

Seit dem Anfang des Yogas im Körper hatte sie die Wiederholungskraft der Zellsubstanz deutlich bemerkt, und sie sagte sich, wenn es gelänge, dort eine bestimmte Art von Schwingung zu verankern – sagen wir eine sonnige, leuchtende, ausweitende wie die Liebe –, statt der gewohnten zusammengeschrumpften, elenden, pessimistischen und tödlichen Art, dann könnte man dieser Substanz vielleicht ein neues Zusammenhaltsprinzip geben, das nicht mehr auf der tödlichen Gewohnheit beruht sondern auf einer göttlichen. Anstatt den Tod einzurollen, sollte die Zelle das ewige Leben einrollen. Mutter begann also ein Mantra zu wiederholen – ihr Mantra –, das für sie die höchste Liebe darstellte, die das höchste Leben bedeutet. Anfangs wiederholt man das Mantra oder die Schwingung im Kopf oder mit dem mentalen Gedächtnis, dann sickert es nach und nach die Stufen des Wesens hinab: ins Herz, in die Empfindungen, in die Bewegungen und bis ins Gedächtnis des Körpers. Wenn es einmal im Körper festsitzt, rührt es sich nicht mehr: er wiederholt das so unablässig wie vorher „oh, der Krebs! Oh, die Schwerkraft! Oh, es tut weh! Oh…" All die kleinen „oh!", die den gewohnten sterblichen Körper bilden.

[60.6.4:] **Der Ton besitzt eine eigene Macht, und indem man den Körper einen Ton wiederholen läßt, veranlaßt man ihn gleichzeitig, die Schwingung zu empfangen. Aber die Worte müssen ein Eigenleben haben (ich meine nicht eine intellektuelle Bedeutung, nichts derartiges, sondern eine Schwingung). Die Wirkung auf den Körper ist außerordentlich: das schwingt, schwingt, schwingt.**

[60.9.20:] **Ich sah, daß das Mantra eine ordnende Wirkung auf das Unterbewußte, das Unbewußte, die Materie, die Körperzellen, auf all das ausübt – es braucht Zeit, aber durch seine Wiederholung, durch seine Beharrlichkeit hat es schließlich eine Wirkung. Es hat eine ähnliche Wirkung wie zum Beispiel tägliche Klavierübungen. Man wiederholt mechanisch, und schließlich flößt das den Händen Bewußtsein ein – es flößt dem Körper Bewußtsein ein.**

Damit beginnt man zu verstehen, wie das neue Zentralisierungsprinzip der Zellen aussehen könnte.

[63.7.10:] **Es ist, als stünden wir auf der Schwelle einer ungeheuren Verwirklichung, die von etwas Winzigem abhängt.**

Mutters Mantra hatte sieben Silben:

OM NAMO BHAGAVATÉ

Es ist für alle Suchenden bestimmt, die die Materie, so wie sie ist, finden möchten, ohne ihre falschen Materialismen oder die falschen Spiritualismen, die mit ihnen einhergehen – vielleicht den eigentlichen Geist im Herzen der Materie.

Die freie Materie

Tatsächlich sind diese bereits ziemlich überwältigenden Entdeckungen erst die Schwelle einer neuen Erde – so neu, wie das Erscheinen einer ersten grünen Wiese auf dem Steinmantel dieser guten Erde und eines ersten Blicks auf diesen Frühling der Erde es sein konnte. Nur genügt ein neuer Blick nicht: man muß noch lernen, diese phantastische Freiheit der Zellen zu leben und handzuhaben – wie stellt man das an?

Die letzten, ziemlich schwindelerregenden Stufen des Übergangs vom einen Zustand in den anderen geben uns den Schlüssel. Mutter war nicht zaghaft; mit neunzig Jahren war sie jünger und abenteuerlustiger als die meisten Menschenkinder. Es geht ja irgendwie um das Abenteuer der nächsten Spezies. Niemand in ihrer Umgebung verstand auch nur ein bißchen; man hielt sie für alt, gebrechlich, fand, daß sie wieder kindisch wurde. Was hätte wohl ein erstes Reptil empfunden, das plötzlich seine Flügel ausbreitet und sich in die Luft schwingt?

Genau das „Schwindelerregende" enthält den Schlüssel zur neuen Funktionsweise, als wäre das Hindernis stets der Hebel:

> [63.7.20:] **Alle gewohnten Rhythmen der materiellen Welt wurden verändert. Der Körper kann die Dinge nicht mehr auf dieselbe Art wissen wie vorher. Dadurch ist man eine gewisse Zeit in der Schwebe: es ist nicht mehr dies und noch nicht das, gerade in der Mitte. Die Schwierigkeit ist, daß von allen Seiten ständig die idiotischen Suggestionen der Mitmenschen kommen: Alter, Zerfall, möglicher Tod – Krankheit und Verdummung, Auflösung. Das kommt ununterbrochen, und dieser arme Körper wird ständig damit bombardiert.**

Die alte Spezies drum herum. Es genügt nicht, die neue Spezies zu finden: man muß es noch schaffen, sich nicht von der alten umbringen zu lassen – ein erster Anthropoide wirkt sehr störend für die Affen.

[69.2.19:] Die Arbeit besteht darin, die bewußte Grundlage aller Zellen zu ändern – aber nicht in allen auf einmal! Das wäre unmöglich. Selbst nach und nach ist es sehr schwierig: der Augenblick des Wechsels der bewußten Grundlage ist... es gibt fast etwas wie eine Panik in den Zellen, sie haben den Eindruck: „Aah! was wird geschehen?"... Da ist es hin und wieder schwierig. Es geschieht gruppenweise, fast in Funktionseinheiten oder Teilen davon, und manche sind etwas schwierig... Es gibt einen Augenblick, fast von Bedrängnis, man schwebt da; das mag einige Sekunden dauern, aber diese Sekunden sind schrecklich... Auch das stammt von diesem idiotischen Überlebensdrang, der auf dem Grund allen Zellbewußtseins liegt – der Körper weiß das. Er weiß es. Das ist eine alte Gewohnheit. Alle Gruppen von Zellen, alle Funktionseinheiten müssen sich in vollem Vertrauen gänzlich hingeben, das ist unerläßlich. Bei manchen erfolgt diese Bewegung spontan und unbeirrbar; andere müssen etwas behämmert werden, damit sie es lernen. Die verschiedenen Körperfunktionen werden eine nach der anderen ergriffen (das folgt einer wunderbaren Logik), entsprechend den Abläufen des Körpers. Das ist wunderbar. Nur... der Körper ist etwas sehr Armes, das ist wahr. Und dann die Besorgnis bei den Mitmenschen: von der Angst, ob es möglich ist, bis zur Sehnsucht nach dem Ende! Das ganze Spektrum, von der Besorgnis zur ungeduldigen Begierde: „Endlich frei!... Endlich frei, all die Dummheiten zu machen, die ich will!" Und der Körper ist sehr empfindlich gegen alles, was von den Leuten kommt.

[66.5.28:] Ich kann fast nicht mehr essen; ich zwinge mich, sonst würde ich nur noch Flüssiges zu mir nehmen. Ich habe den Eindruck, mich voranzutasten, und der geringste Fehltritt würde einen in den Abgrund stürzen. Es ist wie auf einem Grat zwischen zwei Abgründen. Das findet

in den Körperzellen statt: es ist nichts Moralisches, es hat nicht einmal mit den Empfindungen zu tun.

[71.12.22:] **In jeder Minute: wählst du das Leben, wählst du den Tod; wählst du das Leben, wählst du den Tod...**

[69.10.18:] **Der gewöhnliche Zustand, der alte Zustand bedeutet wirklich bewußt den Tod und das Leiden. Und im anderen Zustand erscheinen Tod und Leiden wie absolut unwirkliche Dinge.**

[70.5.20:] **Plötzlich steht der Körper außerhalb aller Gewohnheiten, aller Handlungen und Reaktionen, aller Konsequenzen usw. Dort ist es wie ein Erstaunen... Dann verschwindet es wieder. Das ist so neu für das materielle Bewußtsein, daß man jedesmal fühlt... Das Bewußtsein erlebt eine Minute der Bestürzung.**

(Frage:) Ich sagte mir mehrmals: wenn man plötzlich einer Raupe durch eine beschleunigte Evolution Menschenaugen gäbe...

Ja, genau so ist es! Der Körper WEISS genau, daß er nicht krank ist, er weiß, daß es keine Krankheit ist, sondern gerade ein Transformationsversuch, er weiß es sehr wohl, aber... da sind die Jahrhunderte von Gewohnheiten.

Dann dieser Ausruf:

[66.3.9:] **Nein, es ist wirklich ein sonderbarer Zustand! Ein Nichts könnte einen die Verbindung verlieren lassen... Er hängt nicht mehr von den physischen Gesetzen ab.**

Dieses „Nichts“, das einen die Verbindung verlieren läßt, ist der Tod – der Tod *der alten Spezies*. Sie mußte diesen Punkt des Vorgangs erreichen, wo nichts mehr von den alten Funktionsweisen bleibt. Man kann nicht gleichzeitig Reptil und Vogel sein: irgendwann muß es abheben. Genau in diesem Augenblick erfaßt man den Schlüssel – erfaßt ihn *mit dem Körper* (natürlich nicht mit dem Kopf).

[60.11.26:] **Für drei, vier Minuten, manchmal fünf Minuten, zehn Minuten, bin ich ab-scheu-lich krank, mit allen Zeichen, daß es das Ende ist. Und das kommt nur, damit ich finde... damit ich die Erfahrung mache UND DIE KRAFT FINDE. Nur in diesen „Augenblicken", wo es logischerweise, nach der normalen physischen Logik, das Ende ist, da erhascht man den Schlüssel.**

Der Schlüssel ist außerordentlich einfach: was tut eine erstickende Lunge? Sie reißt den Mund auf und ruft nach Luft. Und was tun all diese erstickenden Zellen, die keinen Halt, keine Gewohnheiten, keine kleine Einwicklung mehr haben, die ins Nichts versetzt werden? – Sie wiederholen das Mantra. Anstatt den Tod einzurollen, fangen sie plötzlich an, das neue Leben, die neue Schwingung, die neue Kraft einzurollen.

Wie ein Meißel dringt das Mantra durch Schicht über dichte, klebende, zitternde Schicht, vom intellektuellen zum emotionalen und zum sensoriellen Mental. Unermüdlich fräst es tiefer, mit aller Beharrlichkeit eines Plappermauls, das sich immer wiederholt – bis es die mikroskopische Schicht des physischen Mentals erreicht. Dort wird die Erfahrung automatisch: unter dem Druck des Mantras gibt eine erste Masche nach – Panik; dann eine weitere... Viele kleine lehrreiche Panikanfälle. Jedesmal entsteht ein Luftloch im Netz, und die Zelle erwischt, was sie kann: das Mantra. Da wird das Phänomen außerordentlich interessant, denn es ist ansteckend! Die Materie ist der Ort augenblicklicher Ansteckung: nichts kann getrennt und unterteilt bleiben, es verbreitet sich augenblicklich – aus dem guten Grund, daß die Materie vollkommen kontinuierlich ist, von der kleinsten Zelle bis zum äußersten Rand der Galaxien.

[67.8.2:] **Alle Energien waren völlig weggegangen [Mutter war wieder einmal schwer „krank"], um den Körper vollkommen sich selbst zu überlassen, sozusagen für seine Umwandlung. Doch da erhob sich in diesem**

Körperbewußtsein DIESELBE Aspiration, DIESELBE Inbrunst wie in den anderen Wesensteilen, aber mit einer sehr viel größeren Beständigkeit als sonst irgendwo im Wesen: dort gab es keine Schwankungen wie im Vital und im Mental – es ist sehr beständig –, und das verbreitet sich wie durch ein Pulsieren, ohne Abstände voneinander, zuerst in einem Detail, dann erweitert es sich und wird verallgemeinert.

[63.6.3:] Das Mental der Zellen greift ein Mantra auf und wiederholt es schließlich automatisch, mit solcher Beharrlichkeit! Ich hörte die Zellen mein Mantra wiederholen! Es war wie ein Chor, jede einzelne wiederholte es automatisch. Es sind wie winzige Stimmen, aber unzählige kleine Stimmen, die unaufhörlich denselben Ton wiederholen. Das machte den Eindruck eines Chors in einer Kirche, mit vielen, vielen Sängerkindern – winzige Stimmen. Der Ton war aber sehr deutlich, ich war wirklich überwältigt: der Ton des Mantras.

[67.12.20:] Diese Stabilität in der Entschiedenheit und Aspiration gibt es nirgendwo anders so sehr wie hier *(Mutter klopft auf ihren Körper)*. Das ist die Eigenheit der Materie. Wenn sie sich hingibt und Vertrauen hat, wird es so beständig, so stetig: es ist etwas GEFESTIGTES, aber mühelos gefestigt, spontan, natürlich, auf normale Weise gefestigt. Deshalb ist vorhersehbar, wenn die Materie wirklich göttlich wird, daß ihre Manifestation unendlich vollständiger, vollkommener in den Einzelheiten und stetiger wird als in allen anderen Welten.

[58.5.11:] Es ist seltsam, aber das Mantra verdichtet etwas: das gesamte Zellenleben wird zu einer festen, kompakten Masse, mit einer ungeheuren Konzentration – eine einzige Schwingung. Anstatt all der gewohnten Vibrationen des Körpers gibt es nur noch eine einzige. Es wird fest wie ein Stein, alles in einer einzigen Konzentration, als hätten sämtliche Körperzellen... eine einzige Masse.

[68.5.22:] Die ganze Zeit, die ganze Zeit, selbst bei den schlimmsten Schwierigkeiten, entspringt den Zellen gleichsam eine goldene Hymne: ein Gesang, der Ruf.

Sri Aurobindo hatte das vierzig Jahre früher entdeckt – nur erklärte er uns seine Entdeckung nie, wahrscheinlich weil es nichts nützt, zu erklären: man muß es im Körper *werden*. Dies ist, was er sagte:

Es gibt auch ein unscheinbares Mental, ein Mental des Körpers, ja der Zellen, der Moleküle, der Partikel. Haekkel, der deutsche Materialist, sprach von einem Willen im Atom, und angesichts der unberechenbaren individuellen Schwankungen im Verhalten der Elektronen nähert sich die Naturwissenschaft in jüngster Zeit [Heisenberg] der Erkenntnis, daß dies keine Metapher, sondern das Abbild einer geheimen Wahrheit ist. Dieses Körper-Mental besitzt eine durchaus greifbare Wirklichkeit. Aufgrund seiner Blindheit, seines hartnäckigen und mechanischen Festhaltens an vergangenen Bewegungen, durch seine Vergeßlichkeit und Ablehnung des Neuen liegt in ihm eines der Haupthindernisse für das Eindringen der supramentalen Kraft in den Körper [das nächste Stadium, die nächste Energie] und die Transformation der Körperfunktionen. Ist das Körpermental aber einmal tatsächlich in seiner alten Form überwunden, wird es eines der wertvollsten Instrumente zur Festigung des supramentalen Lichts und Kraft in der materiellen Natur sein. (*Letters on Yoga*, XXII.340)

Dazu muß man jedoch den Erstickungspunkt der alten Materie erreichen – der falschen Materie, sollten wir sagen.

Jetzt stehen wir vor dieser Frage, der wahren Frage: was ist denn die Materie? Die Materie, so wie sie ist, die wahre Materie? Man sagt uns, sie sei dieses Gesetz + das Gesetz + jenes Gesetz, und diese Aminosäure + jene Nukleotide +… Eine höllische Aufzählung.

Ja, die Aufzählung all der Gewohnheiten, die wir annahmen, seit wir in der ersten Ursuppe auf der Erde schwammen.

Doch die „Gesetze" gibt es nicht! Es gibt nur fossilisierte Gewohnheiten. Eines Tages im Jahr 1965, bei einem völlig banalen Anlaß, wurde das Bild kristallklar. Es ging um eine Schülerin, die einen beginnenden Tumor am Hals hatte:

> [65.6.26:] **Das ist ein Tumor. Wahrscheinlich ein eingewachsenes Haar, und der Organismus bildete eine erste Hautschicht, und aus Gewohnheit machte er weiter: eine zweite Schicht, dann noch eine... Das ist ein idiotischer guter Wille. So ist es bei fast allen Krankheiten...**

So ist es beim ganzen Leben und bei der ganzen Materie! Ein idiotischer *guter* Wille, der sich in der einen oder anderen Richtung krümmt, je nach den momentanen Bedürfnissen – und wenn es ein wirkliches Bedürfnis gäbe, nach einem wahren Leben?...

Mutter fügte hinzu:

> **... Das ist sonderbar, es ist der Ursprung der Gewohnheiten. Die Zellen haben den Eindruck: „Das muß ich tun, das muß ich tun, das..."** *(Mutter malt Kreise mit dem Finger).* **Alle chronischen Krankheiten stammen daher. Anfangs kann es einen Unfall gegeben haben – etwas geschieht: ein Unfall –, dann kommt etwas wie ein unterwürfiger und gewissenhafter guter Wille, daß es sich wiederholt: „Ich muß so weitermachen, ich muß so weitermachen..."** *(dieselbe Geste).* **Das hört nur auf, wenn ein Bewußtsein mit ihnen in Verbindung steht, das ihnen zu verstehen geben kann: „Nein, in diesem Fall müßt ihr das nicht wiederholen!"**

Das Bewußtsein, das mit den Zellen in Verbindung steht, ist das Mantra. Es löst die Gewohnheiten auf. Damit versteht man, daß die Materie *alles Beliebige* werden kann. Die absolute Freiheit... vorausgesetzt, man findet das Verbindungsmittel.

Abschließend sagte Mutter:

> **... In manchen Fällen ist diese Fähigkeit der Wiederholung**

äußerst nützlich. Ich denke, das ist sogar, was der Form ihre Beständigkeit verleiht, sonst würden wir unsere Form oder Erscheinung ändern! Wir könnten flüssig werden.

Da begreifen wir, daß wir an der Schwelle eines ungeheuer neuen Lebens stehen. Das Mantra ist nur ein erster Schritt, um die Schichten zu durchbohren und die Zerstreuung des Körpers in einem „schrecklich" freien Kosmos zu verhindern. Der zweite Schritt ist zu wissen, mit welchem Mittel, mit welchem Instrument wir diese freie Materie gestalten können?

Doch die Materie ist frei.

Die Schwierigkeit ist, daß sie *ungeheuer* frei ist.

Wenn das Goldfischglas zerbricht, dringt die ungeheure Flut derselben Energien ein, die die Materie und die Welten bilden. Sri Aurobindo nannte es die „supramentale Kraft".

[62.6.12:] **Eine so ungeheure Macht, so FREI, völlig unabhängig von allen Umständen, allen Reaktionen, allen Ereignissen. Etwas anderes... etwas Anderes!**

[64.3.7:] **Eine Macht, die alles einebnen und alles wiederaufbauen kann.**

[71.9.1:] **Alles gewöhnliche körperliche Bewußtsein ist zu schwach und gebrechlich, um diese ungeheure Macht zu ertragen. Deshalb muß sich der Körper erst daran gewöhnen. Er ist... weißt du, als erblickte er plötzlich einen so wunderbaren Horizont, aber *ungeheuer* wunderbar!**

Die Morgendämmerung eines neuen Lebens.

Das neue Mental

Lange Zeit verstand ich die volle Bedeutung des Mentals der Zellen nicht, außer daß in einem bestimmten Körper namens Mutter die alten Gesetze ihren Halt zu verlieren schienen – ich sah sie lächelnd einen Herzschlag nach dem anderen und alle möglichen Krankheiten durchmachen, die einen starken

Mann umgeworfen hätten. Ich verstand, daß dieser Körper ein Experimentierfeld war und daß man mit diesem Mental der Zellen, wenn es einmal die richtige Schwingung des Mantras aufgriff, beinahe beliebig lange überdauern konnte. Da war auch die rätselhafte „andere Zeit", wo Unfälle und all die Widrigkeiten des Lebens sich aufzulösen schienen. All das würde ein ziemlich beneidenswertes und zauberhaftes Leben im Vergleich zu dem, was wir führen, darstellen, aber mir schien das noch ein individuelles und außergewöhnliches Phänomen zu sein – nichts Radikales, das die Struktur der Spezies als Ganzes verändern würde.

Langsam öffnete Mutter mir die Augen.

> [71.12.18:] **Es ist wirklich radikal, mein Kind! Du kannst es dir nicht vorstellen... Ich kann wirklich sagen, daß ich eine andere Person geworden bin. Nur dies hier, die äußere Erscheinung des Körpers, scheint gleich geblieben zu sein. Wie weit wird sie sich ändern können? Sri Aurobindo sagte, wenn das physische Mental transformiert wäre, würde die Transformation des Körpers AUTOMATISCH folgen. Es muß sich wirklich das Bewußtsein ändern, das Bewußtsein der Zellen, verstehst du? Das ist die radikale Änderung. Wir haben keine Worte, um das zu beschreiben, weil es das auf der Erde noch nicht gab – es war latent da, aber nicht manifestiert.**

Es war in der Tat latent da, weil es dieses Mental der Zellen auch bei den Tieren gibt (Sri Aurobindo sagte, es gibt sogar ein Mental im Atom). Es wickelt in Ruhe und Harmonie alle Gewohnheiten jeder Spezies auf, ohne die Komplikationen und die Kristallisierung unseres menschlichen physischen Mentals. Mutter befand sich also in der Substanz ihrer Zellen nicht nur in einem vor-menschlichen Zustand, sondern noch radikaler im Zustand einer ersten Zelle auf der Welt, die noch keine Gewohnheiten eingewickelt hat: sie stand am Anfang der Welt! Sie hatte alle Mühe, sich nicht in der großen Ursuppe zu zerstreuen. Das ist die erste Reaktion jeder lebenden

Materie: sich schützen, Schutzwände errichten. Die Schwingung des Mantras in jeder Zelle gab ihr diese „Wand“: ein genügend dichtes Schwingungsgewebe, um der umgebenden Ansteckung und Zerstreuung zu widerstehen. Und danach?

Danach... entsteht eine neue Spezies... einfach, *automatisch*. Aber anstatt eines dunklen und unbewußten Automatismus, der diese oder jene Gewohnheit einrollt, weil er sich links oder rechts stieß oder weil er in diesem oder jenem Temperaturbereich keine Nahrung fand – eben all den „Bedingungen“ des Milieus –, wird ein bewußter Automatismus allmählich die Bedingungen seines Körpers umgestalten oder neugestalten, ohne in die Falle der Gewohnheiten zu geraten, weil er keine hat – oder sagen wir, entsprechend neuer Gewohnheiten oder einer neuen Seinsweise auf der Welt. Das bedeutet, eine neue Spezies entsteht langsam von innen her, ausgehend von dem einzigen Mental, das bleibt: dem Mental der Zellen.

> [71.12.18:] **Mein körperliches Mental – das einzige, das mir jetzt bleibt –, verwandelt sich auf höchst interessante und schnelle Art...** [65.8.21:] **Wie könnte man das bezeichnen?... Eine Übertragung der Macht. Diese Zellen, das gesamte materielle Bewußtsein, gehorchten dem inneren individuellen Bewußtsein (meistens der Seele, oder dem Mental). Aber jetzt ordnet sich dieses materielle Mental wie das andere, oder besser gesagt wie all die anderen, wie das Mental jeder der Seinsebenen: ja, stell dir vor, es studiert! Es lernt Dinge und ordnet das gewöhnliche Wissen der materiellen Welt. Das ist sehr interessant. Denn das ganze Gedächtnis des mentalen Wissens ist seit langem verschwunden, und ich empfing die nötigen Hinweise nur noch von oben [von den höheren Bewußtseinsebenen]. Doch jetzt entsteht** EINE ART GEDÄCHTNIS, DAS SICH VON UNTEN AUFBAUT. **Das ist wie eine Verlagerung des lenkenden Willens. Etwas anderes veranlaßt euch zu handeln – „handeln“, alles: sich bewegen, gehen, egal was. Am schwierigsten sind die Nerven, weil sie sich so sehr an den**

normalen bewußten Willen gewöhnt haben, daß sie wie verrückt werden, wenn man ihn aufhebt und die direkte Aktion einsetzen will. Diese Erfahrung hatte ich gestern morgen für mehr als eine Stunde, und es war schwierig. Aber es lehrte mich vieles. Jedenfalls könnte man das als die „Übertragung der Macht" bezeichnen. Die alte Macht zieht sich zurück. Dann, bevor der Körper sich an die neue Macht anpaßt, kommt eine kritische Periode... da werden die Minuten lang. Ich versichere dir, dieses Mental der Zellen ist ganz und gar neu.

Ein neuer Körper baut sich von unten auf, aber so still, so unsichtbar, durch ein langsames und zahlloses Entstehen mikroskopischer neuer Seinsarten in den winzigen Gesten jeder Minute und der kleinsten Vibration der Nerven, daß es schwer zu verstehen ist – ich verstand es nicht recht. Mutter versuchte es mir zu erklären:

[67.12.30:] **Dies lernt der Körper jetzt: die mentale Herrschaft der Intelligenz durch die spirituelle Herrschaft des Bewußtseins [des anderen Zustands] zu ersetzen. Das sieht nach nichts aus, man kann es nicht erkennen, aber es macht einen ungeheuren Unterschied – so sehr, daß es die Möglichkeiten des Körpers verhundertfacht. Wenn der Körper Regeln unterworfen ist, selbst wenn sie großzügig sind, ist er Sklave dieser Regeln, und seine Möglichkeiten sind durch sie begrenzt. Wenn er aber vom Geist und Bewußtsein [des anderen Zustands] gelenkt wird, gibt ihm das unvergleichliche Möglichkeiten und eine große Flexibilität. Das wird ihm die Fähigkeit geben, sein Leben zu verlängern. Die „Notwendigkeiten" haben ihre Autorität verloren: man kann sich so oder so anpassen. Alle Gesetze – diese Gesetze, welche die Naturgesetze darstellten – verloren sozusagen ihre Gewaltherrschaft. Das ist wie ein fortschreitender Sieg über alle Zwänge. Alle Naturgesetze, natürlich alle menschlichen Gesetze, alle Gewohnheiten, alle Regeln, all das gibt nach und verschwindet letztlich. Vor allem dies: alles, was das Mental** an Starrheit und Absolutheit, beinahe an Unbesiegbarem brachte, wird verschwinden.

Doch ich verstand noch immer nicht, welche Folgen Mutters Erfahrung für die Spezies als ganze haben könnte.

[67.11.22:] *(Frage:) Ich verstehe wohl, was in dir geschieht, aber…*

Aber wenn es in einem Körper geschieht, dann kann es in allen Körpern geschehen! Ich bin auch nicht anders beschaffen als die anderen. Mein Körper ist aus genau denselben Elementen aufgebaut, ich esse dieselben Sachen, er wurde auf die gleiche Weise geschaffen, ganz und gar. Er war genauso dumm, genauso lichtlos, genauso unbewußt, genauso unbeugsam wie all die anderen Körper der Welt. Es fing an, als die Ärzte erklärten, ich sei sehr krank; das war der Anfang. Denn der Körper war all seiner Gewohnheiten und seiner Kräfte entleert worden, und dann, ganz langsam, erwachten die Zellen zu einer neuen Empfänglichkeit… Ansonsten wäre es hoffnungslos! Wenn diese Materie, die anfangs so… Selbst ein Stein stellt bereits eine höhere Organisationsform dar; anfangs war es sicher schlimmer als ein Stein: das starre, absolute Unbewußte. Dann, nach und nach, nach und nach erwachte es… Damit das Tier zum Menschen werden konnte, bedurfte es einzig des Einfließens eines mentalen Bewußtseins. Jetzt erwacht das Bewußtsein ganz in der Tiefe. Das Mental zog sich zurück, das Vital zog sich zurück… Genau das gab den Anschein einer sehr schweren Krankheit. Im Körper, der völlig sich selbst überlassen war, begannen dann die Zellen ganz langsam zum Bewußtsein zu erwachen. Wenn das gründlich durchgearbeitet wurde (wie lange wird das dauern? ich weiß es nicht), wird daraus eine neue Form entstehen, die Sri Aurobindo Supramental nannte – das werden… ich weiß nicht, wie diese Wesen heißen werden. Was wird ihre Ausdrucksweise sein, wie werden sie sich verständigen?… Beim Menschen entwickelte sich das sehr langsam. Als der Mensch sich vom Tier entwickelte, gab es

kein Mittel, den Vorgang aufzuzeichnen. Doch jetzt ist es völlig anders, da wird es interessanter sein...

Mutters Agenda gibt den ganzen Vorgang wieder.

... In der gegenwärtigen Stunde ist die große Mehrheit der Menschen und der Intellektuellen aber noch vollkommen zufrieden, mit sich selber und ihren kleinen kurzgeschlossenen Fortschritten beschäftigt zu sein. Sie verspüren nicht einmal das Verlangen nach etwas anderem! Deshalb kann das Kommen des übermenschlichen Wesens sehr leicht unbemerkt geschehen oder nicht verstanden werden. Das ist schwer zu sagen, weil es keine Analogie gibt, aber es ist offensichtlich, wenn einer der großen Primaten einem ersten Menschen begegnet wäre, hätte er ihn einfach als etwas... ziemlich Seltsames empfunden. Mehr nicht. Der Mensch hat sich angewöhnt zu denken, alle höheren Wesen als der Mensch wären... göttliche Wesen, das heißt ohne Körper, daß sie im Licht erscheinen, nun, wie sie sich all die Götter vorstellen! Aber so ist das überhaupt nicht.

Dort stehen wir also.

Werden wir weiterhin den Schlüssel in „genetischen Programmen" suchen, die nur das Programm der menschlichen Gewohnheit sind, oder werden wir zur Wurzel der Gewohnheit gehen, zur Entdeckung der Freiheit der Zellen und der Macht, die Spezies zu verwandeln?

Werden wir gänzlich am Vorgang vorbeigehen? Werden wir ihn trotz uns unter den brausenden Unfällen der Geschichte ablaufen lassen, wie es bis jetzt bei allen evolutionären Umbrüchen der Arten der Fall war?

Eine kleine Zelle ist nämlich äußerst ansteckend. Der große Wirbel, der die Nationen, die Kontinente, die menschlichen Rassen mit all ihrem Glauben und Unglauben, sämtliche Familien und jedes einzelne Bewußtsein ergriffen zu haben scheint, könnte durchaus das Nahen des großen evolutionären Wirbels bedeuten, der am Ende der Zeit der Reptilien die Morgendämmerung der Säugetiere ergriff, und vielleicht befinden wir uns nicht so sehr im zwanzigsten Jahrhundert einer angeblich christlichen Zeitrechnung wie im fünfunddreißig Millionsten Jahrhundert seit dem Erscheinen eines kleinen Einzellers.

Die Materie ist das Ansteckendste, was es gibt. Wir kennen erst die Ansteckung durch Bakterienvermehrung oder Viren, aber was wissen wir über die Ansteckung und Fortpflanzung einer Vibration in der Materie? Es erforderte nicht mehr als eine Gedankenschwingung, um einen Einstein zu bilden. Jetzt kommt etwas anderes. Wer will etwas anderes? – Doch ob wir es wollen oder nicht, ES WIRD SEIN.

[71.12.1:] **Das ist fast wie ein neues Mental, das sich bildet.**

[70.3.14:] **Der Körper lernt seine Lehre – alle Körper, alle Körper!**

Nicht nur entwurzeln diese Zellen des zwanzigsten oder fünfunddreißig Millionsten Jahrhunderts untergründig die alten Gewohnheiten der Welt und schmuggeln etwas so Neues hinein, daß man es nicht einmal sieht, nicht einmal versteht, außer daß es alles umwälzt, sondern eine neue Wahrnehmung der Erde zerschmettert unsere Materialismen samt unseren Spiritualismen und bringt etwas sehr Sonderbares zum Vorschein... vielleicht den wahren Blick der Erde, ohne diese Seite oder die andere, dieses Leben oder jenen Tod, etwas, das Mutter das „Über-Leben" nannte und das wir versuchen wollen zu beschreiben.

[61.3.27:] **Gestern hatte ich so sehr den Eindruck, daß alle Konstruktionen, alle Gewohnheiten, alle Anschauungsweisen, alle gewohnten Reaktionen, all das zusammenbrach – völlig. Daß ich in etwas schwebte, das... völlig anders war, etwas... Ich weiß nicht. Wirklich das Gefühl, daß ALLES, was man lebte, alles, was man wußte, alles, was man tat, all das eine vollkommene Illusion ist. Da** ist es... Eine Sache ist die spirituelle Erfahrung, daß das materielle Leben eine Illusion ist (manche Leute finden das schmerzhaft, ich fand das so wunderbar schön und freudig, daß es eine der schönsten Erfahrungen meines Lebens war), aber hier wird die gesamte spirituelle Konstruktion, so wie man sie lebte, vollkommen zur Illusion! – Nicht dieselbe Illusion, sondern eine weitaus schwerwiegendere. Und ich bin kein Baby mehr... seit fast sechzig Jahren mache ich einen bewußten Yoga... und sieh, wo ich bin!

[71.12.1:] Das ist ein neues Mental. Die Art, Zeit und Raum wahrzunehmen, wird völlig anders, das ändert sich jetzt gänzlich. Zum Beispiel für die Sicht: ich sehe besser mit geschlossenen Augen als mit offenen, dennoch ist es DIESELBE Sicht! Es ist die PHYSISCHE Sicht, rein physisch, aber ein Physisches, das... vollständiger erscheint.

Ein neuer Blick der Erde.

IX. Die Augen des Körpers

Wir stehen vor einem großen Rätsel.

Seit sieben Jahren stehe ich vor diesem Rätsel. Manchmal glaubt man zu verstehen, andere Male erlischt alles. Dennoch sind alle Fakten vorhanden: wir haben Tausende Erfahrungen vor Augen. Aber wie sollte die Raupe den Tanz des Schmetterlings über dem Teich verstehen? Das ist ein sehr rätselhaftes Land – irdisch, vielleicht, doch wer weiß? Die Tausenden Erfahrungen, die ich notiert hatte, sind selber sehr verworren oder verwirrend (für uns), denn Mutter landete in diesem „Land" nicht ein für allemale: manchmal sah sie es wie im Überflug und von weit weg, durch innere Entfernungen, und gab eine Beschreibung davon, gab ihm einen Namen; ein anderes Mal war es eine andere Beschreibung und ein anderer Name, obwohl es immer dasselbe Land war, aber wie kann man das wissen! Zuletzt war es dann kein „anderes" Land mehr, sondern unser eigenes: wir waren mitten darin gelandet. Aber wie kann man das begreifen! Der Raupe fällt es sehr schwer, die Welt der Schmetterlinge zu begreifen – dieser Schmetterling kommt ihr sehr mystisch vor auf seinem Teich, sehr „übernatürlich". Die Erde und die Arten schreiten von einem Übernatürlichen zum nächsten, bis sie das große Immer-gegenwärtige-Natürliche erreichen. Dann ist es „die Offensichtlichkeit von allem", wie Mutter sagte. Weiter vorne bleibt aber vielleicht immer ein bißchen „Übernatürliches", und vielleicht werden wir immer die Vorfahren eines noch nicht geborenen Schmetterlings bleiben – die Evolution fährt fort. Sie wirkt sehr störend für die Orthodoxen. Darwin hatte wirklich einen Mord begangen.

Fahren wir fort mit dem Mord.

Das Netz

[57.7.10:] **Eine Wahrnehmung oder Empfindung oder ein Eindruck... ganz und gar sonderbar und neu.**

Das war 1957. Dann, vier Jahre später:

[61.6.27:] **Wir stehen gerade an der Grenze, am Rand: als wäre da ein halb-durchsichtiger Vorhang, man sieht die Dinge auf der anderen Seite, versucht sie zu erfassen, kann es aber noch nicht. Doch es gibt das Gefühl einer solchen Nähe! Manchmal sehe ich mich auf einmal als eine ungeheure konzentrierte Macht, die drängt-drängt-drängt, in einer inneren Konzentration, um hindurch zu kommen.**

Dann 1964:

[64.9.18:] **Ich stehe an der Grenze einer neuen Wahrnehmung des Lebens. Das ist, als würden bestimmte Teile des Bewußtseins vom Zustand der Raupe in den Zustand des Schmetterlings übergehen.**

Wiederum sechs Jahre später, 1970 (Mutter ist zweiundneunzig):

[70.4.22:] **In einem bestimmten Bereich gibt es viele Szenen der Natur, wie Felder, Gärten... aber alle hinter Netzen! Dort ist ein Netz einer Farbe, da eine andere... Alles, alles ist hinter Netzen, als bewegte man sich mit Netzen. Es ist aber nicht nur ein einziges Netz, das hängt davon ab: Farbe und Form des Netzes hängen davon ab, was sich dahinter befindet. Das ist... das Verständigungsmittel. Weißt du, zum Glück spreche ich nicht darüber, sonst würden sie sagen, ich werde verrückt! Stell dir vor, ich sehe das MIT OFFENEN AUGEN, am hellichten Tag! Das sehe ich zum Beispiel in meinem Zimmer – ich bin hier in meinem Zimmer beschäftigt, empfange Leute –, und gleichzeitig sehe ich die eine oder andere Landschaft, das ändert sich und**

bewegt sich, mit einem dieser Netze zwischen mir und den Landschaften. Das Netz scheint das zu sein... (wie soll ich sagen?), was dieses wahre Physische vom gewöhnlichen Physischen trennt.

Mißtrauisch hatte ich Mutter von Jahr zu Jahr immer wieder gefragt, ob dies nicht die „Visionen einer Seherin" wären. Aber nein! Es ist „*dieselbe* physische Sicht, rein physisch, aber ein Physisches, das... vollständiger erscheint." Noch dazu wurde Mutter angeblich blind – mit welchen *physischen* Augen sah sie dann, wenn nicht mit denen des Ophthalmologen?... Offensichtlich sind es die „Augen" des Körpers, der Zellen (ich erinnere mich an bestimmte Experimente in russischen Labors, die zeigten, daß eine Versuchsperson durch die Haut der Hände oder sogar des Bauchs Farben unterscheiden konnte), es sind aber keine kleinen Zellaugen, die wie bei einem Schauspiel zusehen: es ist keine „Vision" sondern viel besser:

> [70.7.25:] **Jetzt hat der Körper selber die Erfahrung, und das ist SEHR VIEL WAHRER. Eine bestimmte intellektuelle Einstellung breitet eine Art Schleier oder... ich weiß nicht, etwas... etwas Unwirkliches über die Wahrnehmung der Dinge: es ist, als schaute man DURCH einen Schleier oder eine bestimmte Atmosphäre, während der Körper sie selbst wahrnimmt, er WIRD die Sache. Er spürt sie in sich selbst. Anstatt die Erfahrung auf das Maß des Individuums zu reduzieren, weitet sich das Individuum auf das Maß der Erfahrung.**

Man kann sich nicht verwehren zu denken, diese Landschaften hinter Netzen wären die Sicht des Körpers durch die Maschen des physischen Mentals... bis es gar kein „durch" mehr gibt. Ich weiß nicht, ob es einen Zusammenhang gibt, aber ein Wissenschaftler der Universität von San Francisco (Dr. John E. Heuser, 1979) bemerkte kürzlich anhand von Fotos, die mit einem Elektronenmikroskop aufgenommen wurden, das Details von nur einem Tausendstel Mikron (ein Millionstel Millimeter!) unterscheiden kann: „Eine der für die Wissenschaft interessantesten Eigenschaften der Zellstruktur ist ein Geflecht, das einem Fischernetz gleicht und den Hauptkörper der Zelle, das Cytoplasma, ganz umgibt. Vor der Entdeckung dieses Netzes dachte man, das Cytoplasma der Zelle wäre eine Art Gelee ohne innere Struktur; jetzt glauben wir, daß dieses Geflecht der Zelle hilft, ihre Form beizubehalten." Ein Zufall?

Das Problem ist aber noch radikaler als eine bloße Veränderung der Sicht. Bei einem der ersten Male, als Mutter einen Einblick der anderen Seite des Netzes oder des anderen Zustands erhielt – den sie mit Sri Aurobindo auch „das Wahrheitsbewußtsein" nannte (das heißt das Bewußtsein der Wahrheit der Welt, wie sie ist) – bemerkte sie folgendes, was die ganze Reichweite des Problems illustriert:

> [61.7.18:] **Da ist wie ein Schleier von Lüge über der Wahrheit; das ist verantwortlich für alles, was wir hier sehen und was hier existiert. Wenn man diesen Schleier entfernt, werden die Dinge automatisch völlig anders sein. Wenn man das gewöhnliche Bewußtsein verläßt und in das Wahrheitsbewußtsein eintritt, wundert man sich sogar, daß es Dinge wie Leiden, Elend und Tod überhaupt geben kann. Man ist erstaunt, man begreift nicht, wie das vorkommen kann, wenn man wirklich die andere Seite erreicht hat. Während dieser Bewußtseinszustand gewöhnlich mit der Erfahrung der Unwirklichkeit der Welt, wie wir sie kennen, verbunden ist… ist es tatsächlich nur die Unwirklichkeit der Lüge und nicht die der Welt!**

Fast ohne Metapher läßt sich tatsächlich sagen, daß wir in einem bestimmten physischen Goldfischglas mit seinem Refraktionsindex eingeschlossen sind, der all das Elend, den Tod und die unwirkliche Lüge dieser Welt ausmacht. Hört die Refraktion auf, ändert sich alles *physisch*. Mutter fügte dies hinzu, was über die Jahre zur großen Frage werden sollte:

... Dieser neue Bewußtseinszustand muß wahrscheinlich zu einem dauernden Zustand werden, doch dann stellt sich ein Problem: wie kann man eine Verbindung mit der gegenwärtigen entstellten Welt bewahren? Denn eines habe ich bemerkt: Wenn dieser Zustand in mir sehr stark ist – so stark, daß er allem, was ihn von außen bombardiert, widersteht –, dann verstehen die Leute kein Wort von dem, was ich sage! Folglich scheint das eine wirksame Verbindung zu unterbrechen. Wie würde eine kleine supramentale Schöpfung auf der Erde aussehen? Wäre das möglich? Wie würde der Austausch zwischen diesen Wesen und der gewöhnlichen Welt stattfinden?

1968 fand der zweite radikale Ausbruch aus dem Netz statt. Wieder einmal wäre Mutter beinahe daran gestorben. Einige Tage nach der Erfahrung versuchte sie mir zu beschreiben, was geschah, oder was geschehen war (oder geschehen würde, denn die Zeit schien auch durch die Maschen des Netzes zu schlüpfen):

[68.8.28:] **Ich bin sicher, daß die Bewegung begonnen hat... Wie lange wird es dauern, bis das eine konkrete, sichtbare, geordnete Verwirklichung erreicht? Ich weiß es nicht. Etwas hat angefangen. Es scheint der Ansturm der neuen Spezies, der neuen Schöpfung oder jedenfalls *einer* neuen Schöpfung zu sein. Eine weltweite Umordnung und eine neue Schöpfung. In einem bestimmten Augenblick waren die Dinge so akut... Meistens verliere ich nicht die Geduld, aber es hatte einen Punkt erreicht, wo alles, alles im Wesen aufgelöst war. Nicht nur, daß ich nicht mehr sprechen konnte, sondern der Kopf war in einem solchen Zustand wie nie zuvor in meinem ganzen Leben: wirklich schmerzhaft. Ich konnte nicht mehr sehen, nicht mehr hören... Aber in manchen Augenblicken, zwei-, dreimal, erlebte ich absolut wunderbare und einzigartige Momente – unübersetzbar. Das ist unübersetzbar. Solche Landschaften!... Gebäude: unermeßliche Städte im Bau. Ja, die Zukunftswelt, die gebaut wird. Ich hörte nicht mehr, sah** nicht mehr, sprach nicht mehr: die ganze Zeit lebte ich darin, tag und nacht. Ein Körper ohne Mental und ohne Vital: es blieben nur noch seine eigenen Wahrnehmungen. Das Mental und das Vital waren Werkzeuge, um die Materie zu behämmern, sie auf alle möglichen Arten durchzuarbeiten: das Vital durch die Empfindungen und das Mental durch die Gedanken – sie behämmern. Sie geben mir jedoch den Eindruck vorübergehender Werkzeuge, die durch andere Bewußtseinszustände ersetzt werden sollen. Verstehst du, das ist eine Phase der universellen Entwicklung, und sie werden wie veraltete Werkzeuge wegfallen. Da hatte ich die konkrete Erfahrung, was diese vom Vital und Mental behämmerte Materie ist, aber OHNE Vital und OHNE Mental – das ist etwas anderes! Ich erlebte Augenblicke... Alles, was man menschlich fühlen oder sehen kann, ist nichts im Vergleich dazu. Das waren unvergeßliche Augenblicke. Aber ohne Denken. Das wird nicht wie ein Gemälde „betrachtet", sondern man IST DARIN, ist in einem bestimmten Ort. Noch nie sah oder fühlte ich etwas so Schönes – und es war nicht „gefühlt": ich weiß nicht, wie ich es erklären kann. Darin war der Körper beinahe durchlässig – durchlässig, ohne Widerstand, als gingen die Dinge durch ihn. Das waren die wunderbarsten Stunden, die man auf Erden erleben kann. Eine Nacht hatte ich ziemliche Schmerzen (nur um dir zu sagen, daß alles aus den Fugen geraten war); ich blieb konzentriert, und mir schien es, die Nacht wäre in einigen Minuten vergangen. An anderen Tagen war ich konzentriert und fragte ständig nach der Uhrzeit – mir schien es, Stunden über Stunden wären verstrichen, aber es waren nur fünf Minuten. So war alles... ich kann nicht sagen umgestürzt, aber in einer völlig anderen Ordnung.

Hier verschwand die chronometrische Zeit in der „bewegten Unbewegtheit", von der wir bereits sprachen.

[72.12.23:] **Dieses Gefühl der Zeit verstehe ich nicht... Ich** spüre, ich weiß, daß man meinen Körper an etwas anderes gewöhnt.

[66.12.31:] Die Zeit hat nicht mehr dieselbe Wirklichkeit. Es ist etwas anderes. Das ist sehr sonderbar, eine unzählige Gegenwart.

[69.7.12:] Dann gehe ich nach Amerika, nach Europa, nach... die ganze Zeit. Ich besuche Orte in Indien. Die ganze Zeit Arbeit, Arbeit, Arbeit – aber so lebendig! Mit einem so amüsanten Sinn für Humor! Hier sind die Dinge stets in alle möglichen Hüllen gekleidet, es ist nie die genaue Sache, während es dort die genaue Sache ist. Das ist äußerst interessant, weißt du: das Leben, von seiner lügenhaften Erscheinung entblößt. Die Menschen haben die Gewohnheit, alles zu verfälschen – dort ist das verschwunden!

[72.6.7:] Die Zellen verstehen das noch nicht, aber sie wissen es, sie spüren es. Sie fühlen sich, als würden sie gewaltsam in eine neue Welt geschleudert.

[73.2.8:] Das bedeutet nicht, in unzugängliche Bereiche zu entschwinden: es ist HIERSELBST. Nur bilden für den Augenblick all die alten Gewohnheiten und das allgemeine Unbewußtsein eine Art Verdeckung, die uns hindert, das zu sehen und zu fühlen. Das muß... entfernt werden. Das andere ist überall, immer zugegen. Es ist nicht etwas, das kommt und geht: es ist immer und überall hier. Nur wir, unsere Dummheit, hindert uns, es zu spüren. Man braucht überhaupt nicht woandershin zu gehen.

[72.5.27:] *Aber wohin gehst du, wenn du plötzlich so verschwindest?*

Aber ich „verschwinde" nicht! Ich verlasse das materielle Leben nicht, doch... es erscheint anders. Als wäre es aus etwas anderem beschaffen.

Derart sind also einige der wesentlichen Kennzeichen – bis auf eines, auf das wir gleich zu sprechen kommen werden, das

„sonderbare" Perspektiven eröffnet. Doch die entscheidende Tatsache ist, daß hinter unserer „Verhüllung" oder unserem „Schleier der Unwirklichkeit" eine physische Erde mit einer unzählbaren und augenblicklichen Sicht und einer „vertikalen" Zeit existiert, in der Krankheiten, Unfälle und Tod *nicht sein können*: „Die Lösung erscheint vor dem Problem", wie Mutter sagte. Dennoch ist diese andere Zeit *physisch*: wenn man in ihr ist, kann man in den Cañons von Pondicherry nicht umgebracht werden (und einiges anderes mehr).

Folglich ist die „Rettung" wirklich physisch, man braucht nicht in andere, „spirituelle" Welten zu entfliehen. Die Erlösung muß auf der Erde und im eigenen Körper vollzogen werden. Man muß das Netz verlassen.

Kann man es aber für sich alleine tun?

Die Evolution besteht aus der ganzen Erde.

Die Lebenden und die Toten

Ich muß gestehen, dieses letzte und sonderbare Merkmal begreife ich nicht vollkommen. Doch die Tatsache bleibt. Es begann 1959, neun Jahre nach Sri Aurobindos Tod, als Mutter bereits mit der letzten Schicht des physischen Mentals kämpfte, unterbrochen von kleinen sonderbaren Rissen. Eines schönen Tages im Juli, als sie in diesem Magma grub, schlüpfte sie plötzlich durch die Maschen und wurde ohne Warnung mit einer Flut dieser ungeheuren Energie konfrontiert, die Sri Aurobindo „Supramental" nannte und die Mutter sehr bildhaft als „das brodelnde Kochen des Supramentals" beschreibt. Tatsächlich fragt man sich, ob man nicht zu Brei reduziert wird.

> [59.10.6:] **Ich hatte eine einzigartige Erfahrung... Das supramentale Licht drang direkt in meinen Körper ein, ohne über die inneren oder höheren Bewußtseinsebenen zu gehen. Dies war das erste Mal. Es kam durch die Füße...**

Ein bedeutendes Detail, denn alle Erfahrungen der Yogis finden oberhalb des Kopfes statt, in den Schichten des sogenannten höheren Bewußtseins – Mutter arbeitete am anderen Ende.

... eine rote und goldene Farbe, wunderbar, warm, intensiv. Das stieg höher und höher. Je höher es stieg, um so höher stieg auch das Fieber, denn der Körper war diese Intensität nicht gewohnt. Als all dieses Licht den Kopf erreichte, glaubte ich, ich würde bersten und müsse die Erfahrung abbrechen. Da erhielt ich den sehr deutlichen Befehl, Ruhe und Frieden herabzubringen, dieses ganze Körperbewußtsein, all diese Zellen zu weiten, damit sie das supramentale Licht halten können. Dann kam plötzlich eine Sekunde der Ohnmacht. Ich landete in einer anderen Welt...

Dort begann die Verwirrung (für mich), denn diese „andere" Welt war mit den fortschreitenden Erfahrungen der Jahre überhaupt nicht mehr „anders": es war die unsrige, dieselbe, mit weit offenen Augen, nur anders erlebt und gesehen; und nachdem Mutter sie anfangs „das Subtilphysische" genannt hatte, wechselte sie zu einer anderen Terminologie über, dann noch eine, und nannte es das wahre Physische, die wahre Materie – den anderen Zustand in der Materie... Aber es war ganz einfach die Erde von morgen, so wie es die Erde für die Amphibie beim Verlassen des Wassers wäre.

... eine andere Welt, jedoch nicht fern. Es war eine beinahe so substantielle Welt wie die physische. Dort gab es Zimmer, auch Sri Aurobindos Zimmer, mit dem Bett, auf dem er sich ausruht, und er lebte dort, er war die ganze Zeit dort: das war sein Wohnsitz. Sogar mein Zimmer war dort, mit einem großen Spiegel, wie ich hier einen habe, mit Kämmen, verschiedenen Dingen. Und diese Gegenstände hatten eine beinahe so dichte Substanz wie in der physischen Welt, doch sie enthielten ihr eigenes Licht in sich. Sie waren nicht durchscheinend, nicht durchsichtig,

nicht strahlend, sondern in sich leuchtend. Die Gegenstände, die Substanz der Zimmer, hatten nicht die Opazität der physischen Gegenstände, sie waren nicht trocken und hart wie in der physischen Welt...

Für ein Mikroskop ist die Materie keineswegs undurchsichtig, trocken oder hart.

... Als ich aufwachte, hatte ich nicht den gewohnten Eindruck, von weither zurückzukommen und in meinen Körper zurückkehren zu müssen. Nein, es war einfach, als wäre ich in dieser anderen Welt gewesen, hätte dann einen Schritt zurückgetan und befand mich wieder hier. Ich brauchte eine gute halbe Stunde, um zu begreifen, daß diese Welt hier genauso existierte wie die andere, daß ich nicht mehr auf der anderen Seite war, sondern wieder hier, in der Welt der Lüge. Ich hatte alles vergessen: Leute, Dinge, was ich zu tun hatte; alles war verschwunden, als hätte es keinerlei Wirklichkeit. Es ist nicht so, als müsse die Welt der Wahrheit aus freien Stücken geschaffen werden: sie ist vollkommen fertig, gleich hier, wie eine Auskleidung der unseren. Alles ist hier, ALLES ist hier...

Schließlich fügte Mutter hinzu, was die Reichweite illustriert:

... Zwei ganze Tage blieb ich darin, zwei Tage höchster Glückseligkeit. Und Sri Aurobindo war die ganze Zeit bei mir: wenn ich ging, ging er mit mir; wenn ich mich setzte, saß er neben mir. Nach zwei Tagen merkte ich dann doch, daß ich nicht dort bleiben konnte, weil die Arbeit nicht vorankam. Die Arbeit, die muß im Körper getan werden; die Verwirklichung muß hier, in der physischen Welt vollzogen werden, sonst bleibt sie unvollständig. So zog ich mich zurück und machte mich wieder an die Arbeit.

Mutter hatte also nach Sri Aurobindos Abschied neun Jahre warten müssen, um seine Spur wiederzufinden... Warum neun Jahre? – Weil sie in diesen neun Jahren die Schichten durchquerte und schließlich das Bewußtsein des Körpers erreichte: denn der Körper, das Bewußtsein des Körpers sah Sri Aurobindos Wohnstätte, die alle höheren, yogischen und okkulten Augen nicht gesehen hatten. Die Augen des Körpers haben Zugang zur „anderen“ Welt. Für die Augen des Körpers existiert der Tod nicht, er ist etwas anderes.

Je mehr das Netz mit den Jahren dünner wurde und der Körper als solcher von seinem überlagerten intellektuellen, emotionalen und sensoriellen Ballast befreit wurde – alles, was die evolutionäre Gewohnheit auf ihn geworfen hatte: das Netz –, um so mehr war die „andere“ Welt vollkommen hier, und der Körper wandelte in ihr „wie im Bois de Boulogne“, sagte Mutter. Wie die Amphibie auf dem Ufer derselben sonnigen Welt, nur mit einer anderen Atemweise. Das fiel mir lange Zeit sehr schwer zu verstehen, und ich fragte Mutter, ob diese „andere“ Welt nicht wie die war, von der alle Überlieferungen sprachen: die Ägypter, die Griechen, die Tibetaner, alle? Aber nein!... Vielleicht aus dem guten Grund, daß all diese Weisen und Seher die vorzügliche Gewohnheit hatten, in die himmlischen und okkulten „Höhen“ oder Tiefen zu entschwinden, während das Geheimnis in der Materie liegt: die „Füße“. Offensichtlich hatte niemand den Mut gehabt, dort hinabzusteigen und diesen unlöblichen Morast des physischen Mentals aufzurühren. Oder... könnte es sein, daß die besagten Weisen und Seher wohl dieselbe Welt sahen, aber *durch* die spirituellen Schichten oder die Schichten des Schlafes oder der „Meditation“, wie ungenaue Lichtschatten (wenn man so sagen kann) oder unfaßbare mystische Weiten, die nur die ätherische Karikatur oder der dunstige Schein einer selben Wirklichkeit waren, die unter den Füßen liegt. Nur der Körper konnte „das“ unmittelbar erleben: ohne spirituelle, okkulte oder magische Brille, oder was weiß ich, sogar eine elektronische – das ganze „Mysterium“ der Welt war nur seine vom falschen Ende oder mit dem falschen Instrument erfaßte Wirklichkeit. Was würde denn ein spiritueller oder sogar Elektronikerfisch sagen, wenn er die Erde durch seine wässerige Meditation oder mit vergrößernden Flossen betrachtete?

Mutter schloß ihre Beschreibung mit folgenden Worten ab:

> **... Äußerst wenig würde genügen, um von dieser Welt in die andere überzugehen, UM DIE ANDERE WAHR WERDEN ZU LASSEN. Ein kleiner Auslöser oder eher eine kleine Umkehrung der inneren Einstellung würde genügen. Wie soll ich sagen?... Für das normale Bewußtsein ist es unerkenntlich: es genügt eine winzige innere Verschiebung, eine Veränderung der Beschaffenheit.**

Es genügt, aus diesem „Refraktionsindex" herauszukommen, der alles verwischt, alles verdreht, alles entstellt und alles mißglücken läßt, um in einer anderen Zeit ohne Tod und einem Raum ohne Entfernungen aufzutauchen. Mutter sagte wohl: „um die andere wahr werden zu lassen", das heißt, man braucht nicht „die Welt zu verlassen", „wegzugehen": der andere Strahl, die andere Nicht-Refraktion, die andere Vibration muß unsere illusorische und lügenhafte Schwingung *ersetzen* – das „Ersetzen der Schwingungen", sagte sie. Eine kleine Umkehrung. „Ein kleiner Auslöser würde genügen."

Eine universale Umkehrung?

Die menschliche Erde verläßt das Goldfischglas?

Das Märchen der Erde.

Jahre nach dieser Erfahrung von 1959 versuchte Mutter mir den Übergang vom einen Zustand in den anderen oder von der einen „Welt" in die andere folgendermaßen zu erklären:

> [66.3.26:] **Ich weiß nicht, womit ich es vergleichen könnte, aber ich bin sicher, es gibt Dinge, die so betrachtet** *(Mutter dreht ihre Hand in eine Richtung)* **unsichtbar sind, und so herum** *(in der anderen Richtung)* **sichtbar sind. Vielleicht ist das eine Veränderung der inneren Haltung, denn es passierte mir zahllose Male (Hunderte Male): so** *(Drehung*

in die eine Richtung) ist alles, wie wir es „normal" nennen, wie man es gewohnt zu sehen ist, dann geht es plötzlich so _(in die andere Richtung)_, und es verändert seine Beschaffenheit. Nichts geschah, außer etwas im Innern, etwas im Bewußtsein, eine Änderung der Haltung – nur eine Änderung der Haltung, nichts Greifbareres, das ist das Wunderbare! Neulich fand ich wieder einen Satz von Sri Aurobindo: „Jetzt ist alles anders, und dennoch ist alles gleich geblieben." Als ich das las, sagte ich mir: „Sieh!..." Die gröbste Annäherung einer Erklärung wäre: es ist eine Verlagerung, der Blickwinkel wird anders. Es hat nichts mit dem zu tun, was man versucht sein könnte zu glauben: daß es eine Verinnerlichung und eine Veräußerlichung wäre, überhaupt nicht – der Blickwinkel ändert sich. Erst ist man in einem bestimmten Winkel, dann in einem anderen... Ich sah einmal solche kleinen Objekte als Kinderspielzeug: in einer bestimmten Lage sehen sie fest und hart und schwarz aus, dann dreht man sie, und sie sehen hell, leuchtend, durchsichtig aus. So ähnlich ist es.

Eine Veränderung des irdischen Blickwinkels?

In ihren letzten Lebensjahren sagte mir Mutter eines Tages:

[70.9.2:] **Es ist etwas Ungeheures... das lächerlich erscheint.**

Doch die Erfahrung von 1959 setzte sich fort, erweiterte sich und wurde immer natürlicher. 1962:

[62.10.12:] **Das ist schnell gesagt: „Sie sind tot!..." Das erlebte ich in den letzten Tagen. Ich verbrachte mehr als zwei Stunden in einer Welt, dem Subtilphysischen [immer dieses wechselnde Vokabular], wo die Lebenden und die Toten sich begegneten, ohne den Unterschied zu merken! Das machte keinerlei Unterschied. Da waren die Lebenden und die... jene, die WIR die „Lebenden" nennen, und jene, die WIR die „Toten" nennen: sie waren zusammen dort, bewegten sich, amüsierten sich zusammen. All das** in einem sehr schönen, ruhigen Licht, insgesamt sehr angenehm. Da dachte ich mir: So ist es! Die Menschen machten eine Abtrennung und sagten: „Jetzt, tot."

Sieben Jahre später:

[69.5.17-21] Etwas wird mit diesem Körper versucht, aber was? Ich weiß es nicht. Seltsamerweise wird ihm ein Bewußtsein gegeben, das nichts mehr mit der Zeit zu tun hat: verstehst du, es gibt kein „als er nicht war", kein „wenn er nicht mehr sein wird", kein... So ist das nicht, sondern nur noch etwas, das sich bewegt. Was wird jetzt geschehen? Ich weiß es nicht. Es widerspricht allen Gewohnheiten. Dann ist dieser Körper komisch (!), manchmal fragt er sich: „Lebe ich, oder bin ich tot!?" All das ist wie eine Veranschaulichung, um uns die Geheimnisse des Daseins verstehen zu lassen. Das ist sonderbar. Ich besuchte zum Beispiel Orte, wo viele Leute anwesend waren, und die angeblich Lebenden waren vermischt mit den angeblich Toten, alle zusammen. Unmittelbar zusammen, und daran gewöhnt, zusammen zu sein, sie fanden das ganz natürlich – aber eine Menge Leute!... Immer mehr der Eindruck, daß nur unser Kopf und unsere Art zu sehen die abgestochenen Grenzen ausmacht – daß es überhaupt nicht so ist! Es ist alles vermischt.

Dann wieder, als würde die Wand dünner:

[69.7.19:] An einem bestimmten Ort sind jene, die einen Körper haben, und jene, die keinen mehr haben, miteinander vermischt, ohne daß es einen Unterschied macht. Sie haben dieselbe Wirklichkeit, dieselbe Dichte und dasselbe bewußte, unabhängige Dasein. Dort besteht eine außerordentliche Ähnlichkeit mit dem materiellen Leben, außer daß man spürt, daß die Leute in ihren Bewegungen freier sind. Das Sonderbare ist aber, daß ich aufstehe und der Zustand von „dort" weitergeht, und das ist ebenso wirklich, ebenso greifbar wie die physischen Dinge. Dort war

jemand, ich war mit jemandem [einem angeblich Toten, dort in Mutters Zimmer] und fragte mich: „Ist diese Person physisch so? Ist das physisch?" Ich stand aufrecht!... Da ist es, als wären die beiden Welten... *(Mutter streicht mit den Fingern der rechten Hand durch die der linken)*... **Sonderbar.**

Sehr schön, die Toten leben, das überrascht uns nicht; manche Tote sind sogar lebendiger als die meisten Konsumbürger, und manche Lebende sind bereits halb tot. Aber trotzdem: was sind diese „Lebenden", die mit den „Toten" umherspazieren und sich amüsieren? Bis jetzt haben wir noch keine Lebenden ihre *physischen* Spaziergänge mit den „Toten" erzählen hören! Bedeutet dies, daß ein Teil unseres Wesens ohne unser Wissen bereits mit dieser Welt in Verbindung steht (für die wir keinen Namen haben), wo die Gesetze nicht mehr dieselben sind, wo der „Tod" nicht mehr derselbe ist, und die nach Mutters Erfahrung dennoch eine physische Welt ist? Weiß unser Körper es vielleicht besser als wir?

Jedenfalls hatten jene, die solche Erfahrungen mit „Toten" hatten, sie meistens im Schlaf oder in anderen besonderen Zuständen – ja, durch die gewohnten Schichten. Wenn diese Schichten aber gerade die Lüge der Welt sind, ihre Dicke, ihr falscher oder entstellter Blickwinkel, der all die Unfälle und Krankheiten, all das Elend und den Tod der Welt verursachen, was bedeutet das dann? Was ist das Leben wirklich, und was der Tod? Gibt es vielleicht einen Ort des physischen, materiellen Bewußtseins – sagen wir des nächsten irdischen Bewußtseins –, wo das Leben *und* der Tod ihre Beschaffenheit ändern? Dann ist das wirklich ein neuer Zustand auf der Erde: weder das Leben, wie wir es kennen, *noch* der Tod, wie wir ihn kennen.

Aber lassen wir Mutter ihre sonderbaren Erkundungen fortsetzen, um „die Geheimnisse des Daseins zu begreifen".

[67.3.7:] **Auf alle Fälle ist das ein Wissen des Zellbewußtseins.**

Dies ist nicht das Mental, kein yogisches Wissen, keiner der Okkultismen der Welt, sondern das Wissen des *körperlichen* Bewußtseins. Der Körper sieht. Der Körper sieht seine Erde auf ganz andere Art. Der Körper begreift... seine eigenen Geheimnisse.

X. Das Über-Leben

Das Leben und der Tod

Seit ihren ersten Erfahrungen in Tlemcen als junge Frau, die ich an anderer Stelle beschrieb[1], hatte Mutter zahllose Gelegenheiten, den Tod zu studieren: das Phänomen des Kadavers. Eines Tages fragte ich sie, ob man „die Erfahrung des Todes haben könnte, ohne zu sterben." Mit ihrem gewohnten Humor erwiderte sie:

> [68.9.28:] **Gewiß! Man kann sie sogar materiell haben... solange der Tod kurz genug ist, daß die Ärzte nicht die Zeit haben, euch für tot zu erklären!**

Mutter hatte keine allzu große Hochachtung vor der medizinischen Wissenschaft: „Ich bin Atheistin der Medizin", sagte sie mir lachend. Und ich erinnere mich an Sri Aurobindo:

> **Wir machen uns über den Wilden lustig wegen seines Aberglaubens in den Medizinmann; doch worin sind wir Zivilisierten weniger abergläubisch in unserem Glauben an die Ärzte? Der Wilde sieht, daß die Wiederholung bestimmter Beschwörungen ihn oft von bestimmten Krankheiten heilt; also glaubt er daran. Der Zivilisierte sieht, daß er oft von bestimmten Krankheiten geheilt wird, indem er Medikamente entsprechend bestimmter Anweisungen nimmt; also glaubt er daran. Wo liegt der Unterschied?** (*Thoughts and Aphorisms*, XVII, 126)

Mehrmals hatte Mutter sogar die ziemlich unangenehme Erfahrung, eine ganze Nacht lang in jemand anderem zu sterben, das erwähnten wir bereits. Dann waren da die zahllosen „kleinen Tode" beim Durchqueren des Netzes. Aber gerade der *Augenblick* des Übergangs vom einen Zustand in den

1 Siehe *Der Göttliche Materialismus*, Verlag Hinder + Deelmann, Gladenbach 1992

anderen interessiert uns, denn dort hat man die Gelegenheit, das Geheimnis zu erwischen: wenn es umschwingt. Die Ärzte geben euch die ganze Liste der Krankheiten, „die bewirken, daß…" und der Herzstillstand „der bewirkt, daß…" Doch sie wissen nichts über die Wirklichkeit des Phänomens. Ebenso gut könnte man einen Autounfall durch die Anzahl der Kieselsteine auf der Straße beschreiben wollen. Es ist sonderbar, wie sehr unsere ganze Wissenschaft „daneben" ist, wie eine mechanische Karikatur von „etwas", das ihr völlig entgeht.

Hier ist eine der ersten Erfahrungen nach dem ersten Ausgang aus dem Netz 1962, als Mutter noch in einem mikroskopischen unablässigen Hin und Her in das Netz ein und aus ging, wie an der Grenze zwischen den zwei Zuständen:

> [62.9.8:] **Ein sonderbares Gefühl, eine seltsame Empfindung der beiden Funktionsweisen (man kann nicht einmal sagen, daß sie einander überlagern): die wahre Funktionsweise des Körpers und die Funktionsweise, die durch das individuelle Gefühl eines individuellen Körpers [das Goldfischglas] entstellt ist. Sie sind fast gleichzeitig, das macht es so schwer zu erklären… Das Bewußtsein wird gleichsam in eine bestimmte Stellung gezogen oder geschoben oder versetzt, und dort erscheinen diese Störungen augenblicklich [das heißt, man ist wieder ins Netz zurückgekehrt] – augenblicklich, nicht als Folge: das Bewußtsein wird ihrer Existenz GEWAHR…**

Hier berühren wir ein Geheimnis. Mutter schien zu sagen, daß die Störung (die letztlich zum Tod führt) nicht die Folge der Tatsache ist, all die Krankheiten zu bekommen, die bereits innerhalb des Goldfischglases existieren, das man vorübergehend verlassen hatte, sondern der Tatsache, daß das Bewußtsein ihre Existenz *bemerkt*. Die Krankheiten und der Tod sind *ständig* da im Goldfischglas, latent oder manifestiert; definitionsgemäß ist es der tödliche Zustand; aber das Bewußtsein *bemerkt* ihre Existenz, das heißt es gibt ihnen eine Wirklichkeit. Im Goldfischglas bekommt man nicht die

„Krankheit" sondern das lügenhafte Bewußtsein – es ist die eigentliche „Krankheit" des Goldfischglases, die einzige. Mutter setzt fort:

> **... Nur wenn das Bewußtsein während längerer Zeit in dieser Stellung bleibt, entstehen, was man allgemein als Folgen bezeichnet: die Störung hat Folgen – das sind winzige Dinge, ein physisches Unwohlsein zum Beispiel. Nimmt das Bewußtsein seine wahre Stellung wieder ein, verschwinden die Störungen AUGENBLICKLICH. Manchmal ist es jedoch so** *(Mutter deutet mit ineinander verflochtenen Fingern ein Überlappen oder Durchdringen an),* **einmal diese Stellung, dann die andere, diese Stellung, dann die andere, innerhalb weniger Sekunden [der Ein- und Ausgang aus dem Netz], so daß man fast gleichzeitig beider Arbeitsweisen gewahr ist. Das verhalf mir zur Erkenntnis des Vorgangs, denn vorher konnte ich es nicht verstehen; ich dachte einfach, es war ein Zustand der Gesundheit, von dem ich in einen anderen Zustand der Krankheit fiel – aber das ist es nicht, es ist nur... Alles, die ganze Substanz, die Schwingungen nehmen ihren gewohnten Lauf, einzig die Wahrnehmung des Bewußtseins ändert sich. Das bedeutet, wenn man diese Kenntnis ins Extreme weiterführt, sie verallgemeinert, dann ist das Leben (das, was wir gewöhnlich „Leben" nennen, das physische Leben des Körpers) und der Tod EIN UND DASSELBE, sie sind GLEICHZEITIG: einzig das Bewußtsein stellt sich so oder so, bewegt sich hin und her** *(die gleiche Geste).* **Ich weiß nicht, ob ich mich verständlich machen kann. Aber das ist phantastisch!...**

Es ist phantastisch. Es gibt nichts, das der „Tod" wäre, keinen Krebs, keine Tuberkulose, kein krankes Herz... sondern nur ein lügenhaftes Bewußtsein, in einer lügenhaften Stellung, die augenblicklich die Tuberkulose *bewirkt,* den Krebs bewirkt, usw., mit all ihren tödlichen Folgen. Wenn es in der richtigen Stellung ist, bemerkt es sie nicht, und es gibt keinen

Krebs, keine Tuberkulose, keine Krankheit, überhaupt keine Krankheit! Das bedeutet, daß die Krankheit und der Tod ständig da sind, sie sind der normale menschliche Zustand, nur „bemerkt" man sie oder nicht. Alle Schwingungen folgen ihrem „normalen Lauf", einzig die Stellung des Bewußtseins verändert sich. Das ist tatsächlich phantastisch! Mutter fügte noch hinzu:

> **... Diese Erfahrung erlebte ich mit Beispielen, die konkreter gar nicht sein könnten. Es findet zum Beispiel diese unmerkliche Verlagerung des Bewußtseins statt, und... man meint, man würde in Ohnmacht fallen: alles Blut geht vom Kopf in die Beine, und hopp! Wenn das Bewußtsein sich RECHTZEITIG wiederherstellt, passiert es nicht; wird es nicht rechtzeitig wiederhergestellt, fällt man tatsächlich in Ohnmacht. Folglich habe ich die sehr deutliche Erkenntnis, daß das, was sich für das normale Bewußtsein der Leute, in den Erscheinungen, als Tod ausdrückt, nur das Bewußtsein ist, das seine wahre Stellung nicht schnell genug wiedererlangt hat... Ich weiß sehr wohl, daß die Worte gänzlich fehlen, um diese Erfahrung zu erklären. Aber vielleicht liegt das auf dem Weg zur Kenntnis des „Dings" [des Todes]; und die Kenntnis bedeutet doch wohl die Macht, es zu ändern. Ich fühle deutlich, daß etwas mich zur Entdeckung dieser Macht führt – zu dieser Kenntnis –, natürlich durch das einzige mögliche Mittel: die Erfahrung. Und zwar mit äußerster Vorsicht, denn ich weiß sehr wohl, daß...**

Offensichtlich ist es gefährlich. Man könnte die wahre Stellung nicht schnell genug wiedererlangen. Die entscheidende Tatsache ist, daß „Leben und Tod dasselbe sind". Das ist keine Frage von Krebs oder neunzig Jahren Abnutzung „die bewirken, daß..." Aber dann ist die gesamte Medizin falsch! Wir stecken in einem Goldfischglas des Todes, da haben die Ärzte tausendmal Recht – doch sie behandeln die Illusion.

Jetzt besteht die ganze Frage darin, diesen Wechsel der Stellung zu begreifen.

Die Kenntnis des Phänomens gelangte einen Schritt weiter mit einer sonderbaren Erfahrung anläßlich des Todes eines Schülers. Kurz zusammengefaßt, wandelte der Schüler in einem Zustand innerer Konzentration umher, ohne der materiellen Welt große Aufmerksamkeit zu schenken: er stolperte über etwas und brach sich den Schädel – die Ärzte erklärten ihn für „tot" – nachdem sie einige fürchterliche Operationen versucht hatten. Während all dieser Zeit war der Schüler in seinem sehr lebendigen Bewußtsein zu Mutter gekommen: er blieb bei ihr, ruhig, als setzte er seine Meditation fort. Dann spürte Mutter plötzlich eine gewaltsame Erschütterung in ihm, und er verschwand – das war der Augenblick, als sein Körper verbrannt wurde. Mutter erklärte:

> [62.7.4:] **In seinem Zustand machte es KEINERLEI UNTERSCHIED für ihn, lebend oder tot zu sein – das ist höchst interessant! Nur weil man ihn verbrannte, wurde er gewaltsam mit der Zerstörung der Form seines Körpers konfrontiert...**
>
> Man könnte sagen, plötzlich „merkte" er, daß er tot war.
>
> ... *(Frage:) Welche Konsequenzen könnte man deiner Erfahrung nach aus dieser Geschichte ziehen?*
>
> **Aber daß man sterben kann, ohne zu wissen, daß man tot ist! Er fuhr fort zu sein, zu leben, Erfahrungen zu haben, ganz und gar UNABHÄNGIG von seinem Körper, ohne die geringste Notwendigkeit seines Körpers, um seine Erfahrungen zu haben. Ich halte das für eine bedeutende Erkenntnis... Somit ließe sich sagen, man muß dem Tode sterben, um zur Unsterblichkeit geboren zu werden. Dem Tode sterben, das heißt unfähig werden zu sterben, weil der Tod keine Wirklichkeit mehr hat.**

Wenn die Stellung des Bewußtseins sich verändert, haben nicht nur Krebs, Herzinfarkt und was weiß ich noch alles keine Wirklichkeit mehr – das heißt, sie können nicht mehr sein, sich nicht manifestieren, obwohl sie noch latent im Goldfischglas gegenwärtig sind –, sondern auch der Tod kann nicht mehr sein. Der Tod ist stets zugegen, aber eine bestimmte Stellung des Bewußtseins bewirkt, daß man den Tod oder den Unfall und den Rest erwischt oder nicht.

Die Erfahrung vom „Tod des Todes" wurde deutlicher:

> [63.3.16:] **Der Eindruck im gewöhnlichen Leben ist (obwohl nur wenige Menschen es merken), darunter zu stecken – ein Schicksal, eine Unabwendbarkeit, ein Wille, Umstände (die Worte haben keine Bedeutung): etwas wiegt auf euch und will sich durch euch manifestieren. Jetzt, seit dieser Erfahrung vom „Tod des Todes" habe ich das Gefühl... Wenn ich früher auf Leute einen Einfluß nahm, entweder um zu verhindern, daß sie sterben, oder um ihnen zu helfen, nachdem sie gestorben waren (Hunderte von Eingriffen, die ich ständig mache), so tat ich es stets mit dem Gefühl, der Tod wäre etwas, das überwunden oder beherrscht werden müsse oder dessen Folgen berichtigt werden müssen...**

Man überwindet oder beherrscht einen Feind, und man gibt ihm große Macht, indem man gegen ihn kämpft – doch wenn es keinen Feind mehr gibt! Wenn es nichts ist... außer einer Illusion?

> **... Jetzt hat sich meine Stellung geändert. Manchmal dauert es allerdings Jahre, bis das zu einer bewußten Macht wird. In diesem Fall würde die bewußte Macht darin bestehen, den Tod gleichermaßen geben und verhindern zu können, die notwendige Bewegung der Kräfte auszuführen: BEINAHE EINE MECHANISCHE WIRKUNG AUF DIE ZELLEN. Diese Macht würde bedeuten: man kann den Tod geben, man kann ihn verhindern. Da ist überhaupt nicht mehr das Gefühl einer gewaltsamen Gegensätzlichkeit zwischen dem Leben und dem Tod als seinem Gegenteil – der Tod ist nicht das Gegenteil des Lebens! In dem Augenblick begriff**

ich das, und ich vergaß es nie mehr – der Tod ist NICHT das Gegenteil des Lebens. Das ist wie eine Veränderung der Funktionsweise der Zellen oder ihrer Anordnung. Sobald man das begriffen hat, wird es sehr einfach: man kann sehr leicht verhindern, daß es hierhin oder dorthin übergeht *(Mutter streicht mit den Fingern der rechten Hand durch die der linken, von der einen Seite des „Netzes" zur anderen),* **man kann es hierhin oder dorthin bewegen. Das ist… Offensichtlich wäre das eine neue Phase des irdischen Lebens.**

[62.7.11:] **Dieses „dem Tod sterben" war so hell, wirklich überwältigend an Macht! Dazu dieser Eindruck: leicht, leicht! – Keine Frage von schwierig oder leicht zu tun: es ist spontan, NATÜRLICH, und so lächelnd!**

Es ist natürlich, im eigentlichen Sinn des Wortes. Es ist der natürliche Zustand *par excellence.* Wir sind in ein Goldfischglas der Unwirklichkeit eingetreten, wo man alle Arten von Katastrophen bemerkt, die natürlich stattfinden, weil man sie bemerkt – so wie mein Tod in den Cañons stattgefunden hätte, wenn ich bemerkt hätte oder wenn mein Körper geglaubt hätte, daß man ihn umbringen würde. Sonderbarerweise war es in dem Augenblick, als wäre nichts, folglich war auch nichts! Es gab keinen Unfall. Eine Minute lang war ich in einem natürlichen Zustand. Damit der Tod stattfindet, muß eine Verbindung mit dem Tod entstehen – wenn es aber keine Verbindung gibt!

„Eine Frage der Abläufe in den Zellen… Beinahe eine mechanische Wirkung auf die Zellen… Eine falsche Stellung des Bewußtseins, die nicht schnell genug wieder richtig gestellt wird." Immer wieder kommen wir auf den Durchgang durch das Netz des physischen Mentals zurück. Jahre später näherte sich Mutter dem Schlüssel:

[66.2.26:] **Für mich geht es darum, den Vorgang zu finden, mit dem man die Macht hat aufzulösen, was geschah [den Tod, das gesamte Netz der Unwirklichkeit, in das wir**

gehüllt sind]. Nach all diesen Jahren wünscht sich etwas, die Macht oder den Schlüssel zu haben: den Vorgang. Muß man nicht fühlen oder LEBEN, wie das so macht *(Mutter dreht ihre Faust in die eine Richtung),* **um so machen zu können** *(Drehung in die andere Richtung)*? **Das Interessante ist, daß dieses Mental der Zellen jetzt, wo es sich geordnet hat, den ganzen Verlauf der menschlichen mentalen Entwicklung mit rasanter Geschwindigkeit zu wiederholen scheint, gerade um... den Schlüssel zu erreichen.**

Das Mental der Zellen hält den Schlüssel des Todes, oder besser gesagt des Nicht-Todes: des Zustands, wo Tod *und* Leben sich in etwas anderes verwandeln, wo dieser Gegensatz nicht mehr existiert.

Der Tod ist nicht das Gegenteil des Lebens! Er ist derselbe Zustand, derselbe Brei von „etwas", das wir als Dasein bezeichnen und in dem wir hin und wieder endgültig den Tod erwischen, der aber tatsächlich schon immer zugegen war; wir werden mit ihm geboren, wir stecken darin, könnte man sagen. Unsere Zellen wickeln ständig die Gewohnheit der Niederlage und des Todes ein, das ist ihr „idiotischer guter Wille". Wenn wir nur diese Vibration verändern, diese Art des Einwickelns, und ihnen eine andere, sonnige und freie Schwingung zu wiederholen geben, dann ändert sich alles! Dann ist es nicht mehr das Leben, wie wir es kennen, das nur ein wartender Tod ist, eine falsche Zeit, ein falscher Raum, eine falsche Materie, und es ist nicht mehr der Tod, wie wir ihn kennen, der nur das Verschwinden unseres falschen Blicks und unserer falschen materiellen Szene ist, sondern es ist etwas, das weitergeht, mit oder ohne Körper, in einer wahren Zeit, in einem wahren Raum, in einer wahren irdischen und materiellen Materie. Das ist das „Über-Leben", das zerbrochene Goldfischglas, das nicht den Tod des Fisches bedeutet, sondern den Anfang einer anderen Spezies oder eines anderen Reichs auf der Erde. Ja, eine „neue Phase des irdischen Lebens".

[70.1.3:] Dies lernte ich jetzt: das Versagen der Religionen war, daß sie geteilt waren, sie wollten, daß man religiös sei unter Ausschluß der anderen Religionen, und alles menschliche Wissen versagte, weil es ausschließlich sein wollte, und der Mensch versagte, weil er ausschließlich sein wollte. Doch das neue Bewußtsein will: keine Trennungen mehr. Fähig zu sein, das spirituelle Extrem und das materielle Extrem zu begreifen und den Verbindungspunkt finden, dort, wo das eine wahre Kraft wird. Das will es jetzt auch dem Körper beibringen, mit den radikalsten Mitteln. Alle sagen sie: „Dies und nicht das." – Nein! Dies UND das, und noch das und das, und alles zugleich. Genügend plastisch und weit sein, um alles zu vereinen. Auch im Körper. Der Körper ist gewohnt zu sagen: „Dies und nicht das, dies oder das, dies oder das..." Nein-nein-nein: dies UND das. Dann die Große Trennung: das Leben und der Tod – das ist es. Und alles andere folgt daraus. Nun, die Worte sind kindisch, aber das Über-Leben ist das Leben und der Tod zusammen... Warum es das „Über-Leben" nennen! Wir neigen immer zur einen Seite: Licht und Dunkelheit („Dunkelheit", nun ja...).

Da erinnerte ich mich plötzlich an diesen sonderbaren Vers der vedischen Rishis vor fünf- bis siebentausend Jahren: „Er entdeckte die beiden Welten, ewig und *im selben Nest.*" (Rig-Veda, I.62.7)

Die ganze Frage liegt jetzt in diesem „mit oder ohne Körper", das heißt, wird dieser Körper die Macht oder die Fähigkeit haben, in den anderen Zustand überzugehen und allmählich seine alte Verfassung in eine neue zu verwandeln – kann der Körper das lebende Bindeglied zwischen den beiden Welten bleiben: dort sein, wo die Lebenden und die Toten „ohne Unterschied" beisammen sind –, oder muß er seine alte Gewohnheit der Auflösung fortsetzen, seinen Panzer öffnen und „sterben", damit der Mensch immer wieder durch das Netz geht, bis er den Schlüssel der Illusion gefunden hat? Warum die Illusion? – Damit wir finden können, was noch keine der glücklichen Arten vor uns fand (wahrscheinlich, weil sie zu glücklich in ihrer Art waren): die Macht, die genetische Einwicklung aufzulösen, die uns an eine bestimmte Spezies bindet und uns in eine einzige Lebensweise einschließt, wo doch das Ziel der Evolution ist – wenn es eines gibt –, alles zu sein und alles zu leben und die Gesamtheit der bekannten und der noch unbekannten Lebensweisen in einem freien, glücklichen Individuum wiederzufinden – ohne Panzer, aber dennoch materiell.

Diese Macht ist das Mental der Zellen.

Ein gefährliches Unbekanntes

Ein sonderbares – und schmerzliches – Leben begann für Mutter. Es ist sehr leicht, von „der neuen Spezies" zu reden und all dies in Paragraphen zu setzen (vielleicht doch nicht), aber auf dem täglichen Experimentierfeld ist das sehr beängstigend für den Pionier – geht man überhaupt irgendwohin? Ist das Wahnsinn, die Auflösung, oder was? Niemand kann es einem sagen. Ihr einziger menschlicher Trost war vielleicht, mir all dies erzählen zu können – doch bald würden die anderen mir sogar ihre Tür verschließen. Eine neue Spezies ist sehr verrückt. Ich kenne wirklich niemand Heldenhafteren als Mutter.

Dennoch lachte sie, machte sich lustig, oh, wie sie sich lustig machte!

> [70.4.29:] **Der Körper sagt: „Im Grunde würde das vor allem für die anderen einen Unterschied machen! [wenn Mutter sterben würde] Für mich..." Nur, weißt du, sie sind noch in dieser Illusion, an den Tod zu glauben, weil der Körper verschwindet. Sogar der Körper weiß nicht mehr, welches wahr ist! Für ihn sollte doch eigentlich die Materie die Wahrheit sein – aber selbst der Körper ist sich nicht mehr ganz sicher, was das jetzt ist! Da ist das Andere, die andere Art zu sein. Er weiß, daß die alte Art nicht mehr**

das Rechte ist, aber er fängt an, sich zu fragen, wie es sein wird. Wie wird die Beziehung zwischen dem neuen Bewußtsein und dem alten Bewußtsein all jener, die noch menschlich sind, zustandekommen? Das kommt... seltsam, das kommt wie ein Hauch, und dann verschwindet es wieder. Der Körper leidet... ein seltsames Leiden: er wimmert buchstäblich, als leidete er fürchterlich, dann geschieht ein kleines Etwas, und es ist kein Leiden mehr, es ist keineswegs, was wir als Glückseligkeit bezeichnen – wir wissen nicht, was es ist, es ist etwas anderes, aber außerordentlich: neu, völlig neu. All das geschieht wie etwas Verschwommenes, es ist nicht mehr dies und noch nicht das. Es ist nicht mehr das Körperbewußtsein, wie es war. Oh, es ist auf dem Wege zu etwas! Aber es ist noch nicht da. Doch die Gegenwart der Gnade ist etwas absolut Wunderbares, denn ich sehe: käme die Erfahrung so, wie sie ist, ohne daß man mir zugleich den wahren Sinn des Geschehens gibt, dann wäre es eine Tortur ohne Unterlaß – es ist das Sterben der alten Art.

Acht Jahre zuvor hatte sie mir folgendes gesagt:

[62.6.12:] Das geht soweit, wenn ich keine Rücksicht auf die Gemütsruhe der anderen nähme, würde ich sagen: „Ich weiß nicht, ob ich lebe oder ob ich tot bin!..." Denn ein bestimmtes Leben, eine bestimmte Art von Schwingung des Lebens, ist vollkommen unabhängig von... [Mutter wollte sagen: „vom Körper"]. Nein, ich will es anders ausdrücken: die Art, wie die Menschen das Leben normalerweise fühlen, ihr Gefühl des Lebendig-Seins, ist eng mit ihrem Selbstgefühl verbunden, mit dem Gefühl ihres Körpers und ihrer selbst. Beseitigst du vollkommen dieses Gefühl, diese Art von Gefühl, diese Art von Beziehung, die die Leute „ich lebe" nennen, wie kannst du dann sagen: „ich lebe" oder „ich lebe nicht"? – Das existiert nicht mehr! Ich kann nicht wie sie sagen: „ich lebe" – es ist etwas ganz anderes...

Die „Tortur“ sollte eine lange sein.
Mutter fügte lachend hinzu:

... Du würdest besser daran tun, dieses Gespräch nicht aufzuheben, denn sonst werden sie [die Schüler] sich noch fragen, ob sie mich nicht besser psychiatrisch behandeln lassen sollten!... Aber sogar das hat keinerlei Bedeutung!... Was ich sage, wird immer schwieriger. Vielleicht werden Leute es in fünfzig Jahren begreifen?

Ich verstand sehr wohl, daß Mutter nicht mehr in unserem gewohnten „ich lebe“ steckte, aber wo steckte sie dann? Im „Tod“? Und was ist dieser Tod in Wirklichkeit?... Eines Tages stellte ich ihr die Frage und bekam eine Antwort, die mich ziemlich überwältigte, obwohl ich lange genug vorbereitet wurde durch das, was sie früher gesagt hatte: „Der Tod ist nicht das Gegenteil des Lebens.“

[67.3.7:] **Ich kam zu dem Schluß, daß es nichts gibt, das wirklich der Tod wäre. Das ist nur ein Anschein, noch dazu ein Anschein, der auf einer beschränkten Sicht beruht. Doch in der Vibration des Bewußtseins gibt es keine drastische Veränderung. Die Bedeutung, die den Unterschieden der Zustände beigemessen wird, ist rein oberflächlich und beruht auf einer Unkenntnis des Phänomens selber. Jener, der ein Verständigungsmittel bewahren könnte, würde sagen, daß es für ihn keinen beträchtlichen Unterschied macht. Doch das ist noch etwas, das sich entwickelt: es bleiben noch ungenaue Stellen und fehlende Einzelheiten der Erfahrung.**

(Frage:) Du sagst, es gibt keinen Unterschied... Hat man auf der anderen Seite weiterhin eine Wahrnehmung der physischen Welt?

Ja, genau. Das ist es.

Die Wahrnehmung der Wesen, der... [ich wollte sagen: der Bäume, der Möwen im Himmel, der schönen Sonne auf der Erde]?

Ja, so ist es. Nur, anstatt eine Wahrnehmung zu sein... Man verläßt lediglich eine Art illusorischen Zustand und eine Wahrnehmung der Erscheinungen, doch man hat eine Wahrnehmung. Das heißt, ich hatte in solchen Augenblicken eine Wahrnehmung, ich konnte den Unterschied feststellen, doch die Erfahrung war nicht vollständig – nicht vollständig, weil sie von äußeren Umständen unterbrochen wurde. Aber die Wahrnehmung ist vorhanden. Nicht genau dieselbe, aber MANCHMAL MIT GRÖSSERER WIRKSAMKEIT in sich selbst. Das wird aber nicht wirklich von der anderen Seite erkannt...

Mutter setzte noch hinzu, was uns tatsächlich die Augen öffnet:

... Deutlich, präzise und OFFENSICHTLICH wird es aber erst mit dieser neuen Sicht der Zellen, denn (wie soll ich sagen?) ich wußte dies, ich wußte es schon früher [Mutter hatte zahllose sogenannte okkulte Erfahrungen gehabt], aber ich sah es erneut mit dem neuen Bewußtsein, der neuen Sichtweise, und da wurde das Verständnis umfassend, die Wahrnehmung wurde umfassend, ganz und gar konkret, mit überzeugenden Elementen, die dem okkulten Wissen gänzlich fehlten. Dies ist ein Wissen des Bewußtseins der Zellen.

Der Körper, das Bewußtsein des Körpers bildet die direkte Brücke mit der anderen Seite des Goldfischglases – aber natürlich! Es bedeutet ja nicht, in den reinen Geist überzugehen, sondern in die Materie selbst... so wie sie ist. Die Toten sind hier. Der Tod bewohnt uns. Und es ist gar nicht der „Tod"!

Eines Tages ließ Mutter mir gegenüber eine rätselhafte Bemerkung fallen, die sehr lichtvoll wird, wenn man sie näher betrachtet:

[70.3.25:] **Für das körperliche Bewußtsein, das bewußt bleibt, wenn der Körper schläft [und welches Bewußtsein**

wäre dies, wenn nicht das der Zellen?], ist die Welt, wie wir sie erleben, stets düster und schlammig. Das heißt, es ist immer ein Halbschatten – man kann kaum darin sehen – und ein Schlamm. Das ist keine Meinung, keine Empfindung, sondern eine materielle Tatsache. Folglich ist dieses Bewußtsein [der Zellen] sich bereits einer Welt bewußt... die nicht mehr denselben Gesetzen unterworfen sein wird.

[72.7.26:] **Wenn ich so unbewegt bleibe, geschehen nach einer Weile eine Fülle von Dingen, die sich ordnen, aber das ist (wie soll ich sagen?) eine andere Art von Wirklichkeit, eine konkretere Wirklichkeit. Wie kann sie konkreter sein? Ich weiß es nicht. Im Vergleich dazu erscheint die Materie als etwas Ungewisses [wie würde auch das Wasser des Fisches im Vergleich zur sonnigen Wiese erscheinen?]. Ungewiß, opak, nicht aufnahmefähig. Dieses... Das lustigste ist, daß die Leute glauben, ich schliefe! Ich gehöre beinahe nicht mehr der alten Welt an, da sagt die alte Welt: sie ist erledigt – das ist mir völlig gleichgültig!**

Man könnte denken, Mutter ging allmählich auf die Seite der Toten... als hätte dieser ganze evolutionäre Übergang – all diese Anstrengungen, die Schmerzen des irdischen Werdens seit den Anfängen der Zeitalter – als einziges Ziel, in einen Zustand zu kippen, der möglicherweise durchaus materiell war, aber ohne Verbindung, ohne Zugang oder Kontinuität zur materiellen Evolution der Arten. Doch dem ist keineswegs so. Mutter ging nicht in den „Tod"... Auf der Ebene der Zellen scheint eine seltsame Alchemie abzulaufen, die nicht nur das uns bekannte Leben verändert, sondern auch den Tod. Wirklich ein anderer Zustand in der Materie. Die Toten haben keine Zellen! Und wenn diese kleine Tierzelle sich seit dreieinhalb Milliarden Jahren so schmerzlich abmüht, dann gewiß nicht, um sich zu verflüchtigen – auch die Zelle muß ihre Erfüllung haben. Sie ist vielleicht sogar der Ort, wo die nächste Welt erbaut wird, die nicht mehr unserem Leben angehört, aber auch nicht dem Tod.

[72.7.12:] Ich habe das Gefühl, ich werde eine andere Person. Nein, nicht nur das: ich berühre eine andere Welt, eine andere Seinsart... man könnte es eine gefährliche Seinsart nennen... Gefährlich, aber wunderbar. Das Gefühl, daß die Beziehung zwischen dem, was wir „Leben" nennen, und dem, was wir „Tod" nennen, zunehmend anders wird – vollkommen anders. Verstehst du, es ist nicht so, daß der Tod verschwindet (der Tod, so wie wir ihn uns vorstellen, wie wir ihn kennen, in Bezug auf das Leben, wie wir es kennen), das ist es nicht, das ist es überhaupt nicht! BEIDE sind im Begriff, sich zu verwandeln... in etwas uns Unbekanntes, das zugleich äußerst gefährlich erscheint und auch ganz und gar wunderbar. Unser natürliches Bestreben ist, daß gewisse Dinge wahr sind (jene, die UNS von Vorteil erscheinen) und daß gewisse andere verschwinden sollen, aber das ist es nicht! ALLES wird anders. Anders. Von Zeit zu Zeit, für einen kurzen Augenblick: etwas Erstaunliches. Und sofort danach, das Gefühl... eines gefährlichen Unbekannten. So ist es. So verbringe ich meine Zeit.

[72.12.9:] Alles zerfällt, außer... was? das Göttliche... etwas – was? Das ist wie ein Versuch, euch fühlen zu lassen, daß es keinen Unterschied zwischen Leben und Tod gibt. Genau: daß es weder der Tod noch das Leben ist – weder, was wir Tod nennen, noch, was wir Leben nennen. Es ist... etwas. Und das ist etwas Göttliches. Besser gesagt: es ist unsere nächste Stufe auf dem Weg zum Göttlichen.

[69.4.16:] Das ist sonderbar: es scheint alles gleich zu sein, und doch wird es völlig anders.

[62.2.13:] Für die, die in ein- oder zweihundert Jahren kommen, wird es sehr leicht sein, sie brauchen nur noch zu wählen: dem alten oder dem neuen System angehören. Aber jetzt!... Ein Magen muß schließlich noch verdauen...

Ist es ein Wahnsinn? Oder ist es möglich? Ich weiß es nicht. Bis jetzt hat es noch niemand getan, also gibt es niemanden, der es mir sagen könnte.

[70.4.4:] **Der Körper hat das Gefühl... Beklemmung ist ein zu starkes Wort, aber der Eindruck, vor dem... Unbekannten zu stehen – das Unbekannte... etwas. Mit einem sehr sonderbaren Gefühl. Man könnte sagen, es ist eine Art neuer Vibration. So neu, daß es nicht direkt eine Beklemmung ist, aber das Unbekannte. Ein Rätsel des Unbekannten. Das wird zu einem dauernden Zustand. Da gibt es für den Körper nur eine Lösung, und zwar die völlige Hingabe. Und in dieser Hingabe erkennt er, daß diese Vibration keine Vibration der Auflösung ist, sondern... etwas – was? Das Unbekannte, das gänzlich Unbekannte – neu, unbekannt. Manchmal wird er von Panik ergriffen. Er könnte nicht sagen, daß er besonders leidet, ich kann das nicht als Leiden bezeichnen, es ist etwas... ganz und gar Außerordentliches.**

Ja, das „andere" muß so anders sein, daß es für den Körper wie ein Tod ist!

Etwas Ähnliches! Jedenfalls ist es ein sonderbares Leben. Bald werde ich eine gefährliche Ansteckung verbreiten, weißt du!

Vielleicht wird tatsächlich die ganze Welt von einer gefährlichen Ansteckung ergriffen.

[70.4.11:] **Das ist ein sonderbarer Eindruck, als stünde man am Rand – aber am Rand von was? Ich weiß es nicht. Etwas...**

[70.7.27:] **Etwas, das eine zahllose Erfahrung zur gleichen Zeit hat.**

[72.1.22:] **In manchen Augenblicken hat der Körper das Gefühl, daß es unmöglich ist, daß man so nicht existieren kann. Dann kommt gerade in der letzten Minute etwas, und damit wird es... eine Harmonie, die in der physischen**

Welt gänzlich unbekannt ist. Eine Harmonie... im Vergleich dazu erscheint die physische Welt fürchterlich. Das ist wirklich wie eine neue Welt, die sich manifestieren will.

[72.5.13:] Noch nie hatte ich so sehr den Eindruck von... des Nichts – des Nichts. Nichts. Ich bin nichts mehr. Es ist, als könnte der Körper jede Minute sterben, und in jeder Minute wird er wunderbarerweise gerettet. Das ist außerordentlich. Mit der ständigen Wahrnehmung der Weltereignisse, als wäre alles... *(Mutter drückt die Finger der rechten Hand mit denen der linken),* als wäre dort eine Verbindung.

[73.3.17:] Manchmal frage ich mich, wie es möglich ist... Manchmal ist es so neu und unerwartet, daß es beinahe schmerzlich wird.

[71.8.25:] Es ist wie auf einem Grat, wo der geringste Fehltritt euch in einen Abgrund stürzt. Alles erscheint anders. Die Beziehungen mit den anderen verändern ihre Beschaffenheit, alles verändert seine Beschaffenheit, aber was, was? Es ist, als wäre man in der Schwebe: einerseits eine ungeheure Macht, und gleichzeitig eine ungeheure Machtlosigkeit. Weißt du, als hinge man zwischen dem Wunderbarsten und dem Abscheulichsten. So ist es. Ich weiß nicht einmal, wohin ich gehe – gehe ich zur Transformation oder zum Ende?

[70.1.3:] Der Körper spürt sehr deutlich, daß er nicht mehr von hier ist und noch nicht dort ist, deshalb... In seinem Anschein ist dieser Körper etwas völlig Absurdes, mit scheinbaren Schwächen, die die Menschen verachten, und... unvorstellbaren Kräften, die sie nicht ertragen können.

Da nähern wir uns dem tatsächlichen Problem. Eine neue Spezies muß erträglich für die alte sein. Und kann man ganz alleine in eine andere Spezies übergehen?

[71.7.3:] **Die beiden Extreme – der wunderbare Zustand und die allgemeine Auflösung – sind gleichsam hier vermischt. Alles, alles wird gestört: die Leute, auf die man sich verläßt, verlieren den Halt, und eine allgemeine Unehrlichkeit scheint um sich zu greifen. Aber gleichzeitig kommt für die Dauer eines Blitzes ein wunderbarer, unvorstellbarer Zustand – das entgegengesetzte Extrem. Als wollte es das andere ersetzen – aber das andere verteidigt sich auf schreckliche Weise. Alle Umstände sind so, alle Leute sind so, von der Regierung bis zu denen hier. Dann dieser wunderbare Zustand: einige Minuten kommt das in meinem Körper, dann vergeht es wieder. Das lebe ich, Tag und Nacht, ohne Unterlaß. Drei Minuten Herrlichkeit für zwölf Stunden Elend. Das heißt, es wird sehr zugespitzt, wie sehr die Welt nicht ist, was sie sein sollte. Gewöhnlich redet man von einer Mischung guter und schlechter Dinge – aber das sind Kindereien: die guten Dinge sind nicht mehr wert als die schlechten! Es ist nicht DAS. Das Göttliche ist etwas anderes.**

Das „Göttliche" ist die nächste Seinsart auf der Erde.

Ein gefährliches Unbekanntes, das die eigentliche Schlacht der Welt ist, jene, die in hundert Ländern, unter tausend Bannern, tausend Vorwänden, tausend Schlagworten ausgefochten wird – die jedoch die Schlacht der nächsten Spezies auf der Erde ist. Wird diese Erde akzeptieren, oder wird sie wieder einmal in einen Zusammenbruch stürzen, um hier oder anderswo die ewige evolutionäre Suche nach der Liebe in Freiheit und Freude von neuem anzufangen?

Wenn es aber nicht mehr Leben *und* Tod gibt, wird eine ungeheure Mauer von unserem Bewußtsein fallen – wie in Jericho – und mit ihr die älteste Angst der Erde.

XI. Mutters Abschied

Warum ging sie? Warum?
Seit so vielen Jahren stehe ich vor diesem Schmerz.

[70.4.29:] **Diese Erscheinung** *(Mutter deutet auf ihren Körper)* **erscheint dem normalen Bewußtsein als das Wichtigste. Offensichtlich wird sie sich als letztes ändern. Für das normale Bewußtsein wird sie sich als letztes ändern, weil sie das Wichtigste ist: das wird das sicherste Zeichen sein. Aber das ist vollkommen abwegig! Die Änderung im** BEWUSSTSEIN **der Zellen ist das Wichtige. Alles andere sind nur Folgeerscheinungen. Für uns, wenn der Körper wirklich etwas anderes sein wird als jetzt, dann werden wir sagen: „Ah, jetzt ist es geschehen!" – Das ist nicht wahr: es ist** BEREITS GESCHEHEN. **Der Körper ist eine Folgeerscheinung.**

Man kann gut verstehen, daß das Mental der Zellen, wenn es einmal „die andere Schwingung", das Mantra, eingerollt hat, dies ebenso unablässig wiederholen und einrollen wird wie die Zelle seit dreieinhalb Milliarden Jahren ihre Aminosäuren oder der Wasserstoff-Atomkern sein Elektron – vorausgesetzt, die gegenwärtige Zelle hält lange genug durch, um die Transformationen zu vollziehen, die die natürliche Folge der neuen Schwingung sein werden. „Gib mir die Zeit", war Mutters oft wiederholtes Gebet. „Gib mir die Zeit." „Man wünschte sich Jahrhunderte und Jahrhunderte, um die Arbeit tun zu können!", sagte sie ein Jahr nach Sri Aurobindos Abschied.

[60.1.28:] **Ich bin bereit, zweihundert Jahre zu kämpfen, aber die Arbeit wird getan werden.**

Aber sogar „diese Zeit" schien kein wirkliches Problem zu sein.

[54.8.25:] **Die Zellen, die in der Berührung der göttlichen Freude schwingen können, sind regenerierte Zellen auf dem Wege zur Unsterblichkeit.**

[67.10.21:] **Ich habe den Eindruck, daß der Tod jetzt nur noch eine alte Gewohnheit ist, daß er keine Notwendigkeit mehr ist. Das ist nur, weil der Körper noch so unbewußt ist, daß er das Bedürfnis nach totaler Ruhe empfindet, die Reglosigkeit. Wenn das beseitigt wird, gibt es keine Störung mehr, die nicht behoben werden könnte, jedenfalls keine Abnutzung mehr, keinen Verfall, keine Disharmonie, die nicht wieder behoben werden könnten. Dies ist das einzige. Aber dann diese UNGEHEURE kollektive Suggestion... die wiegt.**

Ja, diese Suggestion, und dann die alte Erinnerung an den Frieden des Minerals. Aber sogar diese Erinnerung wurde aufgelöst und durch die Unbewegtheit der „blitzartigen Wellen" ersetzt, so schnell, daß sie wie unbewegt erschienen.

[61.6.20:] *(Frage:) Wenn alles so unbewegt ist und nichts zu geschehen scheint, geschieht dann etwas?*

Ob etwas geschieht? – Ich weiß nicht. Es ist dieselbe Unendlichkeit wie wenn man den Körper verläßt. Aber das an sich ist etwas. Es fällt dem Körper sehr schwer, das zu erreichen: immer vibriert und bewegt sich irgend etwas. Das ist, als brächte es alles wieder in Ordnung, aber nichts bewegt sich. Nicht nur das Schweigen: die Unbewegtheit, OHNE ANSPANNUNG, ohne Anstrengung, nichts. Wie eine Art Ewigkeit im Körper. Dieser Zustand erscheint mir völlig natürlich: ich höre die Uhr schlagen.

[64.9.18:] **Die Jahre und die Monate verstreichen mit schwindelerregender Schnelligkeit – ohne Spuren zu hinterlassen, das ist besonders interessant. Wenn man das betrachtet, kann man begreifen, wie man beinahe unbegrenzt lange leben kann, weil diese Reibung der Zeit nicht mehr besteht.**

Dann wieder 1970:

[70.10.14:] Das Bewußtsein des Körpers verändert sich langsam dahingehend, daß sein ganzes vorheriges Leben ihm fremd erscheint. Es scheint das Bewußtsein eines anderen zu sein, das Leben eines anderen. Es ist, als gäbe es keine Vergangenheit, verstehst du: man steht dort vorne, und es ist nichts dahinter. Ein sonderbares Gefühl. Ein sonderbares Gefühl von etwas, das anfängt. In keiner Weise das Gefühl von etwas, das endet – etwas fängt an. Mit dem ganzen Unbekannten, Unerwarteten... Sonderbar. Ständig habe ich das Gefühl, daß die Dinge neu sind, daß meine Beziehung mit ihnen neu ist.

[67.11.15:] Kein einziger Tag vergeht ohne die Feststellung, daß nicht einmal eine ganze Dosis sondern eine winzige Dosis, ein mikroskopischer Tropfen von „dem" euch in einer Minute heilen kann. Es kommt zum Beispiel ein Strom von Störungen, da beginnt die Körpersubstanz das zu fühlen, dann die Wirkung zu sehen, und schließlich fängt alles an, gestört zu sein. Diese Störung verhindert den nötigen Zusammenhalt der Zellen, um einen individuellen Körper zu bilden, daher weiß man: „Ah, das wird das Ende sein!" Deshalb erwacht in den Zellen eine Aspiration, und dann ist es wie... Weißt du, das macht den Eindruck einer Verdichtung dieses Störungsstroms, und dann hält etwas inne: zuerst eine Freude, dann ein Licht, schließlich die Harmonie – und die Störung ist verschwunden. Dann entsteht in den Zellen sofort das Gefühl, die Ewigkeit zu leben, für die Ewigkeit. Das geschieht nicht nur täglich, sondern mehrmals am selben Tag. Darin besteht die Arbeit. Eine unansehnliche Arbeit. Die Verkündigungen, die Offenbarungen, die Prophezeiungen, all das ist im Grunde sehr bequem, es gibt das Gefühl von etwas „Konkretem"; aber jetzt ist es sehr unscheinbar, unsichtbar (die Ergebnisse werden erst sehr viel später sichtbar werden), unverstanden. Tatsächlich ist es insofern unverständlich, als es gänzlich neu ist.

Mir erschien es offensichtlich, daß die Erfahrung bis zum Schluß fortgesetzt würde, die Frage stellte sich mir nicht einmal: das war einfach und offensichtlich. Ich glaubte sogar, die nächste Stufe der Operation wäre der Abbruch aller Nahrungsaufnahme (Mutter nahm kaum noch anderes als Flüssiges zu sich) und die Abschaffung des alten Verdauungsapparats, der durch die unmittelbare Aufnahme der Energien ersetzt würde. Doch in Wahrheit begriff ich nicht das eigentliche Problem: ich stellte mir noch eine „fabelhafte und wunderbare Transformation" vor, die der gesamten Menschheit endlich das greifbare, sichtbare Zeichen gäbe – diese rückständige Menschheit endlich zwingen würde, den Vorgang zu verstehen; zu verstehen, daß es eine Lösung gab: ein logisches und rationales Mittel, aus dem erstickenden Goldfischglas auszubrechen und ein neues Leben auf der Erde zu schaffen. Ich dachte nicht so sehr an Mutters Körper als an den Körper der Erde. Dieser schmerzliche, elende, so kleine Körper der Erde mußte endlich seine eigene Freude und Freiheit begreifen – das *Mittel* begreifen.

Ich begriff nicht einmal, daß die allererste Erde und die erste Menschheit schlicht diejenige in Mutters unmittelbarer Umgebung waren, verkörpert durch eine Anzahl von Schülern, die genau die Erde repräsentierten und die menschlichen Muster des großen evolutionären Versuchs waren – und wenn es *dort* nicht durchkam, wo könnte es dann durchkommen? Wenn es *dort* nicht verstanden wurde, wer würde verstehen? Ich war noch bei der „abstrakten Erde".

Einen zweiten Aspekt des Problems begriff ich auch nicht recht, der dennoch der entscheidende war, der die Menschheit nämlich ändern *konnte* und die Erde sich selbst zum Trotz zwingen könnte, in einer evolutionären Beschleunigung den Punkt, den Augenblick, das unausweichliche Zusammentreffen zu erreichen, wo das ganze alte Chaos in sich selbst zusammenfallen muß, wie die sterbenden Sterne, und wo das neue Tor sich öffnet.

Dieser Aspekt ist die „Macht".

Die Beschleunigung können wir überall um uns herum sehen.

Eine Beschleunigung ist sehr schmerzlich, das knirscht, alles knirscht.

Und die Macht ist äußerst unerträglich.

Mutter wurde „unerträglich" für die um sie versammelten kleinen evolutionären Muster. Offensichtlich konnte man diese ungeheure Energie, von der wir uns innerhalb unseres Netzes gut abgepolstert haben, nicht in einen Körper einfließen lassen, ohne daß sie sich verbreitet und ausstrahlt und alle umgebende Materie „ansteckt". Dennoch wußte ich – weil ich es jedesmal, wenn ich Mutter traf (und auch aus der Ferne), im eigenen Körper spürte –, wie sehr ihr nahe zu kommen ein erschütterndes Bad und eine so gebündelte, dichte Flut von Macht bedeutete, daß mein ganzer Körper wie in Verschmelzung geriet. Man wurde von innen ergriffen, in jeder Zelle, als würden plötzlich Jahrtausende der Nacht und des Schmerzes zu schreien und für Licht, Liebe, Raum, Freiheit zu beten anfangen... man tauchte wie Hals über Kopf und mit ganzer Seele in dieses Feuerbad, als käme man endlich mit seinem Körper ins „das" der Welt, „das", nach dem man so lange gerufen und nach dem man sich so lange gesehnt hatte in Leben über Leben des Schmerzes und der Verzweiflung, in Jahrtausenden vergeblicher Dummheit. Dann war man dort... Aber dort mußte man *springen*, dort mußte man *schmelzen*, das versteht man gut, schmolz man nämlich nicht – widersetzte es sich, blieb irgendein „ich" inmitten dieses Kraftstroms bestehen –, dann zerbrach es oder knirschte, lehnte sich auf. Es war unerträglich.

All die kleinen Muster in Mutters Nähe knirschten um die Wette.

Die ganze Erde in ihrer Nähe kämpfte und wehrte sich.

[67.4.3:] **Wenn diese leuchtende Macht kommt, ist sie so gebündelt, so dicht! Man hat den Eindruck, das ist viel** schwerer als die Materie; es ist verschleiert, verschleiert, verschleiert, sonst... unerträglich.

[68.11.13:] Nur eines: wie eine Ansammlung von Kraft... eine Kraft, die Macht sein könnte. Das spüre ich: wie sich das langsam, langsam ansammelt. Dazu ein sehr klares Bewußtsein aller Hindernisse, alles, was dagegen ist, die allgemeine Einstellung. Mit der sehr deutlichen Wahrnehmung, daß man... verschleiert bleiben muß. Dies ist die Zeit, wo man verschleiert bleiben muß. Das ist alles.

[70.5.16:] Gäbe es nur eine Gewißheit, sagte mir zum Beispiel Sri Aurobindo: „So ist es", dann wäre es sehr leicht; aber das Schwierige ist... Verstehst du, ich bin umgeben von Leuten, die mich für krank halten und mich wie eine Kranke behandeln, und ich weiß, daß ich nicht krank bin. Ich bin umgeben von der Überzeugung, daß ich mich sehr schnell dem Ende nähere. Das bringt diesen armen Körper ins Wanken.

[71.7.17:] Wenn die Dinge sich beruhigen und ich in meine gewohnte Atmosphäre zurückkehren kann, ist es, als würde all das verschwinden: ich leide nicht mehr. Aber es kommt von außen zurück wie ein entfesselter Angriff: Leute streiten sich, Umstände laufen schief, alles. All das werfen sie auf mich, deshalb... Es ist ein Ansturm von Lüge.

[71.3.6:] „Sie ist alt, sie ist alt..." Das ergibt eine Atmosphäre des Widerstands gegen die Veränderung. Das bringt fast einen Widerspruch im Wesen. „Es ist unmöglich, es ist unmöglich...", von allen Seiten.

[71.3.3:] Weißt du, was mein Eindruck ist? Daß sie alle alt sind und ich die einzige bin, die jung ist! Solange sie nur ihren „Komfort" haben, sind sie zufrieden – und sie wollen frei sein, einige Dummheiten zu begehen, die sie in der äußeren Welt nicht täten. Dahingegen spürt man, daß man das Kommen beschleunigen KÖNNTE, wenn man... ein Eroberer wäre. – Im Grunde ist ihnen das egal.

[69.11.5:] Ich habe keine Kontrolle mehr, jeder hat die Kontrolle übernommen. Ich habe die Gewohnheit verloren zu sagen: „ich will".

[66.9.17:] Ich habe das Gefühl, an einem dünnen Faden in einer absolut verfaulten Atmosphäre zu hängen: eine Atmosphäre des Unglaubens, der Vergeblichkeit, des schlechten Willens. Das ist es, ein dünner Faden, und es ist ein Wunder, daß... Sie begreifen nicht einmal, daß diese Schwingung der Wahrheit, wenn sie sich durchsetzte, ihre Zerstörung bedeutete! Das Wunder ist dieses unendliche Mitgefühl, das nichts zerstört: es wartet. Mit seiner vollen Macht, seiner vollen Kraft ist dort und... es bestätigt einfach seine Gegenwart, ohne sich durchzusetzen, um die Schäden auf ein Minimum zu reduzieren. Ein wunderbares Mitgefühl. Und all diese Idioten nennen das Machtlosigkeit!

[65.10.16:] Sie haben eine Maske des guten Willens aufgesetzt. Aber die inneren Vibrationen gehören noch der Welt der Lüge an.

[64.1.22:] Weißt du, es ist eine Komödie! Und das geht seit 1926 so. Mit Sicherheit – oh, wenn man sehr großzügig, geduldig und barmherzig ist! – sind ein gutes Drittel der Leute nur deshalb hier, weil sie ein bequemes Leben haben: man arbeitet, wenn man will, arbeitet nicht, wenn man nicht will, bekommt immer zu Essen, hat immer ein Dach über dem Kopf, Kleider, und im Grunde tut man so ziemlich, was man will (man muß nur den Anschein geben zu gehorchen). Wenn man ihnen dann irgendeine Bequemlichkeit verweigert, murren sie – Yoga kommt nicht in Frage, das liegt hunderttausend Meilen von ihrem Bewußtsein entfernt: sie haben den Mund voll davon, aber es ist nur der Mund. Ich sage „nein", und sie geben vor, „ja" gehört zu haben. Nun... Das ist das Leben... eben das „spirituelle" Leben!

[64.10.30:] **Die Mitmenschen helfen nicht. Die unmittelbaren Mitmenschen haben keinerlei Vertrauen.**

[61.4.25:] **Ich will kein Gruppenführer sein, um Himmels willen! Um keinen Preis! Das ist abscheulich. Ich werde eine Erklärung machen: „Ich bin kein Gruppenführer, ich bin nicht Oberhaupt eines Ashrams." Wie abscheulich. Von Zeit zu Zeit möchte ich Ungeheuerlichkeiten sagen: Wie ich Sri Aurobindo verstehe, der auf die andere Seite gegangen ist!**

[62.2.13:] **Die Gedanken der Leute sind lästig, oh!... Alle, alle denken die ganze Zeit an: hohes Alter und Tod, Tod und hohes Alter und Krankheit, oh!**

Tatsächlich ahnte ich nicht das Ausmaß, die Tiefe der Verneinung:

[69.5.10:] **In manchen Minuten hat der Körper das Gefühl, diesem Gesetz des Todes entronnen zu sein. Aber das bleibt nicht. Dann kommen auch von den Leuten all ihre Gedanken, und dadurch wird es schwierig. Weißt du, eine beträchtliche Anzahl von ihnen wünscht, daß er sterbe! Überall, überall! Er sieht das, er sieht das... Ich bin nicht sicher, ob all die Schmerzen, die er die ganze Zeit überall spürt, nicht von... nicht das Ergebnis all dieses schlechten Willens sind.**

[68.5.15:] **Ich kämpfte, kämpfte, aber... um mich herum ist zu viel Lüge.**

Dann dieser Ruf:

[69.4.23:] **Das gesamte System müßte aufgelöst werden!**

Und 1972:

[72.3.10:] **Die Atmosphäre wurde zerrüttet. Wir wollen der Welt angeblich die Einheit predigen, da sollten wir anständigerweise wenigstens ein Beispiel davon geben!**

– Wir geben ihnen das Beispiel all dessen, was man nicht tun soll. Ich sehe das wirklich: wenn ich wegginge, habe ich niemanden hier, das wäre unsere Zerstörung.

In Wahrheit war es weder die Biologie noch die Physik noch Mutters fünfundneunzig Jahre, sondern sie *konnte nicht mehr* bleiben.

Auch Sri Aurobindo nicht:

[65.12.4:] **Nur aus Mitgefühl akzeptierte er die Leute um sich herum so, wie sie waren; ansonsten litt er sehr.**

Manchmal war es dann herzzerreißend:

[68.6.15:] **Ich betrachte diesen Körper; manchmal, wenn das Unverständnis allzu groß ist, wenn die Mitmenschen allzu wenig Verständnis zeigen, dann sagt er: „Ah! Laß mich gehen, sei's drum, laß mich gehen." Aber nicht aus Überdruß oder Müdigkeit, sondern... Es ist wirklich mitleiderregend. Dann sag ich ihm, wie man mit einem Kind spricht: „Nein-nein-nein!" Es ist eine Frage der Geduld. Was wird geschehen? Ich weiß es nicht. Du wirst es jedenfalls wissen. Du wirst ihnen sagen können: „Es ist nicht so, wie ihr glaubt." – Ich würde es ihnen selber sagen, aber sie werden mich nicht hören. Ich weiß nicht, ich weiß nicht, was geschehen wird. Was wird geschehen? Weißt du es?**

Es wird prachtvoll sein.

Wenn man etwas zum ersten Mal macht, kann niemand es einem erklären.

Eine Frage der Geduld.

Sie hatten keine Geduld mehr. Sie murrten sogar im Umkreis.

Die ganze Erde murrte.

„Ich habe niemanden hier."

Das war Sri Aurobindos Ashram.

Eines Tages sperrten sie mich dann aus. Mutter hatte niemanden mehr, dem sie sich mitteilen konnte.

[69.5.24:] **Du bist der einzige, mit dem ich sprechen kann. Die anderen verstehen es nicht.**

Sie war alleine mit ihren „Wächtern".
An diesem Tag besiegelten sie das Schicksal.

* * *

Mutter hatte den Widerstand der Welt wohl vorhergesehen. Sie sah auch deutlich die Notwendigkeit einer langen Unbewegtheit „in der Wellenbewegung" ohne die ständigen Unterbrechungen durch die äußeren schlechten Willensbewegungen.

[72.2.26:] **Ich glaube, der Körper hat jetzt eine überhöhte Empfindlichkeit, und er muß vor all den eintreffenden Dingen geschützt werden – als müßte er innen arbeiten, wie in einem Ei.**

Das war 1972, ein Jahr vor ihrem Abschied.

[69.12.24:] **Wenn jemand kommt, der unzufrieden ist über etwas, das ich tat oder sagte, werden alle Nerven des Körpers sofort wie gefoltert. Das kommt von dieser Person – die alle äußeren Zeichen der Hingabe usw. gibt; keinerlei äußeres Anzeichen, keine direkte oder gesprochene Reaktion: alle Nerven wie gefoltert.**

1967, fünf Jahre zuvor, hielt Mutter plötzlich mitten in einem Gespräch inne und bat mich, einen Stift und ein Papier zu nehmen, und sie diktierte in vollkommen ebenmäßigem Ton, als spräche sie von „anderswo":

[67.1.14:] **Für die Erfordernisse der Transformation kann es geschehen, daß dieser Körper in einen Trancezustand**

übergeht, der kataleptisch erscheint. Vor allem keine Ärzte! Beeilt euch auch nicht, meinen Tod anzukündigen und der Regierung das Recht zu geben einzugreifen. Hütet mich sorgfältig vor allem von außen kommenden Verfall: Infektion, Vergiftung usw., und seid von unermüdlicher Geduld: das kann Tage dauern, vielleicht Wochen oder sogar länger. Wartet geduldig, daß ich auf natürliche Weise von diesem Zustand zurückkehre, nachdem die Transformationsarbeit vollzogen ist.

Die kataleptische Trance bedeutet eine völlige Immobilisierung mit Herzstillstand und allen Anzeichen des Todes – alle Yogis kennen das.

Entsprechend Mutters Anweisungen wurde diese Notiz an fünf Personen in ihrer nächsten Nähe verteilt. Sie wußten es also. Mutter hatte das ganze Bild deutlich erkannt.

[65.12.4:] **Nach dem Glauben der äußeren Wissenschaft werden im Schlaf die Giftstoffe aus dem Körper eliminiert; in Wirklichkeit dient diese Unbewegtheit dazu, die dunklen Vibrationen mit Licht zu erfüllen.**

Es gibt seit einigen Jahren sogar eine „kryogenische" Wissenschaft der Heilung durch Abkühlen des Gewebes – die kataleptische Trance bedeutet dasselbe Mittel, nur auf natürliche Weise.

Im April 1973, nur einen Monat, bevor die Schüler mir Mutters Tür versperrten (ich war ja so unbewußt des umgebenden Neids, ich lebte in Mutters Nähe, in diesem fabelhaften Märchen der Zukunft, ohne irgend etwas zu merken – mir schien das so offensichtlich, daß ich meinte, alle würden es verstehen!) machte sie plötzlich folgende Bemerkung:

[73.4.7:] **Ich scheine alle Widerstände der Welt in mir zu vereinen... Verstehst du, ich habe eine Lösung für die Transformation des Körpers, aber es ist... es wurde noch nie getan, deshalb ist es so... unglaublich. Ich kann nicht glauben, daß dies die Lösung ist. Aber für mich ist es die**

einzige. Der Körper möchte einschlafen (nur in gewisser Weise „einschlafen", denn ich bleibe voll bewußt) und erst transformiert wieder aufwachen. Aber die Leute würden nie die nötige Geduld haben, das zu unterstützen, ihn zu pflegen... Sie werden alle denken, daß es das Ende ist, und mich nicht mehr pflegen.

Ein Dornröschenschlaf, aber natürlich! Das war leuchtend und klar. Mutter bereitete sich also auf diese kataleptische Trance vor.

Drei Monate zuvor, im Januar 1973, hatte Mutter eine Vision, die sie mir nach Luft ringend erzählte: man begrub sie lebendig. Es war bereits das dritte Mal, daß sie dies sah.

[73.1.10:] **Oh, das erzählte ich dir noch nicht: gestern oder vorgestern erlebte mein Körper plötzlich für zwei, drei Minuten einen Horror... Der Gedanke, so in ein Grab gesteckt zu werden, es war schrecklich! Schrecklich. Das hätte ich nicht länger als einige Minuten aushalten können. Es war schrecklich. Nicht weil man mich lebendig begrub, sondern weil mein Körper bewußt war. Er war nach Ansicht der Leute „tot", weil das Herz nicht mehr schlug – aber er war bewußt. Das war eine schreckliche Erfahrung... Ich gab alle Anzeichen des Todes, das heißt das Herz funktionierte nicht mehr, nichts funktionierte – aber ich war bewußt. Der Körper war bewußt. Das müßte... es müßten Vorkehrungen getroffen werden, daß man sich nicht beeilt...**

Und die beiden vorherigen Male:

[69.5.24:] **Ich weiß nicht, was geschehen wird! In manchen Augenblicken wird es so schwierig, daß ich mich frage, ob der Körper durchhalten kann. Aber ich wünschte, sie würden ihn nicht in eine Kiste stopfen... denn er wird es wissen, und das fügt zu allem bisherigen Leiden ein weiteres hinzu. Daß sie warten, bis die ersten Zeichen der Auflösung eintreten.**

[72.4.3:] Denn es könnte... vorübergehend sein. Verstehst du? Es kann vorübergehend sein. Du verstehst, was ich meine?... Ich fühle, daß eine Anstrengung für die Transformation des Körpers unternommen wird, er spürt es, er ist guten Willens, aber ich weiß nicht, ob er dazu fähig sein wird. Verstehst du? Deshalb kann er für einige Zeit den Eindruck geben, daß es vorbei ist, aber es könnte vorübergehend sein. Es könnte wieder anfangen. Denn es ist möglich, daß ich in dem Augenblick nicht mehr sprechen kann, um es zu sagen. Deshalb sage ich es dir...
[72.4.5:] Aber ich wünsche, daß es jemanden gibt, der diese Dummheit verhindert, denn die ganze Arbeit wäre vergeudet. Jemand mit Autorität muß da sein und sagen: ihr dürft nicht, Mutter will nicht – du...

Aber wer wird mir zuhören? Sie werden sagen, daß ich verrückt bin! Sie werden mich nicht einmal zu dir hereinlassen!

Ich wußte gar nicht, wie wahr ich sprach. Am 19. Mai 1973 verschloß sich Mutters Tür. Sie war allein, wie ich allein war. Ihr blieben noch sechs Monate. Bald mußte ich der ganzen Horde standhalten: da war *Mutters Agenda*, so gefährlich für die „Schüler", das Geheimnis einer Zukunft, die nichts mit ihrer Spiritualität zu tun hatte. Ich wurde verleumdet, bis in den Himalaja verfolgt, mit Gerichtsverfahren bedroht, gegenüber der indischen Regierung schlecht gemacht und von der Polizei belästigt, und ich weiß nicht, wer diese Mörder in den Cañons bestellt hatte. Eben das „spirituelle" Leben, sagte Mutter.

Sie druckten sogar eine falsche „Agenda", um das Erscheinen der echten zu verhindern.

Die alten Anthropoiden sind äußerst unerbittlich gegen jene, die nicht mehr wie der alte Stamm sind.

Aber sogar mit verschlossener Tür konnte ich nicht glauben, daß es vorüber wäre. Diese Zellen konnten nicht sterben. Die Erde konnte unmöglich diese wunderbare Hoffnung ins Loch werfen!

[73.3.28:] Das materielle Bewußtsein wiederholt: OM NAMO BHAGAVATÉ... Das ist wie ein Hintergrund hinter allem: OM NAMO BHAGAVATÉ... Weißt du, ein Hintergrund, der eine materielle Stütze bildet: OM NAMO BHAGAVATÉ...

Nein, diese Zellen konnten nicht sterben.

[69.5.24:] **Wegzugehen ist keine Lösung! Ich wünschte... ich wünschte, man würde mich nicht in eine Kiste stecken und... mich dort hineinstopfen. Denn selbst nachdem die Ärzte ihn für tot erklären, wird er bewußt sein: die Zellen sind bewußt.**

Dann kamen sie eines morgens, am 18. November 1973, und teilten mir mit, Mutter wäre am Vorabend „gestorben", daß sie in der Empfangshalle des Ashrams aufgebahrt war und alle an ihr vorbeizogen.

Vollkommen sprachlos ging ich hin. Sie lag unter den goldenen Flutlichtern, die ihre Hitze gegen die Blechdecke strahlten, während die Ventilatoren in dem erstickenden Gemurmel der Menschenmenge surrten. Sie hatten sie keine sieben Stunden nach ihrem „Tod" heruntergebracht, sie aus dem Frieden ihres Zimmers und ihrer Atmosphäre gezogen, um sie diesen Tausenden Vibrationen der Besorgnis, des Kummers, der Angst und der Lüge zum Fraß zu opfern.

Die drei Ashram-Ärzte erklärten sie für tot. Medizinisch und unwiderlegbar.

Einige Tage zuvor, am 14. November gegen Mitternacht, auf ihrer Chaise-longue – denn sie konnte sich nicht einmal mehr auf einem Bett ausstrecken, so gekrümmt war ihr Rükken –, hatte sie zu gehen begehrt: „Ich will gehen, sonst werde ich gelähmt." Auf den Arm eines ihrer Leibwächter gestützt ging sie... bis sie blau wurde. Auch in der Nacht vom 16. November bat sie zu gehen: „Ich will gehen..."

Das waren ihre letzten Worte.

Ich will gehen...

Aber in diesem Grab, in das sie sie steckten, weiß ich um Zellen, die wiederholen:

OM NAMO BHAGAVATÉ... OM NAMO BHAGAVATÉ... OM NAMO BHAGAVATÉ...

Sie werden unablässig ihre Invokation wiederholen, bis die Erde aus ihrer unwirklichen Lüge erwacht.

Bis sie von ihrem falschen Materialismus wie von ihrem falschen Spiritualismus erwacht, um in die wahre Materie und das göttliche Leben auf der Erde zu treten.

Aber vielleicht haben wir die letzte unserer Überraschungen noch nicht erreicht.

„Wartet auf den letzten Akt", hatte sie bereits 1958 gesagt.

XII. Apokalypse oder Märchen?

Was wird geschehen?

Das Bild der Welt kennen wir alle nur zu gut. Die chinesische Bevölkerungsexplosion überschritt bereits die Milliarde – tausend Millionen Menschen. Jedes Jahr bringt Indien weitere zwölf Millionen Babies in die Welt. Ein geometrisches Wachstum. Kein menschliches Mittel kann dieser Flut Einhalt gebieten. Ich sah ganze entholzte Gebirgsketten im Himalaja – in nur zwanzig Jahren. Es gibt einem die Gänsehaut. Wer spricht von Attila? Die gesamte Erde ist voller kleiner Attilas – denn wir wissen nicht recht, ob das Menschen sind oder was, in Menschenhaut verkleidet.

Vielleicht ist das die wahre Frage: die Erde ist voller Wesen, die nicht einmal Menschen sind. Die Ziegen, Ratten oder Hasen sind, aber keine Menschen. Sie mögen mit Wissenschaft, Demokratie und Religion ausgestattet sein, aber es sind keine Menschen. Sie sind nur ausgeklügelte Verdauungstrakte. Keine andere Spezies ist mehr gekünstelt. Eine Ratte ist, was sie ist, ohne Anmaßung. Der Mensch ist nicht, was er ist – er maßt sich so vieles an, mit Krawatte und der Bibel in der Hand. Der Mensch und die Lüge hängen zusammen.

Das heißt, daß wir *noch nicht* Menschen sind.

Unsere Lüge fliegt uns jetzt ins Gesicht. Dies ist das einzige Phänomen. Der Mensch wird, was er ist, und das, was er *nicht ist,* wird aus der Wirklichkeit ausscheiden. – Wie?

Daß es ausscheiden wird, daran besteht kein Zweifel.

Aber es sind Millionen über Millionen von Lügnern, und die Lüge ist so innig mit der Wahrheit vermengt, daß man nicht recht weiß, wie es göttlich möglich wäre (wir sagen wohl „göttlich", denn menschlich…), dieses Gemisch zu entwirren, ohne das Gute mit dem Schlechten auszureißen. Wenn man dann genauer hinsieht, erkennt man, wie Mutter, daß „das Beste nicht mehr wert ist als das Schlechteste": es ist dasselbe

Schlammloch voller „etwas"... das nicht ist, was es ist, weder im Schlechtesten noch im Besten. Aus Sicht der Evolution ist es ein bestimmtes Zellgebinde – weder gut noch schlecht –, das sich mit Intellekt, Philosophie, Mikroskopen und Religion bedeckte sowie mit einigen anderen Ingredienzien, über die man denken mag, was man will, aber was man darüber denkt hat keine endgültige Bedeutung für die Spezies, auch wenn es uns so erscheint – nicht mehr, als die Evangelien oder Missetaten des kleinen Fischs eine endgültige Bedeutung für die Herstellung der Säugetiere hatte. Gütiger Gott, was soll da die „Aussonderung der Gerechten" bedeuten? Wo sind diese Gerechten?... Die Apokalypse?

> [60.7.23:] **Manche Leute verkünden sogar das Ende der Erde, aber das ist ein Blödsinn! Denn die Erde wurde mit einem bestimmen Ziel geschaffen, und bevor diese Dinge erfüllt werden, wird sie nicht verschwinden. Aber vielleicht gibt es... Veränderungen.**

Was „denkt" die kleine Zelle darüber? – Das ist vielleicht die wahre und die einzige Frage. Vielleicht ist es sogar der Ort, wo wir entdecken werden, was der Mensch *ist,* ohne Tricks und ohne Lüge und – Herr – vor allem ohne „Wahrheit"! Das helle Leben, so wie es ist. Wenn wir all unsere Wahrheiten samt den Lügen in den kosmischen Abfalleimer geworfen haben, uff, dann werden wir leichter atmen! Aber wie bloß? Wie diese ungeheure Entrümpelung vollziehen? Wie erreichen wir diese kleine reine und freie Zelle, ohne den ganzen Aufbau, den wir daranhängten, zum Einstürzen zu bringen und die kleine Zelle damit zu erdrücken? Hier brauchen wir wirklich einen göttlichen Zauberer. Mit Aristophanes, Molière und Sri Aurobindo hege ich sogar den Verdacht, daß dieser Zauberer ein bißchen von einem Humoristen in sich hat.

Doch seien wir ernst (für den Augenblick). Wir häufen auch sehr besorgniserregende Bomben in unseren Maulwurfslöchern an.

[66.9.21:] **Sie wissen nicht (sie sollten es wissen, aber sie wissen es nicht), daß die Dinge ein Bewußtsein und eine Kraft der Manifestation haben und daß all diese Zerstörungsmittel zur Verwendung drängen, und selbst wenn sie sich ihrer nicht bedienen wollten, würden stärkere Kräfte als sie selber sie dazu drängen.**

Die „Dinge" haben ein Bewußtsein: die Bomben wie die Zellen, wie der Atomstaub. Das Phänomen ist, daß das gesamte Universum ein Bewußtsein *ist* und die Materie Bewußtsein ist – genau das, was wir nicht sind. Wir verwechseln Intelligenz mit Bewußtsein, und deshalb sehen wir nichts im Universum so, wie es ist: wir leben in unserer Idee des Universums – eine explosive Idee? Wer wird schließlich überwiegen: diese Idee oder das Bewußtsein in der Materie? Es ist wie ein Wettlauf zwischen beiden. An diesem Punkt des Wettlaufs stehen wir. Mutter lief in ihrem Körper das Rennen zwischen den Kräften der Zerstörung und der anderen.

Sie ging, anscheinend.

Sri Aurobindo auch – und aus denselben Gründen.

Wäre der Widerstand und die Verneinung der kleinen Spiritualisten wie der kleinen Materialisten etwa größer und stärker als der evolutionäre Schub? Denn wir werden den Kurs wechseln, daran besteht kein Zweifel. Jene, die immer noch glauben, Sri Aurobindo und Mutter wären „Weise" oder „Heilige" oder Philosophen oder was weiß ich, sind nicht-evolutionäre Esel. Rückständige des spirituellen Tertiärs. Mutter und Sri Aurobindo kamen nicht, um zu predigen oder zu offenbaren, sondern um zu TUN. Was sie zu tun hatten, taten sie. „Es ist getan." Sie kamen, um in einem Winkel Materie oder einem Winkel menschlicher Zellsubstanz trotz – oder wegen – aller Hindernisse eine Gruppe von Zellen bloßzulegen oder zu befreien, *so wie sie sind,* ohne ihre evolutionäre Verkleidung oder Verkrustung. Ihre Körper waren das Labor der Evolution. Was sie taten, ist eine evolutionäre Operation.

Hat man die Evolution je fehlgehen sehen?

Sie ist das eine, das nie fehlgeht, sie ist das Unfehlbarste der Welt – Evangelien können versagen, aber nicht die Zelle. Hat sie sich einmal etwas in den „Kopf" oder ins Programm gesetzt, läßt sie sich nicht mehr davon abbringen – bis zum nächsten evolutionären Störenfried.

Mutter und Sri Aurobindo sind große Störenfriede. Wir brauchen bloß hinzuschauen.

Wie gewohnt sehen wir nichts, außer Schlagworten und Millionen Radios in der ganzen Welt, die ihre Lügen-Wahrheiten und Wahrheits-Lügen herausschreien, und niemand versteht mehr, außer daß es in den Fundamenten bebt.

> [65.3.20:] **Sie meinen auf einer Erde zu sein, die nicht mehr fest ist. Es bebt. Sie fühlen sich nicht mehr wohl.**

> [63.9.18:] **Es ist unmöglich, daß irgendeine Veränderung auch nur in einem Element oder Punkt des irdischen Bewußtseins stattfindet, ohne daß die gesamte Erde notgedrungen an dieser Veränderung teilhat. Alles ist eng verknüpft. Eine Vibration irgendwo hat weltweite Folgen – ich sage nicht universell, aber weltweit –, notgedrungen.**

Und Sri Aurobindo:

> **Der starre Stein auf dem Sand, den du mit einem achtlosen Tritt wegstößt, beeinflußt die Hemisphären.** (*Thoughts and Aphorisms*, XVII.92)

Wenn unsere Radios diese Wirkung haben, in drei Minuten von Moskau bis Belleville Panik zu säen, was wissen wir dann über die verheerenden Folgen eines einzigen Zipfels Materie, der plötzlich diesen ungeheuren Staatsstreich verübt, die Regierung des Mentals über Bord zu werfen? Gerade das können wir nicht ermessen, obwohl es sein ganzes Ausmaß vor unserer Nase darlegt. Die mentale Beherrschung der Welt wankt und kollabiert in Inkohärenz. Sie halten Reden, alle, aber die Erde bebt. Die Materie bebt. Vielleicht müßte die Erde zur Wirklichkeit des Phänomens erwachen, bevor all die kleinen Hüte der Präsidenten, der Bischöfe, der Biologen, der Yogis oder Ayatollahs über die Dächer und die verdutzten Köpfe fliegen.

Wir stehen nicht vor einer „spirituellen“ Wende der Welt, wir werden nicht die Ideen wechseln – wir werden die Welten wechseln, wie die Knochenfische in ihren ausgetrockneten Wasserlöchern. Unsere Kommunismen oder Marxismen sind ebenso lächerlich wie unsere Kapitalismen oder Evangelismen und alle nur möglichen kleinen „-ismen“ – wir stehen vor einer evolutionären Wende. Das Schlachtfeld liegt im Körper, in der Zelle. Das Mittel der Veränderung der Welt ist der Körper, die Zelle. *Das* verändert sich, sonst nichts: „Alle Körper! Alle Körper!“, sagte sie. Alles andere sind Hirnwallungen.

So stehen wir vor einem seltsamen Zusammentreffen von Apokalypse und Biologie.

Auf einmal nahm das Problem genauere Form an. Es war 1969, in einer Erfahrung, die wir bereits anführten, allerdings ohne ihr Ende... Dieses Ende ist von Interesse. Ich wiederhole:

> [69.5.31:] **Was ist denn das für eine Schöpfung? Trennung, dann Bosheit, Grausamkeit – der Drang, Schmerz zuzufügen – und dann das Leiden, all die Krankheiten, die Auflösung, der Tod: die Zerstörung. Das ist alles Teil derselben Sache. Und meine Erfahrung war die UNWIRKLICHKEIT dieser Dinge, als wären wir in eine unwirkliche Lüge eingetreten, und all das verschwindet, sobald man da hinaustritt – das GIBT ES NICHT, das ist nicht. Das ist das Erschreckende! Daß all das, was für uns so wirklich, so konkret und so schrecklich ist, daß es all das nicht gibt!... Wir sind in *die* Lüge eingetreten. Warum? Wie? Was?... Noch nie zuvor im gesamten Dasein dieses Körpers empfand er ein einziges Mal einen so vollständigen und so tiefen Schmerz wie an diesem Tag... Am Ende von all dem: die Glückseligkeit. Dann, pfft! Verlosch es. Als wäre all dieses so Schreckliche inexistent. Und all die Mittel, um hinauszukommen, die man als künstlich bezeichnen**

könnte – das Nirvana inbegriffen –, taugen nichts. Angefangen bei dem Idioten, der sich umbringt, um seinem Leben ein „Ende“ zu setzen – das ist von allen Dummheiten die größte. Von dem bis zum Nirvana (wo man sich einbildet, herauskommen zu können), all das taugt nichts. Es liegt auf verschiedenen Stufen, aber es taugt alles nichts. Von einer ewigen Hölle, mit einem Schlag... in einen Bewußtseinszustand, wo alles Licht, Pracht, Schönheit, Glücklichsein, Güte ist... All das ist unbeschreiblich. „Hier, schau!“, so zeigt es sich, dann hopp! Verschwunden. Ist das... der Hebel?... Ich weiß nicht, aber die Erlösung ist physisch, überhaupt nicht mental sondern PHYSISCH. Ich will damit sagen: es ist nicht durch eine Flucht, sondern HIER. Es ist nicht einmal verschleiert oder versteckt, sondern HIER. Warum? Was hindert euch im Ganzen daran, „das“ zu leben? Ich weiß es nicht. Es ist hier. HIER. Alles andere, der Tod inbegriffen, wird wirklich zur Lüge, das heißt etwas, das nicht existiert.

Mutter setzte hinzu:

... Doch man kann nicht alleine herauskommen.

[64.3.28:] **Es wird nicht für EINEN Körper getan, sondern für die Erde.**

Damit erreichen wir tatsächlich den Kern des Problems.

Es geht nicht mehr darum, die „Gerechten“ von den „Ungerechten“ auszusortieren, sondern das Ganze und alle zusammen aus demselben Goldfischglas der Unwirklichkeit herauszukommen, womit all unsere Wunder und Wahrheiten, unsere Monstrositäten und Lügen sich in *etwas anderem* auflösen... das alles verändert. „Ein kleines Etwas verändert alles“, sagte sie.

Die Apokalypse liegt im Herzen der Zelle.

*
* *

Wir haben nicht mehr die Zeit, zu warten. Das ist die Tatsache.

Man könnte denken, mit der Zeit würden einige Helden der Evolution, die den Vorgang begriffen haben, in ihren Körper hinabsteigen, sich den Weg durch die Schichten bahnen und die Zelle von ihrer atavistischen und Newton'schen Hypnotisierung befreien, daß der Ablauf sich verbreiten würde, wie der mentale Ablauf sich unter den großen Primaten verbreitet haben muß. Aber er bereitet sich bereits schwindelerregend aus! Diese Zeit bleibt uns nicht mehr. Die düsteren Horden erheben sich zum Angriff. Die Erde schreit. Millionen Menschen sind bereit, über sie herzufallen. Ein feuriger Orkan wirbelt über Asien. Glauben wir, hinter den Glaswänden unseres netten und sauberen intellektuellen Kristallschlosses würden wir diesem brennenden und wahnsinnigen Strudel entgehen? Wer sah schon einmal von Wahn ergriffene Menschenmassen? Eine ungeheure heimliche Ansteckung durchdringt unsere Ameisengrenzen – doch was? Ist es die Ansteckung des neuen Lebens oder die des sehr nahen Todes? Hinter seinen Wattemauern elektronisiert Amerika und spielt mit dem Feuer. Hinter seinen Bollwerken sitzt der Kremlin in die Enge getrieben und zittert. Eine gelbe und grausame, seelenlose Katze beobachtet das Spiel, webt ihr Netz und erwartet ihre Stunde, während ein korruptes Indien, das einmal die Wiege des Lichts war, in seinen Ashrams Teufel nährt, aber unsichtbar der Einsatz der Schlacht bleibt. Denn Indien ist das Herz der Welt – beschwert, verschlammt –, aber dennoch das Herz. Wer wird dieses wahnsinnige Rennen gewinnen: das neue Leben oder immer der alte Tod? Es geht nämlich nicht mehr um Jahrzehnte: uns bleiben kaum einige Jahre... Es steht vor unserer Tür.

Dieses neue Leben und dieser Tod scheinen so eng vermengt zu sein, nicht nur in jedem Kontinent, sondern in jeder Nation, jeder Gruppe, jeder Familie, in jedem Bewußtsein eines einzigen Menschen, daß man nicht weiß, wie es möglich ist, das eine ohne das andere auszureißen. Alle Stimmen brüllen und lügen, die Wahrheit ist ein einziges Paket Lüge, die Lüge hegt ein kleines Licht, von dem sie sich nährt und das sie schützt. Man kann nichts anrühren, ohne alles zu berühren.

Dort wird das unmögliche Wunder wirklich zum einzigen möglichen Wunder: in einer Zelle wie im eigentlichen Körper der Erde.

Vier von Mutters Bemerkungen scheinen uns den Schlüssel zu zeigen, wenn man sie nebeneinander betrachtet:

> [66.3.26:] **Das gewöhnliche Bewußtsein lebt in einem beständigen Zittern; das ist fürchterlich, wenn man es erkennt! Solange man das nicht bemerkt, wirkt es völlig natürlich, erkennt man es aber, so fragt man sich, wie die Leute nicht verrückt werden, es ist eine Gnade! Ein winziges, mikroskopisches Zittern, wie schrecklich!...**

Die genaue Beschreibung des „Netzes" des physischen Mentals – und auf der anderen Seite das Wunder, alle nur möglichen „Wunder". Eigentlich keine „Wunder", sondern die Einstellung unserer wissenschaftlichen und tödlichen Lüge: das unbekannte Natürliche. Mutter fügte hinzu, was uns die Augen öffnet:

> **... Das ist bei allem dasselbe: Weltereignisse, Naturkatastrophen oder Menschen, Erdbeben, Sturmfluten, Vulkanausbrüche, Überschwemmungen oder die Kriege, Revolutionen; Leute, die sich umbringen, ohne zu wissen warum – überall werden sie von etwas getrieben; hinter diesem „Zappeln" liegt ein Störungswille, der verhindern will, daß die Harmonie sich herstellt. Das ist so im Individuum, in der Gemeinschaft und in der Natur.**

Da beginnen wir zu sehen, daß dieses „Netz" nicht nur eine Angelegenheit individueller Zellen ist, sondern die gesamte Erde der Menschen bedeckt. Ein ständiges mikroskopisches Zittern hüllt die Welt in sein Netz.

Dann 1969:

[69.5.10:] Die Fülle der Suggestionen, die man als „defätistisch" bezeichnen könnte, in der Erdatmosphäre ist ungeheuer! Man ist erstaunt, daß man nicht völlig davon erdrückt wird, so sehr... Alle Leute formen die ganze Zeit Katastrophen: das Schlimmste erwarten, das Schlimmste sehen, nur das Schlimmste beobachten... Weißt du, das geht bis zu den kleinsten Dingen (der Körper bemerkt alles). Wenn die Reaktion der Leute dann in Harmonie ist, geht alles gut; wenn es diese Reaktion ist, die ich jetzt defätistisch nenne: wenn jemand einen Gegenstand aufhebt, läßt er ihn fallen. Das passiert die ganze Zeit, ohne jeglichen Grund: es ist die Gegenwart dieses defätistischen Bewußtseins. Da sah ich: alle Willenskräfte oder Schwingungen (denn letztlich läßt sich das auf Schwingungsbeschaffenheiten zurückführen), alle Schwingungen, die von den kleinsten Belästigungen bis zu den größten Katastrophen führen, haben alle dieselbe Beschaffenheit!

1971 riß ich dann erstaunt die Augen auf:

[71.8.7:] Ich habe einen sonderbaren Eindruck einer Art Netz – ein Netz mit Fäden... sehr lockere Fäden, also nicht festgezogen, die alle Ereignisse verbinden, und hätte man eine Macht über eines dieser Netze, würde ein ganzer Bereich von Umständen sich ändern, die anscheinend nichts miteinander zu tun haben, die dort aber verbunden sind und von denen einer notgedrungen die Existenz des anderen impliziert. Ich habe den Eindruck, das ist etwas, das die gesamte Erde umgibt. DAS IST NICHT MENTAL. Diese Umstände hängen auf äußerlich völlig unsichtbare Art voneinander ab, ohne mentale Logik, sie sind aber wie verknüpft. Wenn man sich dessen bewußt ist – wirklich bewußt –, dann kann man dadurch die Umstände verändern.

(Frage:) Und du fühlst die Macht über eines dieser Netze?

Nein, es ist anders: weil ich auf eines dieser Netze einwirkte, bemerkte ich das... Hätte man die Macht, eines

dieser Netze durch ein anderes zu ersetzen, könnte man auf diese Weise alles verändern. Das ist unbeschreiblich.

Auf welches Netz wirkst du jetzt gerade ein?

Aber ich weiß es nicht! Diese Netze umgeben die Erde.

Und hier das Erstaunliche:

... Eines sehe ich... Aber die winzigen Umstände des Lebens sind darin! Wenn ich es so betrachte, sehe ich, daß es sich über das ganze Land [Indien] erstreckt, und nicht nur das ganze Land, sondern über die gesamte Erde.

Man läßt einen Gegenstand fallen, und was bewegt sich dort am Kamtchatka oder in Washington? Aus welcher mikroskopischen (oder gigantischen – ohne Unterschied) Schwingung in Spitzbergen oder der Rue Montmartre entstand unsere falsche Geste hier? Alles hängt zusammen! Das ist erschreckend. Es ist nicht mental. Was ist es dann? – Alle Zellen und Atome der Erde in einem einzigen einheitlichen Körper. Wenn man eine kleine Zelle hier berührt, ein winziges Loch in dieser Masche macht, in diesem mikroskopischen „persönlichen" Netz, dann... – aber nichts ist „persönlich"! Es gibt nichts Individuelles. Man kann keine Stelle durchlöchern, ohne alles zu durchlöchern! Das taten Mutter und Sri Aurobindo: sie säten eine nicht zu unterdrückende Ansteckung. Aber dann erhält das Problem eine unerwartete Reichweite, wo dieses mikroskopische Individuum, das wir sind, eine übermäßige Bedeutung annimmt – oder im Maß von allem anderen auf dem Planeten: ein Erdbeben oder eine schöne Geste der Seele, die plötzlich ein Lächeln in dieser schwarzen Brühe der Erde aufleuchten läßt – mit gleicher Bedeutung. Alles ist gleich. Es gibt nur noch eine Frage: die Beschaffenheit der Schwingung – schwarz oder leicht, sonnig und lächelnd oder defätistisch.

Aber Vorsicht! Dies ist keine Poesie.

Eines Tages im Jahr 1967 kam Mutter plötzlich aus einer langen Konzentration oder Kontemplation und begann auf

Englisch zu sprechen, als wäre es Sri Aurobindo, der sprach (wie es oft geschah), und mit ihrer langsamen, kristallklaren Stimme sagte sie folgendes – von dem ich damals nichts begriff, das sich jetzt aber erhellt:

> [67.1.25:] **In einiger Zeit werde ich sagen können...** *(dann nach einem langen Schweigen)*... **was genau die Unwirklichkeit dieser scheinbaren Materie bedeutet... Ich habe genau den Eindruck, kurz davor zu stehen, einen Schlüssel zu finden – einen Schlüssel oder einen „Dreh", einen Vorgang (ich weiß nicht, wie ich es ausdrücken soll: all das sind Umschreibungen), etwas, das, wenn man es besäße, ohne vollständig auf der wahren Seite zu sein... in einer einzigen Sekunde der Anlaß einer fürchterlichen Katastrophe sein könnte – welcher Katastrophe? Ich weiß es nicht... wie eine Weltauflösung.**

Das Reißen des Netzes? Plötzlich landet man auf der wahren Seite der Erde? Vielleicht ein äußerst verblüffendes „plötzlich".

Aber Vorsicht! Dies ist auch keine Fiktion.

Ein Jahr später kamen die Studentenaufstände vom Mai 1968 in Frankreich. Sobald Mutter davon hörte, begriff sie: „Das ist kein Streik, sondern eine Revolution...", die scheinbar versagte, in der alten Gewohnheit und all den politischen oder anderen alten Entstellungen versank, aber dort war *etwas*... vielleicht die Generalprobe eines weit umfassenderen weltweiten Geschehnisses... das uns noch erwartet. Man könnte sagen, ein (vorübergehendes) „kollektives Loch" im Netz. Am 22. Mai sagte mir Mutter:

> [68.5.22:] **Da ist das sehr starke Gefühl – sehr stark – im Bewußtsein, daß die Zeit gekommen ist. Es gibt unermeßliche Zeiträume, wo die Dinge sich vorbereiten – die Vergangenheit erschöpft sich, und die Zukunft bereitet sich vor –, das sind unermeßliche, neutrale, fahle Perioden, wo die Dinge sich wiederholen, wiederholen, und das scheint**

immer so weitergehen zu müssen. Aber dann, zwischen zwei solchen Perioden, findet plötzlich die Veränderung statt. Wie der Augenblick, als der Mensch auf der Erde erschien. Jetzt wird es etwas anderes sein, ein anderes Wesen...

Mutter sah auf einmal diese Studenten, diese Jungen der Erde:

... Die Polizei repräsentiert die Verteidigung des Vergangenen. Aber wenn MILLIONEN – nicht Tausende, sondern Millionen – Leute sich versammeln, [die Universitäten] besetzen, absolut friedlich (sich einfach versammeln und besetzen), dann wird es eine Macht haben. Doch es darf keine Gewalt geben: sobald man sich zur Gewalttätigkeit hinreißen läßt, bedeutet es die Rückkehr zur Vergangenheit, die Öffnung zu allen Konflikten. Nein, eine Belagerung durch die Masse, aber eine IN IHRER UNBEWEGTHEIT ALLMÄCHTIGE Masse, die ihren Willen durch ihre Anzahl durchsetzt. Es bedeutet sehr deutlich – nicht in den Einzelheiten, aber in der allgemeinen Richtung der Bewegung *(von Mai 1968)* **– den Willen, der Vergangenheit ein Ende zu setzen, der Zukunft die Tür offen zu lassen. Das ist wie ein Überdruß mit der Stagnation, ja. Der Durst nach „etwas", das vorne liegt, das leuchtend und besser erscheint. DA IST tatsächlich etwas. Das ist keine bloße Einbildung: DA IST etwas. Das ist das Schöne daran, daß da etwas IST. Da ist eine Antwort. Da ist eine Kraft, die zum Ausdruck kommen will.**

Da ist das Netz, das brechen kann und will, wenn genügend viele Millionen kleiner Schwingungen der Hoffnung rufen wollen – ihr NEIN zu dieser ganzen unwirklichen Lüge schreien.

Dann nähern wir uns dem Märchen.

Aber ein sehr rationales Märchen, das vielleicht die höchste Rationalität der Welt ist.

Das Durchlöchern des Netzes ist keine vergebliche

Wahnvorstellung, sondern etwas, das alle, oder viele, beobachten konnten, ohne zu wissen, was es ist – besonders die Kinder. Sie fallen auf die Flintsteine in Fontainebleau, ohne es zu merken, ohne einen Kratzer, *als ob nichts passiert wäre*. Und tatsächlich ist NICHTS passiert. Augenblicke, die wir als heroisch oder schlafwandlerisch oder welches „isch" auch immer qualifizieren können, wo die Luft plötzlich leichter ist und der Körper tanzt, als nähme er sich aller umgebenden Materie an, und der Blick leuchtet wie eine Flamme – und man geht durch alles: das Feuer, die Kugeln, den Tod, den Unfall. Nichts kann einen berühren. Man ist unverwundbar. Man ist triumphierend und leicht. Man denkt einfach nicht daran, es ist einfach, so einfach, so offensichtlich und ohne Geschichten. Die Lungen erfüllen sich mit einer sanften Luft wie der Frühling der Erde, so weich, alles ist weich und formbar: es genügt zu sagen „ich will", und es ist da, man ist da, in dem großen Wunder. Die falsche Materie löst sich auf, man steht in dem großen Wind, der die Welten so leicht fortträgt... Solche Augenblicke kennen wir. Das Netz lockert sich. Alles ist anders.

> [64.3.25:] **Das ist meine Erfahrung dieser Tage, mit einer Vision und Überzeugung, der Überzeugung der Erfahrung: die beiden Schwingungen [der zitternden Lüge und der leichten „Wahrheit"] sind ständig vermengt, die ganze Zeit, die ganze Zeit durchdringt die eine die andere. Vielleicht kommt die Verwunderung, wenn die eingedrungene Menge genügend groß wird, um bemerkbar zu werden. Ich habe aber den sehr starken Eindruck, daß es ein ständiges Phänomen ist: ständig, überall, in mikroskopischer Weise, wie eine mikroskopische Infiltration der Wahrheit in die Lüge, und unter bestimmten Umständen, die sichtbar sind – ein leuchtendes Schwellen, ich kann es nicht erklären –, da ist die Menge der Infiltration ausreichend, um den Eindruck des Wunders zu geben [vielleicht war dies das Phänomen von Mai 1968]. Aber abgesehen davon**

geschieht dies die ganze Zeit, die ganze Zeit, ohne Unterlaß, in der Welt.

Das Ersetzen der Schwingungen.

Das Wunder der Erde verdrängt ihre Lüge.

Und wenn dies kollektiv geschehen könnte? Wenn Millionen, ja, Millionen junger Stimmen, die der alten Erde der Lüge und ihrer grauen Säulen überdrüssig sind – die nicht mehr nur Schlange stehen wollen, um auf die alte sterbende Weise ihre Diplome zu bekommen –, wenn diese leisen hellen Stimmen plötzlich ihr Herz schmelzen lassen, ihre Lungen mit einer leichten Luft füllen und NEIN schreien: wir wollen es nicht mehr!

Alle Zellen werden plötzlich von ihrer Hypnotisierung befreit.

„Wann? Wann?" fragte die Stimme der Erde.

[55.10.12:] **Ich denke, es wird in dem Augenblick geschehen, wo eine genügende Anzahl von Bewußtseinen in absoluter Weise spüren, daß es nicht anders sein kann. Alles, was war, und jetzt noch ist, muß als eine Absurdität erscheinen, die nicht mehr fortbestehen kann – in dem Augenblick wird es geschehen können, aber nicht vorher. Trotz allem wird es in einem bestimmten Augenblick geschehen, da wird die Bewegung in eine neue Wirklichkeit umschwingen. Es gab einen AUGENBLICK, wo das mentale Wesen sich auf der Erde manifestieren konnte. Es wird einen AUGENBLICK geben, wo das menschliche Bewußtsein in einem ausreichenden Zustand sein wird, damit ein supramentales Bewußtsein in dieses menschliche Bewußtsein eindringen und sich manifestieren kann. Das zieht sich ja nicht in die Länge wie ein Gummiband: in einem bestimmten Augenblick geschieht es – es kann blitzschnell geschehen.**

Alles wird uns von den Händen fallen: unsere Federhalter, unsere Gesetze, unsere Wissenschaft, unsere Zukunft der lebendig Eingemauerten. Ein ungeheures Lachen wird die Lungen der Erde füllen, und wir sind da!

Warum nicht jetzt?

Die bereits Toten werden einfach umfallen.

Ja, eine lächelnde Apokalypse.

Tödlich für die Toten und leicht für die immer Lebenden.

Ein Märchen in den Zellen der Erde.

Land's End
15. Februar 1980

Bibliographie

Die Zitate von Mutter stammen fast alle aus *Mutters Agenda*. Der Verweis gibt das Datum des jeweiligen Gesprächs an [Jahr.Monat. Tag]. Manche Zitate mußten gekürzt oder sogar aus mehreren Stellen zusammengezogen werden, um das Wesentliche knapp wiedergeben zu können. Einige Zitate vor 1959 stammen aus Mutters *Entretiens*.
Mutters Agenda 1951–1973, enthält in 13 Bänden die Aufzeichnung von Mutters Erfahrungen im Körperbewußtsein, so wie Satprem als ihr Vertrauter sie über 23 Jahre notierte.
Eine ausführliche Darstellung und eine Volltext-Suchfunktion gibt es im Internet unter: www.evolutionsforschung.org

Alle Verweise auf Sri Aurobindos Werke beziehen sich auf die englische *Centenary Edition* in 30 Bänden (Pondicherry, 1972), die römische Zahl gibt den Band an.

Sri Aurobindos bedeutendste Werke in deutscher Übersetzung:

Das Göttliche Leben, 3 Bände, 1213 Seiten, 2002

Die Synthese des Yoga, 907 Seiten, 2000

Savitri. Legende und Sinnbild, 743 Seiten,

Das Geheimnis des Veda, 556 Seiten, 1997

Essays über die Gita, 580 Seiten, 1992

Die Grundlagen der indischen Kultur. Und die Renaissance in Indien, 410 Seiten, 1984

Das Ideal einer geeinten Menschheit, 362 Seiten, 2000

Bhagavadgita, 117 Seiten, 2005

(erhältlich beim Aquamarin Verlag)

Weitere Bücher von Satprem:

Der kommende Atem, 210 Seiten, Daimon Verlag, Einsiedeln 1987, ISBN 3856300317

Der Aufstand der Erde, 84 Seiten, Daimon Verlag, Einsiedeln 1993, ISBN 3856305467

Evolution II, 128 Seiten, Daimon Verlag, Einsiedeln 1993, ISBN 3856305475

Sri Aurobindo oder Das Abenteuer des Bewußtseins, 348 Seiten

Mutter oder Der Göttliche Materialismus, 354 Seiten

Mutter oder Die Neue Spezies, 440 Seiten

Mutter oder Die Mutation des Todes, 268 Seiten,

Notizen aus dem Labor, 240 S., Institut für Evolutionsforschung, 1992, ISBN 3910083005

Das Leben ohne Tod, 195 S., Ch. Falk Verlag, Seeon 1993, ISBN 3924161763

Der Sonnenweg, 224 Seiten, Neuauflage, IfE, 2000, ISBN 3910083188

Vom Körper der Erde oder der Sannyasin, 398 Seiten, Edition Sawitri, Karlsruhe 1996, ISBN 3931172007

Die Tragödie der Erde – Von Sophokles zu Sri Aurobindo, 214 Seiten, IfE

Gringo, ein Märchen über die Evolution, 208 Seiten, IfE, 2003, ISBN 3910083234

Weitere deutsche Titel von Daimon

R. Abt / I. Bosch / V. MacKrell - Traum und Schwangerschaft
Susan Bach - Das Leben malt seine eigene Wahrheit
W.H. Bleek und L.C. Lloyd - Mythen und Märchen der Buschmann-Völker
Susann Bosshard-Kälin & Elena Hinshaw-Fischli (Hrsg.) - Spruchreif - Frauenleben im Kanton Schwyz im 20. Jahrhundert
Heinrich-Karl Fierz - Die Psychologie C.G. Jungs und die Psychiatrie
Marie-Louise von Franz - Träume
- Psyche und Materie
- Psychotherapie
- Archetypische Dimensionen der Seele
- Die Visionen des Niklaus von Flüe
- Passion der Perpetua

von Franz / Frey-Rohn / Jaffé - Im Umkreis des Todes
Liliane Frey-Rohn - Von Freud zu Jung
- Nietzsche: Jenseits der Werte seiner Zeit

James Hillman - Selbstmord und seelische Wandlung
- Suche nach Innen

Siegmund Hurwitz - Lilith, die erste Eva
Aniela Jaffé - Religiöser Wahn, Schwarze Magie
- Bilder und Symbole aus E.T.A. Hoffmanns „Der Goldne Topf"
- Mystik und Grenzen der Erkenntnis
- Der Mythus vom Sinn
- Parapsychologie, Individuation, Nationalsozialismus
- Aus C.G. Jungs letzten Jahren und andere Aufsätze
- Geistererscheinungen

C.G. Jung - C.G. Jung im Gespräch
Hayao Kawai - Mit den Augen der Frau
- Myôes Traumchronik
- Harmonie im Widerspruch

Karl Kérenyi - Neuhumanismus und Anthropologie des Griechischen Mythos
Helen M. Luke - Sinn des Alters
Gitta Mallasz - Die Antwort der Engel
- Die Engel erlebt
- Weltenmorgen
- Sprung ins Unbekannte
- CD: Mein Erlebnis der Engel, 1983
- CD: Die Brücke zwischen Unten und Oben, 1985

ENGLISH TITLES FROM DAIMON

R. Abt / I. Bosch / V. MacKrell - *Dream Child, Creation and New Life in Dreams of Pregnant Women*
Ruth Ammann - *The Enchantment of Gardens*
Susan R. Bach - *Life Paints its Own Span*
Diana Baynes Jansen - *Jung's Apprentice: A Biography of Helton Godwin Baynes*
John Beebe (Ed.) - *Terror, Violence and the Impulse to Destroy*
E.A. Bennet - *Meetings with Jung*
W.H. Bleek / L.C. Lloyd (Ed.) - *Specimens of Bushman Folklore*
Tess Castleman - *Threads, Knots, Tapestries*
- *Sacred Dream Circles*
George Czuczka - *Imprints of the Future*
Eranos Yearbook 69 - *Eranos Reborn*
Eranos Yearbook 70 - *Love on a Fragile Thread*
Eranos Yearbook 71 - *Beyond Masters*
Michael Escamilla - *Bleuler, Jung, and the Creation of the Schizophrenias*
Heinrich Karl Fierz - *Jungian Psychiatry*
John Fraim - *Battle of Symbols*
von Franz / Frey-Rohn / Jaffé - *What is Death?*
Liliane Frey-Rohn - *Friedrich Nietzsche, A Psychological Approach*
Marion Gallbach - *Learning from Dreams*
Ralph Goldstein (Ed.) - *Images, Meanings and Connections: Essays in Memory of Susan Bach*
Yael Haft - *Hands: Archetypal Chirology*
Fred Gustafson - *The Black Madonna of Einsiedeln*
Daniel Hell - *Soul-Hunger: The Feeling Human Being and the Life-Sciences*
Siegmund Hurwitz - *Lilith, the first Eve*
Aniela Jaffé - *The Myth of Meaning*
- *Was C.G. Jung a Mystic?*
- *From the Life und Work of C.G. Jung*
- *Death Dreams and Ghosts*
Verena Kast - *A Time to Mourn*
- *Sisyphus*
Hayao Kawai - *Dreams, Myths and Fairy Tales in Japan*
James Kirsch - *The Reluctant Prophet*
Eva Langley-Dános - *Prison on Wheels: Ravensbrück to Burgau*
Mary Lynn Kittelson - *Sounding the Soul*
Rivkah Schärf Kluger - *The Gilgamesh Epic*
Yehezkel Kluger & Naomi Kluger-Nash - *RUTH in the Light of Mythology, Legend and Kabbalah*
Paul Kugler (Ed.) - *Jungian Perspectives on Clinical Supervision*
Paul Kugler - *The Alchemy of Discourse*
Rafael López-Pedraza - *Cultural Anxiety*
- *Hermes and his Children*
Alan McGlashan - *The Savage and Beautiful Country*
- *Gravity and Levity*
Gregory McNamee (Ed.) - *The Girl Who Made Stars: Bushman Folklore*
- *The Bearskin Quiver*
- *The North Wind and the Sun & Other Fables of Aesop*
Gitta Mallasz - *Talking with Angels*
C.A. Meier - *Healing Dream and Ritual*
- *A Testament to the Wilderness*
- *Personality: The Individuation Process*

ENGLISH TITLES FROM DAIMON

Eva Pattis Zoja (Ed.) - *Sandplay Therapy*
Laurens van der Post - *The Rock Rabbit and the Rainbow*
Jane Reid - *Jung, My Mother and I: The Analytic Diaries of Catharine Rush Cabot*
R.M. Rilke - *Duino Elegies*
Miguel Serrano - *C.G. Jung and Hermann Hesse*
Helene Shulman - *Living at the Edge of Chaos*
D. Slattery / L. Corbet (Eds.) - *Depth Psychology: Meditations on the Field*
D. Slattery / G. Slater (Eds.) - *Varieties of Mythic Experience*
David Tacey - *Edge of the Sacred: Jung, Psyche, Earth*
Susan Tiberghien - *Looking for Gold*
Ann Ulanov - *Spirit in Jung*
- *Spiritual Aspects of Clinical Work*
- *Picturing God*
- *Receiving Woman*
- *The Female Ancestors of Christ*
- *The Wisdom of the Psyche*
- *The Wizards' Gate, Picturing Consciousness*

Ann & Barry Ulanov - *Cinderella and her Sisters*
- *Healing Imagination: Psyche and Soul*

Erlo van Waveren - *Pilgrimage to the Rebirth*
Eva Wertenschlag-Birkhäuser - *Windows on Eternity: The Paintings of Peter Birkhäuser*
Harry Wilmer - *How Dreams Help*
- *Quest for Silence*

Luigi Zoja - *Drugs, Addiction and Initiation*
Luigi Zoja & Donald Williams - *Jungian Reflections on September 11*
Jungian Congress Papers - *Jerusalem 1983: Symbolic & Clinical Approaches*
- *Berlin 1986: Archetype of Shadow in a Split World*
- *Paris 1989: Dynamics in Relationship*
- *Chicago 1992: The Transcendent Function*
- *Zürich 1995: Open Questions*
- *Florence 1998: Destruction and Creation*
- *Cambridge 2001*
- *Barcelona 2004: Edges of Experience*
- *Cape Town 2007: Journeys, Encounters*
- *Montreal 2010: Facing Multiplicity*
- *Copenhagen 2013: 100 Years on*

Available from your bookstore or from our distributors:

AtlasBooks
30 Amberwood Parkway
Ashland OH 44805, USA
Phone: 419-281-5100
Fax: 419-281-0200
E-mail: order@atlasbooks.com
www.AtlasBooksDistribution.com

Gazelle Book Services Ltd.
White Cross Mills, High Town
Lancaster LA1 4XS, UK
Tel: +44(0)152468765
Fax: +44(0)152463232
Email: Sales@gazellebooks.co.uk
www.gazellebooks.co.uk

Daimon Verlag - Hauptstrasse 85 - CH-8840 Einsiedeln - Switzerland
Phone: (41)(55) 412 2266 Fax: (41)(55) 412 2231
email: info@daimon.ch

Visit our website: **www.daimon.ch** *or write for our complete catalog*